Jürgen Roth

Fußball!

Vorfälle von 1996 bis 2007

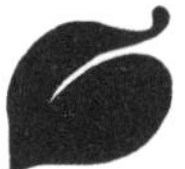

Jürgen Roth

Fußball!

Vorfälle von 1996 bis 2007

Mit einem Grußwort von Günther Koch
und dem Hörspiel
Das langsame Erschlaffen der Kräfte
von Ror Wolf und Jürgen Roth

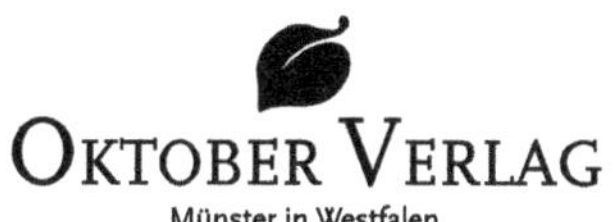

Jürgen Roth, geboren 1968, lebt als Schriftsteller in Frankfurt/Main und widmet sich unverdrossen dem Thema Fußball – mit Büchern, in Zeitungen, Zeitschriften und im Hörfunk, zeitweilig sogar im Fernsehen, als Tresenschwätzer in Rudi Brückners Talkshow *Dropkick 06* auf Eurosport.

Das gemeinsam mit Ror Wolf geschriebene Hörspiel *Das langsame Erschlaffen der Kräfte* (BR 2006) erscheint in diesem Buch erstmals gedruckt.

Am Hawerkamp 31, 48155 Münster

www.oktoberverlag.de

Photo auf der Umschlagrückseite: Jürgen Roth
Die Faksimiles stammen aus dem DIN-A-5-Heft:
1. Klassenmannschaftsbuch 5 b 1979 K 12

Satz und Cover: MV-Verlag

Druck: Books on Demand GmbH, In de Tarpen 42, 22848 Norderstedt

ISBN 978-3-938568-48-4

Für Astrid Rawohl und Herbert Fischer-Solms

Inhalt

Grußwort

Geben wir es ruhig zu: Er macht uns alle so verrückt und gierig, daß selbst Gebildete und Fundamentalisten, die sich bereits mehrfach und oft genug von ihm abgewandt haben oder sich von ihm haben lossagen wollen, immer wieder und wohl auch zerknirscht und reumütig zugeben müssen, einfach nicht mehr von ihm loszukommen.

Von wem die Rede ist?

Na klar – von ihm:

dem
FUSSBALL!

Günther Koch
Nürnberg, den 25. Dezember 2006

Wie geht Doppelpaß?

Nachdem man die Systemtheorie erfunden hatte und die flott aufs Rad gesprungenen Adepten des durch seine in den frühen siebziger Jahren mit Prof. Habermas ausgefochtenen Duelle weit über die Grenzen Westfalens hinaus bekanntgewordenen Niklas Luhmann aber schon bald auch nichts mehr zu tun hatten, weil von der »Liebe« (Luhmann) bis zur »Aufklärung« (Luhmann) alles abgehandelt und somit guter Rat teuer war in einer der führenden Sparten der deutschen Soziologie, packte erst zögernd, im Laufe der Zeit aber immer nachdrücklicher zunächst der Spiritus rector selbst die Klärung der Frage an, wie es eigentlich um das Verhältnis von Soziologie und Fußball bestellt, genauer: wie denn nun im Grunde genommen der Fußballsport als System einzustufen sei. Luhmanns vorläufige Antwort während der WM 1990 in der *FAZ*: »Sein System hat keinen Zweck, aber es ist bistabil, man kann gewinnen und verlieren.«

Als der Titel schließlich eingefahren worden war, nutzte Professor Hartmut Esser (Universität Mannheim) die landesweit gelöste und dem Fußballexpertenwesen deshalb gewogene Stimmung, um sich noch einmal einläßlicher und wie ausgelassen zu fragen, was den Doppelpaß »als soziales System« auszeichne und wie er infolgedessen funktioniere.

Schon kurz darauf geschah es dann, daß sich der Professor Esser über einen im Auftrag der *Zeitschrift für Soziologie* (April 1991) verfaßten Aufsatz sehr nachhaltig für den »Doppelpaß als soziales System« verwendete, mit der präzisen Prämisse, daß »Doppelpässe weder sinnlos sein können, noch daß ihr Mißlingen möglich wäre«.

Voilà. Scharf auf klare und distinkte Gedanken ist zumal der gebildete Fußballfan angesichts der unvermindert »neuen Unübersichtlichkeit« (Habermas), die allenthalben den Verstand bedrückt; nach schlagenden Evidenzen verlangen desgleichen die am kaum bis zum erlösenden Ende durchdachten Dekonstruktivismus oder Neo- resp. Poststrukturalismus wie belämmert herumlaborierenden akademischen Nachwuchskräfte, und es ist leicht einzusehen: »Doppelpässe sind [...] auf sich selbst bezogene und sich selbst tragende Konstruktionen.«

Was heißt das aber jetzt im näheren? Vorderhand: Kantische bzw. kantianische Erkenntnistheorie ist obsolet. Warum? Leider hilft sie »als begriffliche Anstrengung, als selbstreferentielle und selbsttragende Architektonik von Leitdifferenzen und Vergleichsmöglichkeiten« den Fußball und seinen prozessualen Kernbereich, den Doppelpaß, nicht zu durchschauen. Wer einen solchen Befund akzeptiert, findet sein Glück in der widerspruchsfreien Schönheit eines Doppelpasses. Er ist, was nie mißlingen kann. Er »ist ein Prozeß, der – über alle kooperativen und antagonistischen Episoden hinweg – eben solange prozessiert, wie er prozessiert, dieses dann aber auch tatsächlich tut«.

Gewiß, es mag ein Wagnis sein, den Doppelpaß als autopoetisches Ganzes in den Griff bekommen zu wollen. Essers »Überlegungen gehen [jedoch] davon aus, daß es Doppelpässe gibt«. Und es gibt sie wirklich. Wer wollte es bezweifeln. Esser nicht. »Damit ein Doppelpaß existieren kann, muß es ihn erst einmal geben«, und »erst ein Doppelpaß ist – ganz radikal systemtheoretisch gedacht – ein Doppelpaß«.

Mögliche Einwände dahingehend, ob Essers Ausführungen zum Doppelpaß denn in die komplette Systemtotalität des Fußballs vorstießen, wären ohne jeden Zweifel im großen und ganzen haltlos. Bombensichere Erkenntnis gewinnt, wer Ganzes und Teil in ihrer reziprok-innigen Gemeinschaftlichkeit in den Blick nimmt und dann »als prozessuale

Oberfläche jener integrationistisch-holistischen Version eines Gesamt« versteht, dessen Sinn sich in der ganzheitlichen Betrachtung aller potentiellen doppelpaßspezifischen Aktionen erschließt. »Das Weltganze bzw. das Ganze der Menschheit (und im speziellen Fall: [...] das eingeübte Idealbild eines überaus gelungenen Doppelpasses)« hat selbstverständlich »als Ganzes (im Akteur auf dem Rasen) noch im verunglücktesten Ansatz präsent zu sein«.

Der Doppelpaß geht nie und nimmer in die Binsen. »Sinn hat Sinn, und Doppelpaß ist Doppelpaß. Das bleibt.« Am Paradigmenwechsel vom Fußballmarxismus der siebziger Jahre zur systemtheoretischen Doppelpaßtheorie wird somit die Engstirnigkeit jeder »humanistischen Engführung des Sinnbegriffes« deutlich. Unvermeidlich mündet das »Theorem der Autokatalyse von Ordnung durch doppelte Kontingenz« im Zuge »quadrierter Kontingenz« zwischen »dem sozialen System Doppelpaß einerseits und den psychischen Systemen Burgsmüller und Bratseth [...] andererseits« in das entschiedenste und abschließend »deutlich verschärfte Unmöglichkeitstheorem«, was besagt: »Doppelpässe können weder sinnlos sein, noch können sie mißlingen.«

Das nehmen wir erleichtert hin, genauso wie die Tatsache, daß »ebensowenig wie Doppelpässe [...] auch systemtheoretische Analysen nicht mißlingen«, die des Professors Esser schon mal dreimal nicht.

Hinaufsteigen und Fallen oder: Fußball als Wirklichkeitskunst

Allem Anschein nach ist kein künstlerisches Genre weniger wohlgelitten als der Fußballfilm, zumindest unter seinen ersten Adressaten, den Anhängern des Spiels. »Das Verhältnis von Fußball und Film ist reichlich verkorkst«, heißt es stellvertretend in einem Beitrag der Deutschen Welle vom 17. August 2003, und der Filmhistoriker Ulrich von Berg zieht angesichts der kaum zu überschauenden Zahl von Versuchen, sich des bedeutendsten aller Sportspiele cineastisch anzunehmen, »eine imposante Schreckensbilanz«.

In Anbetracht solcher Manifestationen des Elends wie *Der Theodor im Fußballtor* (E. W. Emo, 1950), *Libero* mit Franz Beckenbauer (Wigbert Wickert, 1973), John Hustons *Flucht oder Sieg* aus dem Jahr 1981, einer Offenbarung der Haltlosigkeit, in der Pelé in einem Team mit Torwartmime Sylvester Stallone herumrennt, oder Wim Wenders' – gleich der Vorlage – notorisch falsch ins Fußballfach einsortierter Handke-Verfilmung *Die Angst des Tormanns beim Elfmeter* (1971/72) sowie des soapigen Schmarrens *Fußball ist unser Leben* (Tomy Wigand, 1999, mit, selbstredend, Uwe Ochsenknecht) hegen auch die im engeren Sinn der Seite des Sports zugewandten Experten der Zeitschrift *11 Freunde* in der Titelgeschichte der Ausgabe 8/2001 den Eindruck, »als hielten sich Fußball und Film bereits seit Jahrzehnten mit einem hundslangweiligen Catenaccio in Schach«, und gelangen zu dem Schluß, daß der Fußball – mit einigen Ausnahmen aus dem angelsächsischen Raum, wo, von *The Firm* und *When Saturday Comes* bis zu *Fever Pitch* oder *Mike Bassett – England Manager*, Fußball als Metapher des Lebens verstanden wird – mit dem Film nichts am Hut habe. Bzw. umgekehrt.

Woran mag das liegen? Wim Wenders selbst hat die prekäre Diskrepanz zwischen Fußball und Film zur Sprache gebracht. »Gegen die Dramaturgie eines Fußballspiels kann man mit den Mitteln des Films nur verlieren«, gestand er und deutete die strukturelle Inkohärenz zwischen ästhetischen Verfahren und einem sportlichen Geschehen an, dem man regelmäßig genuine ästhetische Qualitäten attestiert, ohne sie, außer in Analogie zur Sphäre der Kunstproduktion und -rezeption, schlüssig beschreiben zu können. Fußball kann »Kunst« sein, ohne daß das Spiel jemals ein – geschlossenes – Kunstwerk wäre, das etwas außerhalb seiner selbst repräsentieren würde. »Kein Drama der Welt kann so übersichtlich sein wie ein Fußballspiel«, zog Marcel Reich-Ranicki nolens volens irgendwie den richtigen Schluß aus diesem Dilemma, und der meist emsig herumanalogisierende Fußballpublizist Helmut Böttiger fragte zu Recht: »Was besagt ein Shakespearescher Theatertod gegen das entscheidende Kopfballtor in der 92. Minute?«

Filmproduktionen, die sich auf die wie immer gestalterisch prononcierte Reproduktion einer speziellen Partie oder des Fußballspiels an und für sich verlegen, scheitern zuverlässig daran, daß das Spiel beeindruckender, fesselnder, größer als das Kunstwerk ist. Der Fußball, so schlicht und durchschaubar er dünkt, entzieht sich in all seinen Dimensionen – der Strategie, der Dramaturgie, der Unwägbarkeit – der Durchdringung oder Abbildung vermöge artistischer Mittel. Weil das Spiel so einfach und zugleich inkalkulabel ist, sind die aufwendigsten filmischen Gebilde, die die Illusion der realistischen Schilderung nähren, zum Mißlingen verurteilt, selbst wenn Sönke Wortmann im späten Gefolge von Robert A. Stemmles *Das große Spiel* (1942, Drehbuch: Stemmle und Richard Kirn), an dessen Entstehung Sepp Herberger und Fritz Walter als Berater beteiligt waren, Spielszenen mit großem Aufwand choreographiert und nachstellt. Denn die Simplizität des Geschehens auf dem Platz koaliert stets mit einer nicht zu bändigenden Komplexität, deren erschütternde Trivialität in der Herbergerschen Weisheit ihren Ausdruck gefunden hat, die Leute gingen zum Fußball, weil sie nicht wüßten, wie es ausginge. Dieses Moment von Suspense vermag kein Kunstwerk, kein Film zu erzeugen. »Der Fußballplatz, und das Sportstadium überhaupt, stellt einen der letzten Orte dar, an dem unwiederholbare Auseinandersetzungen stattfinden«, merkte der Soziologe Gerd Hortleder vor über dreißig Jahren an, und Herbert Heinzelmann hat jüngst festgehalten: »Ein Fußballspiel dauert durchschnittlich neunzig Minuten, genau wie ein Spielfilm. Ein Fußballspiel ist allerdings in dem Moment, da es angepfiffen wird, ergebnisoffen. Der Film dagegen folgt in seiner Handlung einer abgeschlossenen Dramaturgie. Deshalb ist ein Fußballspiel einem Film selbst dann noch ›überlegen‹, wenn es langweilig ist.«

Und deshalb sind sie grosso modo, ungeachtet z. T. höchst heterogener Perspektiven auf die Sache, allesamt durch Inadäquatheit dazu verdammt zu langweilen, die filmischen Erzählungen über soziale Eigentümlichkeiten von Fangruppen (Ricky Tognazzi: *Ultrà*, 1990; Adolf Winkelmann: *Nordkurve*, 1992), die sinnfindungsprallen Kinderfilme, die Spielfilme, die an Hand des Fußballs sozio- und ethnokulturelle Themen und Probleme wälzen – wie *Spiel der Götter* (Khyentse Norbu, 1999) oder *Kick It Like Beckham* (Gurinder Chadha, 2002) oder eben, mit oberligareifen Darstellern und einer Stadionkulisse aus dem Computer, Wortmanns mythologisierend-nationalhistorischer Schmachtfetzen *Das Wunder von Bern*.

Dokumentarische Werke wiederum, ob aus Schweden (*The Way Back – True Blue 2*, Fredrik Gertten, 2002), aus Spanien (*Johan Cruyff – En un momento dado*, Ramón Gieling, 2004) oder aus Deutschland (*Irgendwo da unten*,

Dirk Laabs/Julia Möhn, 2002), ziehen, gemessen an der Publikumsgunst, gegenüber den Movies noch entschiedener den kürzeren. Fußball im Film, diese Verbindung scheint somit seit 1911, als der erste Streifen seiner Art über die Leinwände flackerte, der Neunminüter *Harry The Footballer* (Lewin Fitzhamon), wenigstens partiell nur unter der Voraussetzung zu funktionieren, daß das eine Popphänomen auf das andere reagiert, ungeachtet der ästhetischen Einschätzung der Resultate.

In jenem Sinne antwortete Sönke Wortmann schon 1996 auf die Frage, was Fußball und Film miteinander zu tun hätten: »Ein Film sind schnelle neunzig Minuten. Das hat einmal der Hollywood-Produzent Jack Warner postuliert. Ein Fußballspiel dauert genauso lange, und irgendwie haben sich diese anderthalb Stunden für Akteure wie Publikum als die passende Länge herausgestellt.« – »Fußball ist genau wie ein Film ein Tummelplatz für Haifische«, fuhr er fort und ergänzte: »Man hat es nicht nur mit Abgezocktheiten und Egomanien zu tun, sondern auch mit Team-Spirit, Vision, Kreativität und Enthusiasmus. Beide sind Unterhaltungsmedien und Mannschaftssport.« Heißt das dann, daß, die Parallelen zwischen zwei neunzigminütigen Aufführungen ernst nehmend, Erzählzeit und erzählte Zeit, mithin die Echtzeit der neunzig Minuten eines Fußballspiels, im Film doch zur Deckung gelangen können? Oder anders, nämlich abermals mit Sönke Wortmann gefragt: »Warum gibt es keinen vernünftigen Film über Fußball, wenn schon beide Phänomene diese Parallelen aufweisen?« Nur weil »die Schauspieler nicht gut genug Fußballspielen können oder umgekehrt«?

»Wie unüberwindbar die dichte Mauer zwischen Fußball und Kino in Deutschland ist«, urteilte *11 Freunde* apodiktisch, »zeigte sich dann besonders drastisch in den siebziger Jahren. Beide erlebten damals ihre kreativste und erfolgreichste Zeit. Natürlich getrennt voneinander.« Was natürlich Unfug ist. Denn just in den Siebzigern entstehen in

Deutschland Fußballfilme, die den Gefahren des Mißratens, d. h. den Fährnissen des Abbildungsrealismus und der Überfrachtung des Spiels mit Botschaften sportfremder Art, dadurch begegnen, daß sie sich radikal beschränken und nach Wegen suchen, in der verfremdenden Perspektive und in der zeitlichen Raffung Formen der Wahrnehmung oder, pathetisch formuliert, der Erkenntnis zu gewinnen, die am Spiel und seinen Protagonisten orientiert sind.

Dem *Tagesspiegel* gilt Hellmuth Costards *Fußball wie noch nie* (1970/71) als »ultimativer Fußballfilm«. Costard hatte am 12. September 1970 mit sechs Kameraleuten (die Angaben schwanken allerdings zwischen fünf und acht 16-mm-Farbfilmkameras) die Partie Manchester United gegen Coventry City begleitet und dabei den Blick ausschließlich auf George Best und dessen Bewegungsabläufe gerichtet. Gerade durch die Ausblendung all dessen, was ein Fußballmatch als Kollektivereignis auszeichnet (Zuschauerreaktionen, mannschaftliche Kooperation usf.), rückt die Anlage des Spiels gewissermaßen wissenschaftlich, analytisch in den Fokus. »Was auf den ersten Blick wie ein exzentrisches Experiment aussieht, erscheint im Verlauf des Films immer sinnvoller und plausibler«, beschreibt die Website des Goethe-Instituts die eigentümliche Leistung von Costards Zugang. »Nie sonst bekam ein Zuschauer klarer die Laufwege eines Spielers und dessen Versuche zu sehen, die Entwicklung eines Fußballspiels zu ›lesen‹. Oder zu beobachten, wie bewußt George Best seine Kräfte einteilt. Vor allem in der ersten Halbzeit wartet er mehr auf Ballkontakte, als daß er sie wirklich hätte. […] Der Fußballsport ist seither ungleich athletischer und schneller geworden; jeder Erstliga-Trainer würde heute einen Spieler mit dem Laufpensum von George Best in der Halbzeitpause auswechseln. Der Druck des unbedingten Professionalismus muß damals weniger gnadenlos gewesen sein. Also sieht man hier kaum ein wirklich bösartiges Foul, keinen Spieler, der sich theatralisch am Boden wälzen würde, um die gelbe Karte für einen Rivalen zu provozieren – und erst recht keinen Disput mit dem Schiedsrichter.« Daß die Entdramatisierung allerdings gerade bei jenen, die durch *Fußball wie noch nie* hätten inflammiert sein müssen, auf wenig Gegenliebe stieß, hat die Zeitschrift *RUND* (4/2006) durch eine schöne Anekdote illustriert: »Als die Spieler des 1. FC Köln 1971 den Film zum erstenmal sahen, verließen sie vorzeitig die Vorstellung. ›Geht das immer so weiter?‹ lautete nach der Erinnerung des Produzenten Werner Grassmann die am häufigsten gestellte Frage des Abends. ›Da half es nichts, daß feinere Getränke als Bier gereicht wurden.‹«

Ein ähnlich avanciertes, allerdings ungleich variantenreicheres Verfahren wählte Joachim Kreck, als er 1973 mit *No 1,* seinem Regiedebüt, eine schließlich fünf Filme umfassende, vielfach prämierte Reihe von (Kurz-)Filmen über Fußball eröffnete, die 1990 mit *Der Mann an der Seitenlinie,* dem »weltweit einzigen Fußballdokumentarfilm über einen Linienrichter« (Jan Tilman Schwab: *Fußball im Film – Lexikon des Fußballfilms,* München 2006), ihren Abschluß fand.

Ausgenommen die in Schottland unter Aspekten der Außendarstellung des Fußballs kontrovers diskutierte 47minütige Dokumentation *The Big Clubs,* die die religiös fundierte Rivalität zwischen Celtic Glasgow und Glasgow Rangers und den sich daraus speisenden Identifikationszwang samt Hooliganismus zum Gegenstand hat, verzichtet Kreck wie Costard auf jeden Interview-O-Ton und jeden Kommentar. Seine Montagen setzen durchweg eine Vielzahl von Close-Ups, die Schrittfolgen oder bestimmte Gesten in physischer Eindringlichkeit hervorheben, und teilweise extreme Zeitlupen ein. Die Engführung der Bildfolge und ihres Tempos mit der meist von Volker Kriegel beigesteuerten Musik generiert zudem groteske oder komische Effekte, die Kritiker wiederholt an streng stilisierte, ballettartige Abläufe erinnerten.

Krecks Beiträge zum Fußball zeugen »gleichermaßen von großem Fußballwissen und von filmtechnischem Können« (Münchner Filmmuseum). Schon *No 1*, am 26. Oktober 1973 auf den Sportfilmtagen in Oberhausen uraufgeführt, wurde vom Britischen Filminstitut als »einer der herausragenden Kurzfilme des Jahres« ausgezeichnet. Das rasante neuneinhalbminütige Stück (Kamera: Edward McConnell) widmet sich dem Torwart schlechthin, der Position des letzten Mannes, obschon es gleichermaßen als Hommage an Dr. Peter Kunter, den langjährigen Keeper von Eintracht Frankfurt, zu verstehen wäre.

Allein, es ist Kreck weder um die Rekonstruktion eines exemplarischen Spiels aus der Perspektive des Torwarts noch um die im Genre Fußballfilm fest beheimatete Inthronisation einer Legende zu tun. Kreck zerlegt die gegen Ende immer dynamischer komponierte, durch Volker Kriegels perkussiv akzentuierte Jazzrockarrangements (»Zoom« vom Album *Spectrum*) untermalte und pointierte Studie in Sequenzen, die prototypische Situationen des Berufsalltags illustrieren oder, besser, sezieren. Gleichwohl unterläßt es Kreck nicht, einen motivischen Rahmen aufzuspannen. Während Kunter zu Beginn einen unhaltbaren Treffer hinnehmen muß, endet *No 1* mit einem Freeze, das den Protagonisten aus der Hintertorperspektive bei einer unerhörten Streckparade zeigt, ohne daß das Bild zu erkennen gäbe, ob sie von Erfolg gekrönt war.

Kein Bestreben nach Mythisierung, keine Gesten der Theatralität. Spektakulär sind allein die Flugeinlagen, die Zusammenstöße, die Abwehraktionen – das Hochsteigen und Zugreifen, das Fallen und Abrollen –, die in einer Art Galerie von Schnappschüssen bereits am Anfang signalisieren, daß es hier nicht um eine Narration, einen kondensierten Bildungsroman geht, sondern um eine weitenteils aus Tages- und Flutlichtspielausschnitten montierte Anordnung von körperlichen Abläufen, die sich selbst deuten. Kunter hechtet beim Training in die Weitsprunggrube, und schlägt er mal, jenseits des eigenen Übungspensums, eine Flanke, stürzt er unbeholfen. Doch als jener Figur, die auf dem Platz nicht gestaltet, aber waghalsig das Schlimmste, Gegentreffer nämlich, verhindert, wächst ihm, dem Vereinzelten, der sogar in der Kabine von den Mitspielern getrennt zu sein scheint, jene Verantwortung zu, die im heutigen Diskurs über den Stellenwert des Torwarts allgegenwärtig ist.

Der Verzicht auf einen gesprochenen Kommentar läßt die herauspräparierten Spielszenen zuweilen wie unter Glas erstarren. »Die methodische Raffung und Ballung von Aktionen, der konsequente Verzicht auf Kommentar, das alles überzeugt mich«, lobte Ror Wolf *No 1*, Joachim Krecks Pioniertat, die bis heute nur Insidern ein Begriff ist. Die Dialektik von Untätigkeit und Eingreifen, von angespanntem Warten und plötzlich geforderter, nicht selten gefährlicher Präsenz wurde hier erstmals adäquat filmisch konturiert, indem der Fußballsport bewußt reduktionistisch und gerade deshalb erkenntnisfördernd gänzlich auf die Rolle des letzten Mannes zugeschnitten blieb.

Selbst wenn Kunter am Spieltag auf den Rasen des Waldstadions trabt, wirkt er, in die Totale gerückt, einen kurzen Augenblick isoliert. Das Motiv der Einsamkeit, durchgeführt im Wechselspiel von Nähe und Distanz, von Close-Up und Totale, dementiert die gängigen Vorstellungen von der Notwendigkeit der harmonischen Mannschaftsfügung, von der sozialintegrativen Modellhaftigkeit des Fußballs.

»Das Individuum überschreitet sein gemeinsames Sein, um es zu verwirklichen; man *ist nicht* Tormann oder Läufer, wie man Lohnarbeiter ist. Die Funktion als gemeinsames Sein ist unbestimmte Bestimmung«, heißt es in einer unter sog. Fußballintellektuellen nicht ungern zitierten Passage aus Jean-Paul Sartres *Kritik der dialektischen Vernunft* (dt. Reinbek 1967). Und im weiteren sieht sich die Dialektik von Allgemeinem und Besonderem, von Zwang und Freiheit im Konzept der geglückten Vergesellschaftung (auf dem Platz) aufgehoben: »Wenn sich die praktische Spannung lokkert, ohne daß sich die Gruppe deshalb auflöst, so begreift das gemeinsame Individuum in der organisierten Gruppe seine Funktion als seine gemeinsame Besonderheit.«

Wo Joachim Kreck ebendieses Moment der dem Fußball idealiter immanenten Vermittlung von Individuum und Sozietät wenn nicht unterläuft, so doch bezweifelt, hebt Ror Wolfs zwei Jahre später, am 6. November 1975 im ZDF urgesendeter und 54 Minuten langer Kamerafilm *Keep Out* die unauflösliche Devianz des einzelnen hervor, indem er über einen Ausschnitt aus der Karriere des linken Außenstürmers Thomas Rohrbach berichtet, der von 1970 bis 1975 bei Eintracht Frankfurt angestellt war.

Spielerporträt, Psychogramm, Dokumentation – das alles mag Wolfs experimentelle Exkursion ins oder durchs Leben dieses Außenseiters sein. Sie ist darüber hinaus der Versuch, mit Worten und bewegten Bildern in das Seelenleben des Fußballs einzudringen – oder die Grenzen zu erkunden, an denen ein formiertes, eingesperrtes, indes nicht gänzlich vom Betrieb unterworfenes Individuum schließlich zu zerschellen droht.

Rohrbach agiert in *Keep Out* auch als Schauspieler und als authentischer Erzähler in eigener Sache. »Bring mich doch endlich hier weg«, hört man den begnadeten, in seiner letzten Saison am Riederwald weitgehend zum Bankdrükker degradierten Dribbler gegen Ende resigniert aus dem Off sagen. »Es gibt nur eine Möglichkeit – verkaufen. Ich werd' nicht mehr benötigt.« Das ist die Quintessenz eines Berufslebens. Trainer Dietrich Weise gibt »diesen Typen« – »Leuten, die aus der Eigenart nicht herauskönnen« – »kaum noch Chancen, im Leistungsfußball eine Rolle zu spielen«. Der »Anforderung von der Öffentlichkeit«, wie es einer der von Ror Wolf auch in seinen Fußballhörspielen verewigten Kiebitze ausdrückt, der Doktrin, sich innerhalb der »Mannschaft als geschlossener Einheit« zu assimilieren, hat der Pastorensohn aus Bad Hersfeld nicht Genüge geleistet.

Und trotzdem: Rohrbach beharrt noch angesichts seiner Zurückstufung darauf, »in den Kreis der gutbezahlten Spieler« aufgenommen zu werden. Wolf gesellt dieses Statement, die Linearität filmischer Erzählungen suspendierend, im Finale seines Abgesangs auf einen im Konkurrenzkampf Unterlegenen zu surreal anmutenden Bildern eines alptraumartigen Panoptikums aus Tierpräparaten. Die Ereignisse rund um Ball und Mensch kulminieren in der Erstarrung, der Ausweglosigkeit. »Ich hab' mich draußen gefühlt.«

In selten offener Weise hat sich Ror Wolf zu den Intentionen geäußert, die er mit *Keep Out* zu verfolgen gedachte. »Daß der Fußball gegenwärtig einer der wichtigsten Bereiche der Unterhaltungsindustrie ist, muß kaum mehr diskutiert werden«, merkte er an. »Ein paar Funktionäre, die in ihren Festreden diese Monumentalshow noch immer in die Weihezone eines keuschen Idealismus hineinreden wollen, stören da nicht. Auch sie wissen, was gespielt wird. Der Interessenzuwachs aus Gruppen, die vorher im weitesten Sinn sportuninteressiert waren, ist unverkennbar. Er hat sich vor allem durchs Fernsehen ergeben. Die Ballstars sind erst Stars geworden durch das Fernsehen, durch ihre genormten Auftritte, durch die gebügelten Worte [...]. Der Film beginnt dort, wo die unter Zeitdruck entstandenen Spielberichte aufhören [...]. Das zentrale Thema des Films ist nicht etwa der Alltag eines Fußballspielers, sondern die gesellschaftlich-soziologische Situation eines Außenseiters. Es geht darum, das Verhältnis eines Menschen zu einer Gruppe zu analysieren, von der er in jeder Beziehung abhängig ist, doch deren Gesetzen und Regeln er sich nicht anpassen will.«

Für sein zweites Fußballbuch, *Die heiße Luft der Spiele* (Frankfurt/Main 1980), hat der Mehrfachverwerter Wolf aus den mit der Nr. 11 geführten Interviews den Prosatext »Rohrbachs Geschichte« destilliert, ja einen monologischen Block gefertigt, der gegenüber der filmischen Montage der

Brechung durch andere Stimmen und damit der kaleidoskopartigen Auffächerung entbehrt. In *Keep Out* werden die Konflikte zwischen Spieler, Mannschaft, Trainer und Publikum deutlicher betont. Zwar gilt Rohrbachs repetitiver Klagerede – »Also, ich fühl' mich beschissen und allein«, »Ich leide unter dem Druck«, »Es gibt Samstage, da kotzt es mich total an«, »Das ist ein sehr harter Kampf, da ist man einsam«, »Diese Gemeinschaftsfahrten waren schlimm« – Wolfs ungeteilte Sympathie, und bisweilen wirkt Rohrbach, »satt vom Rollenspiel«, in seiner tiefen Kümmernis wie ein Bruder des von Wolf verehrten legendären Kornettisten Bix Beiderbecke; doch die Konfrontation von Subjektivität oder Innenwelt und Außenwelt oder Fremdwahrnehmung nimmt breiteren Raum ein. Der Rentner Heinz, dem man etwa in den Hörspielen *Heinz, wie ist deine Ansicht?* und *Expertengespräche* wiederbegegnen wird, bringt diesen Zustand der perspektivisch zersplitterten, kakophonischen Wahrheitsartikulationen aus dem Off unwillentlich prägnant zum Ausdruck: »Ich steh' uff dem Standpunkt, er is', wollemal sagn, man meint grad, er wär' wetterbedingt.«

Rebell und Reservist – die Collage *Keep Out* wird dem Wetterwendigen, Windigen ihres Objekts auch formal gerecht, indem Wolf Bild- und Tonspur asynchron anlegt. »So jagen sich pausenlos Jump-Cuts auf Bild- und Tonspur«, erläutert Jan Tilman Schwab, »fragmentarisierte Ausschnitte aus Fußballspielen und Trainingseinheiten wechseln mit sich überschlagenden Wort- oder Satzfetzen aus Interviews und Radioübertragungen, die mitunter auch stehendes Bild und Zeitlupenaufnahmen begleiten.« Allerdings werden die assoziativ oszillierenden Bild-Ton-Kompositionen durch diverse (Spiel-)Szenen kommentiert, die allzu plakativ sinnbildlich und symbolisch aufgeladen Interpretationen präjudizieren – etwa wenn Rohrbach im Paternoster abwärts und sein Nachfolger aufwärts fährt oder eine zum Abbruch freigegebene Villa unter dumpfen Schlägen zu zerfallen beginnt. Die einen gemahnte das an Buñuel, andere, wie beispielsweise der *ZEIT*-Kritiker Momos (i. e. Walter Jens), bemängelten die »Happening-Beliebigkeit« derartiger manieristischer »Mätzchen« aus einer »Kitsch- und Traum- und Fluchtwelt«.

Vollends überzeugend bleibt dessenungeachtet die Exposition von *Keep Out*. Die Kamera linst von schräg unten durch ein marodes Glasdach, das sich in den Himmel schiebt. Dazu rezitiert eine Off-Stimme »Hinaufsteigen« aus *Punkt ist Punkt – Fußball-Spiele* (Frankfurt/Main 1971), eine schwingend lakonische gleichwie euphorische Meditation – »plötzlich über der Erde flach traumhaft fliegen, der Wind ist verstummt, plötzlich das Blei aus den Beinen schütteln und prachtvoll über den Flügel kommen, dem Schatten entwischen, unheimlich schnell heranbrausen [...], ganz allein eine Zeit in der Luft liegen, eiskalt ohne Sorgen hinaufsteigen« –, an die sich, nachdem ein herunterfallender Ball das Glas durchschlagen hat, langsame Close-Up-Schwenks über leere, bemooste Tribünen anschließen. Nun, im Sog der Erdenschwere, ist der Fußball nur mehr Zeichen von Morbidität und Verlassenheit, eiskalt, mit Sorgen, Inbegriff zerstäubter und verschütteter Träume.

In Rohrbachs Geschichte wird gesoffen, da wird um Verträge gefeilscht, da wird ausgeteilt und eingesteckt, da herrscht der Schrecken der Tristesse, der Demütigung und der Ignoranz. In Joachim Krecks *No 1* gleicht Rohrbachs Mannschaftskamerad Kunter trotz der durch Abgeschiedenheit geprägten Stimmung dagegen eher jenem souveränen »Dr. Kunter, de[m] Herr[n] der Lage«, den Ror Wolf in seiner Prosacollage »Alles auf einen Blick« (und in etlichen seiner Hörspiele) auftreten läßt. Beide Figuren indes verbindet – Kunter als den scheinbar Unangefochtenen, Rohrbach als den schicksalhaft in die Verhältnisse Verstrickten – in der filmischen Inszenierung die Entfernung vom Sartreschen Ideal des nicht-entfremdeten Gruppenhandelns. »Was ist denn eigentlich mit der Mannschaft los?« fragt Rohrbach. »Wenn eben plötzlich die Gruppe einen nicht will, der gut spielt? Und weil einer hintenrum andauernd arbeitet. – Sie kriegen den Platz am Fenster, und einer kriegt ihn nicht.«

In »Rohrbachs Geschichte«, der Prosafassung, bekundet Thomas Rohrbach seinen Respekt vor Helmut Rahn: »Er war der erste, der aus dem Rahmen brach. Er machte Geschichten. Er fuhr besoffen Auto, er hatte 'ne Schlägerei, er saß mal im Knast; das war'n alles Sachen, die mir gefielen. [...] Die andern war'n alle irgendwie niedergemacht.« In *Keep Out* wird die verzweifelte Anstrengung ausgeleuchtet, Herr seiner selbst und zugleich Teil eines Teams zu sein. Deshalb korrespondiert mit der Ehrbezeugung vor dem autonomen, unerschütterbar eigensinnigen »Boß« schließlich ein zentraler Satz: »Ich kann die ganzen Gesichter oft nicht mehr seh'n.«

Joachim Kreck und Ror Wolf haben im toten Winkel der Filmindustrie mit filmischen Mitteln auf das geblickt, was der tägliche Fußballfilm verdeckt oder absichtsvoll zum Verschwinden bringt – das, was den Fußball ausmacht, in seiner Schönheit wie in seiner Schäbigkeit. Sie haben der Illusion mißtraut, das »Total-Theater Fußball« (Wolf) in seiner vorgetäuschten organischen Gesamtheit abbilden oder darstellen zu können.

Nur in der Collage, in der Dekonstruktion und partiellen Rekonstruktion, nur im montierten Fußballfilmbild erhält sich eine Ahnung davon, welchen Sitz der Fußball als Kunst, zumeist jedoch als Kampf und Krampf in der Wirklichkeit hat. Kaum anzunehmen obendrein, daß in einer zeitgenössischen Kinoproduktion ein Satz wie jener von Thomas Rohrbach fiele: »Dieser Scheißberuf. Guck dir die Idioten an.«

Zwischen Hansch und Potofski

Man schreibt ein Buch. Man schreibt es nicht mal. Man gibt's heraus. Man ist in der Talkshow. Und dann in noch einer.

Der Fußballmedialbagage und ihren Darbietungen widmeten sich zwei Titel, für die ich als Co-Herausgeber bzw. Co-Autor geradestand und -stehe, *Wieder keine Anspielstation* und *So werde ich Heribert Faßbender*, und sofern die Hauptvertreter des Fernsehunheils verstanden, daß die Autoren für Besinnung und Zurückhaltung plädiert hatten, machten sie freilich weiter, als sei nichts gewesen.

Genaugenommen war ja auch nichts gewesen, denn die an Wahn grenzende Annahme, es ließe sich irgend Einfluß nehmen aufs laufende Geschäft, gereicht der Polemik selten zum Vorteil. Irgendwann kommt dessenungeachtet jedoch die Zeit, da man endlich dabeisein darf. Sie bietet unsereinem eine Chance, wie sie das Leben selten bereithält: Buch hochstemmen, Buchtitel ausplaudern, den Spottpreis nennen und mit Verkaufszahlen prahlen.

Im März 1996 ruft das DSF zum sonntäglichen Journalistenfrühschoppen, zu *Doppelpaß*, dem *Warsteiner-Fußballstammtisch*. Ehre und Ruhm vor Augen, fliege ich hin und treffe auf einen attackierlustigen, schelmischen Werner Hansch, der mich u. a. des Jungzynikertums bezichtigt und behauptet, ich sei ein »Lümmel«. Was man sich nicht alles sagen lassen muß! Doch der Mann hat recht und soll von Kollege Holzschuh (*kicker*-Chefredaktion) nochmals recht bekommen und Flankenschutz erhalten.

Doppelpaß reicht bisweilen ans Parodistische heran, liegt seltsam quer zur allgemeinen aufgescheuchten Talkperformance und bietet wenig Raum für bedingungsloses

Krakeelen und Greinen. Moderator Rudolph Brückner verhält sich freundlich, nimmt insonderheit die Fraktion der Großsprecher zuweilen nicht allzu ernst, gaukelt weder Einfühlungsvermögen noch gieriges Interesse vor und gibt zu erkennen, daß Fußball wohl schwerlich zu den fünf beachtlichsten Weltgeschehnissen zählt. Werner Hansch, durch *ran* als Vielschwatz zu zweifelhaftem Ansehen gelangt, tritt nach der Show respektvoll und liebenswürdig in Erscheinung und stellt unter Beweis, daß zuhören kann, wer auf einen Artgenossen trifft. Ähnliches gilt für Jörg Dahlmann.

Warum man allerdings just auf der Talkshowtribüne die journalistische Verwertung des Fußballs meint verhandeln zu müssen, bleibt rätselhaft. Möglicherweise sind Spartenkanäle, denen die Segnungen der Erstrechte verwehrt bleiben, gezwungen, sich als Medien zu präsentieren, die die Reflexion dulden oder – kultivieren. Gegen ein solches Kalkül aber spricht die Hegemonie der symbolischen Vermittlungen, die unter dem Begriff »Diskussionskultur« zusammengefaßt sind. Während *ran* keine Skrupel vor dem hemmungslosen Starsystem mehr kennt und die eigenen Moderatoren unablässig ins Rampenlicht rückt, dominieren auch andernorts Gekäse und Gekrähe, zumal in Häusern des Springer-Kirch-Agglomerats, etwa im DSF.

*

Ulrich Meyer von Sat.1 hat die Hinterlist und die Raunzsucht im deutschen Fernsehen salonfähig gemacht. Wie er bereits hinreichend eingeschüchterten oder hinlänglich aufgepeitschten Gästen zusetzte, als gelte es, die Abschaffung standrechtlicher Erschießungen medial zu kompensieren, bleibt bis heute unübertroffen. *Der Heiße Stuhl*, wahrscheinlich lediglich vorläufiger Höhepunkt des dauerhaft zu etablierenden Formats der *combat talk show*, mußte scheitern, um aufzuerstehen – dort, wo die Schlafmützigkeit augenscheinlich ihren angestammten Ort hat, im DSF, bei *Offensiv! Streit live.*

Kein Fernsehkritiker dürfe seine Gegner jemals kennenlernen, befiehlt ein ungeschriebenes Gesetz. Trotzdem ging ich auch da hin. Mitnichten würden jedoch einige zentrale Thesen aus *Wieder keine Anspielstation* diskutiert, hieß es während einer offenbar unentbehrlichen strategischen Vorbesprechung, hier solle, au contraire, dazwischengefunkt und möglichst spektakulär der Widerpart in die Zange genommen und sowieso Stammtischniveau erreicht werden, denn das Motto der Sendung vom 21. Mai 1996 lautete ja zweifelsfrei: »Stoppt die Schönfärberei!«, eine These, der ich zustimmte und die ich zu vertreten gedachte. War ich eigentlich noch zu retten?

Daß in *Offensiv! Streit live* ein Wort das nächste gibt, hätte ich dann schließlich genauso wissen können. Einer tritt, siehe *Der Heiße Stuhl*, gegen viere an, einer war ich. Der ehemalige Wrestling-Hallenshouter Oliver Dütschke briefte mich vor dem Startschuß, als gehe es um Leben und Tod, der Rest spielte sich ab, wie es die Gepflogenheiten des rasanten Talks verlangen. Einen Dummkopf rufe man den, der hinterher Klage führt.

Wenigstens opponierten mir zwei Fernsehprofis, die nicht die verlogensten sind: neuerlich Jörg Dahlmann und Ulli Potofski. Sie gaben weder die »Anwälte des Zuschauers«, noch fuhren sie mir, dem die Rolle des einsamen Krakeelers und Arschgesichts zukam, übertrieben forsch an den Karren. Ich teilte freilich ganz gut aus. Allerdings reichen immer zwei, um einem das Leben in der Talkshow zu versauen. Läßt man sich von Jörg Dahlmann die eigenen Redebeiträge durchaus als »hochgradigen Schwachsinn« einstufen und Ulli Potofskis Plädoyers für einen »menschlichen Umgang« mit Beckmann und Wontorra friedfertig passieren, so kläfften DSF-Programmdirektor Kai Blasberg und die kokette Elisabeth Volkmann, bis Verzweiflung zu obsiegen schien. »Sie haben noch nichts Substantielles gesagt«, urteilte Herr Blasberg nach acht Minuten, Frau Volkmann ergänzte: »Konstruktive Kritik bitte, Herr Roth! Das ist ja wie bei der SPD, die kritisiert auch immer, hat aber keine Alternativvorschläge.« Denn höre, Herr Blasberg wußte dito dies: »Das ist ja in der deutschen Linken wohl gang und gäbe – immer alles miesmachen wollen!« Da waren sie eins, da waren sie Bruder und Schwester.

Wie bei der SPD fühlte ich mich mittlerweile tatsächlich, nur: Was hatte ich eigentlich gesagt? Daß Fußball im *ran*-Format nicht mehr genießbar, daß die Kommentatorenkunst auf den Hund … – »Der Professor Adorno in Frankfurt«, fiel mir ein, »hat immer …«, doch Blasberg war erneut schneller und hielt einem, den er, verstünde es sein taubes Publikumsvolk, am liebsten Wiesengrund rufen würde, posthum zugute: »Ja, ja, der mußte kommen, der mußte kommen.«

Irgendwann blökte ich, schändlich der Stallorder gehorchend, identisch retour, bloß der unerwartet fair und mit Fingerspitzengefühl für heikle Gesprächsmomente agierende Moderator Kai Stecker konnte mich vor rabiat unbedachten Äußerungen bewahren. Schließlich sprang mir der TED bei, weshalb, das weiß der Kuckuck. Mit glatter Zweidrittelmehrheit siegte ich bundesweit und bis nach Österreich hinein. »Der Fußball leidet unter der Show«, und ich belobigte mich insgeheim, den Höllenkreis, der Talkshow heißt, glimpflich durchschritten zu haben.

Gelegenheit fand ich, während die Diskursschlacht tobte, immerhin, darüber zu sinnieren, wieso meine Kontrahenten an pfeilförmigen Tischen aufgereiht worden waren, ich aber hinter einem runden Pult stand.

Man fragt sich so was. Und übrigens: Das Catering ist nicht übel.

Erschlagen in Eschwege

Wenn ich mich nicht täusche, sind dieser Tage auf bundesdeutschen Straßen mehr Engländer denn je unterwegs. Sie begegnen mir dutzend-, beinahe hundertfach, ob in Krefeld oder in Frankfurt am Main. Nur in Eschwege nicht, wohin es die Herren Gsella, Schiffner, Sonneborn und mich verschlug, um während des Open-Flair-Festivals die EM-Begegnung Rußland – Deutschland vor einem erlesenen, satiregeschulten Publikum live zu kommentieren und simultan zu deuten.

Wir hatten uns durch nächtelanges Studium einschlägiger Gazetten die erforderlichen Hintergrundinformationen (Sexaffären, Harnsäurewerte) beschafft, eine feine Dialogregie entworfen und gewagte Witzstafetten geprobt. Z. B. wollten wir die russischen Spieler mit Namen wie Oblomow, Gontscharow, Majakowski und Müller belegen, und vor dem Spiel fiel mir noch ein, daß der Ball durch den berühmten russischen Kreisel »wie am Kanonenschnürchen« rolle, während Herr Sonneborn die schlechte deutsche Bilanz gegen Rußland dahingehend zu erklären gedachte, daß Stalingrad doppelt gezählt werde.

Alles schien sehr schön ausgedacht, die Crew schien bester Laune zu sein. Teilweise magenverstimmt (Gsella, ich) enterten wir um fünf vor vier die Bühne des mit dreihundert Mann vollbesetzten Bierzeltes, manch ein versonnen schmunzelnder Hippie und friedvolle Menschen ließen die Innentemperatur auf 53 Grad Celsius ansteigen. Jubel brach aus, als Schiffner zum ersten-, zum zweitenmal den linken Läufer Ziege »Pickel-Ziege« nannte. Und als Herr Gsella über Pickel-Zieges platzende Ekzeme zu dozieren begann, erklangen starke Gunstbezeugungen: »Werdet ihr dafür bezahlt?« – »Wir wollen Rubenbauer!«

Es waren keine Engländer und keine Russen, diese Menschen, die da saßen und Fußball sehen wollten, ab Minute fünfzehn aber nicht mehr uns. Nach einer halben Stunde bemängelte man, daß Gsella und ich während der lang und länger werdenden Sprechpausen rauchten, ich vernahm sogar einen Ausdruck (»Arschlöcher«), obschon wir konsequent die Russen lobten (»Trotzki, Stalin, prima gemacht!«) und das deutsche Team in schärfster Satirikermanier miesmachten (»Pickel-Ziege verzogen«).

Ob wir zur zweiten Halbzeit überhaupt wieder raus sollten, fragten wir uns im Backstagebereich, Gsella aber stapfte tapfer voran und brillierte mit liebevollen Scherzen über nicht vorgesehene Igel auf dem Spielfeld, die in Arztkoffern verstaut würden. Das gutgelaunte Publikum jaulte und sang: »Maul halten!« Zehn Minuten vor Schluß sagten wir: »Wir halten jetzt mal das Maul.« Beifallssturm.

Nach dem Abpfiff analysierten wir unsere rasante Performance bei Bier und Schnittchen, da stürmte der besoffene Quetschgitarrist einer Eschweger Provinzkapelle (Die Beds oder Die Bads) die Backstagezone, griff in eine auf dem Tisch stehende Obstschale und bewarf uns mit frischen Früchten. Seine Bierflasche sollte Sonneborn erschießen, wurde von ihm jedoch mit dem linken Hoden pariert. Schiffner erlitt mehrere Kiwitreffer, voll ins hämisch grinsende Satirikergesicht, und unter schmählichen Reden zog der schweinisch schnaubende Dorfgitarrero Gsella und mir Bananen über den Scheitel, sprang schließlich Sonneborn an und würgte ihn. Gott sei Dank hatte wenigstens Klinsmann zweimal getroffen, so war der Mensch allein.

Der Himmel schickte einen Securityschrank. Er packte den Stier am Strunznacken und warf ihn hochkant vors Zelt. Wenige Augenblicke später, die »Szene« beruhigte sich leicht, merkte ich gerade noch rechtzeitig, wie ein Dolch häßlich ratschend durch die ledrige Plane stieß und schon an meinem Rücken spitzelte.

Bevor wir alle hinterrücks niedergestreckt werden sollten, eskortierte uns die Wachmannschaft zum Pkw. Mit qualmenden Reifen fegten wir über das steinige Festivalgelände und entkamen in die Innenstadt.

Beim Milchkaffee schüttelten wir uns den Schmutz, den Haß und das Gespött aus den lädierten Knochen. Gsellas Resümee: »Ich war selbst überrascht über meine gute Leistung.«

Sicher, wir hatten eine Menge »Staub« aufgewirbelt. Trotzdem frage ich Sie: Hat das noch was mit Sport zu tun?

Wontorra I

»Deutsche«, zitierte die *BamS* vom 25. Juli 1997 Jörg »Wonti« Wontorra, »Deutsche« seien – trotz neunationaler Spaß- und Comedy-Culture – »viel zu ernst«. Und, ergänzte der *ran*-Kamerad auf den Gesellschaftsseiten, die einen Simulationsjournalisten frühester Stunde beim Biß in Evas Paradiesapfel zeigten, den ihm seine Gattin Ariane zwischen die Hauer geklemmt hatte: Man »trifft immer häufiger auf Leute, die gestreßt sind und alles viel zu ernst nehmen«.

Fürwahr: Weil die Vielzuvielen viel zu scharf auf zahllose hochdotierte Jobs sind, macht sich blanker Neid breit, wohin man tritt, und »alles wird« dann obendrein »durch Regeln festgelegt«. 1999, so der *BamS*-Aufmacher, werde deshalb nach Th. Gottschalk und B. Becker mit Wontorra »wieder ein Prominenter Deutschland den Rücken« kehren, ein Aderlaß ohnegleichen bahne sich an, ein rasender Exodus der besten Köpfe des Landes.

Wontorras Entschluß sitzt fest im Sattel. So möge ihm die Villa »Casa Mucki« zu jenem »Paradies« werden, das schon heute mit »Hanglage«, »Pool« und »eigenem Tennisplatz«, dem »sonnigen Süden«, einem Sack voll »Palmen« und der »deutschen Schule in Marbella« aufwartet. Schließlich inkorporiert der im Wonti-Diminutiv bestens getroffene »clevere Wontorra« (»spekuliert auch an der Börse«) jenen Kretinismus aufs prägnanteste, der »im Alter« die Form der Landsitzweisheit annimmt.

Mutmaßlich dieser mittlerweile grenzenlosen Unzurechnungsfähigkeit wegen mußte Wontorra, über den Umweg ARD/Radio Bremen/Schwimmreportagen (»Flieg, Albatros, flieg!«) zum Oberschwallkopf der Sportkommentatorenzunft gereift, am 28. Juni 1997, als der Bundesligafußball seinen turnusmäßigen Sommerschlaf hielt, auch noch durch die landeskundliche Quiz- und Quasselshow *Sommer, Sonne, Sat.1* führen und die nicht minder unangebrachte Schlagerschabracke Vicky Leandros vor südländisch stimmungsvoller Hafenkulisse zu ihren »Lieblingsplätzen auf Kreta« befragen. Denn wenn zwei grienende Showgrößen aus der vierten Reihe jemals füreinander bestimmt waren, dann waren sie's hier, wo jeder Sinn längst das Weite gesucht hatte.

Was man dem urdeutschen, ernsten Sinn wirklich hoch anrechnete.

Roberts Rhönradreportagen

Wir wollen nicht angeben – aber die im März 1997 erschienene CD *Wir rufen Günther Koch! – Ausgewählte Radioreportagen* wurde top besprochen und stark gelobt; da ließen sich weder Print- noch sonstige Medien lumpen. Zwar hatte schon am 20. Januar 1994 die Nürnberger *Abendzeitung* Günther Koch einen »Star-Reporter« genannt und spätestens heuer festgelegt, »der inzwischen zur Kultfigur aufgestiegene Nürnberger Rundfunkreporter« (13. Februar 1998) sei eine Instanz; doch das Feiern kannte ohnehin keine Grenzen. Auf Zeitungsdienste verzichten wir diesmal. SDR 1 (*Wir über uns,* 13. April 1997) goutierte »erlebte Sprachspiele« und »Sportgeschichte auf CD«, Stuttgarts Privatradios urteilten: »Dann wird eben aus der Bogenkopflampe ein Klassiker – unvergeßlich!« 3sat (*Kulturzeit,* 4. August 1997) genoß »Formulierungen wie Markenzeichen«, B 2 (*Kultur aktuell,* 5. Mai 1997) entschied: »Günther Koch läßt keinen Fußballfan kalt.« Dieter Eckstein (B 1, 15. März 1997) bestätigte: »Es gibt so viele schlechte Reporter. Und ein guter dagegen – das ist halt zu wenig.« Wenn schließlich Friedrich Küppersbusch auf dem Beichtstuhl in *Willemsens Woche* im Brunzton der Überzeugung zum besten gibt, dem »Robert Koch vom BR« reiche sowieso niemand das Wasser, dann kann das nur stimmen; dann darf item Reini Beckmann via seine unverändert gelungene Spitzenshow *ran* kundtun, Ewald Lienens live dargebotene Kommentarübung sei »ja allerbeste Hörfunkreportage, fast wie seinerzeit aus dem Frankenstadion der Robert Koch«.

Warum aber, Ruhm hin oder her, gleich noch eine ganze Platte mit nix als Robert Koch und Robert-Koch-Reportagen? Na, warum denn nicht; a) bin ich als Herausgeber der ganzen Angelegenheit durchaus geldgierig, ja spitz auf weitere Tantiemen in schwindelerregender Höhe, b) kann ein bißchen Zusatzkohle nie schaden, und c) muß halt sein, was sein muß; d) des Schotters und e) folgender »inhaltlicher Gründe« (O. Tolmein) wg.:

Das schnellste Tor der Bundesligageschichte will festgehalten, neuere Club-Höhepunkte, vornehmlich der Franken Abschied aus dem Regionalligasumpf, müssen für die Ewigkeit konserviert werden, die Bayern-Fans mögen sich an der vierzehnten Deutschen Meisterschaft erfreuen, unzählige geratene und schöne, komische und kriminell spannende Koch-Beiträge harrten ihrer Zugänglichkeit über die Tagesaktualität hinaus. Der brave MSV Duisburg soll eine gewichtige Rolle spielen und Effenbergs Tor, das Koch ankündigte, woraufhin der famose Hessische Rundfunk, mein Sender vor Ort, kurzerhand die bestellte Einblendung verließ. Und als 52,7 Prozent der Hörer von Kochs Hausprogramm, dem B-1-Format *Heute im Stadion*, Roberts Schilderung des Klinsmann-Anschlußtreffers gegen die Sechziger zum »Radiotor des Jahres 1997« wählten, war die Sache klar.

Außerdem, und da rundet und krümmt sich nun das Projekt *Wir hören Günther Koch!* gleichsam relativitätstheoretisch wie -praktisch in sich selbst zurück, ruft *Wir hören Günther Koch!* keinesfalls ausschließlich den Reporter und neuerdings Popstar Robert Koch, sondern wartet zudem, quasi i. S. der Idee des »Bonus-Tracks« (K. Walter), mit gewissermaßen unterhaltungsindustriellen Neuerungen auf, insofern wir uns entschlossen, auch dem Nachwuchs der Gesellschaft was Tanzbares anzubieten, sprich Musik zu integrieren. Und brandneue, ja verteufelt frische, speziell für diesen Tonträger rasch zusammengedengelte zumal.

»Ein Mann, ein Schuß, ein Tor – Der inoffizielle Song zur Fußball-WM '98« ist unter keinen Umständen lediglich der inoffizielle Song zur Fußball-WM 1998, sondern wahrscheinlich ein geheimtipmäßiger Chartbreaker der dröhnendsten Sorte. Um ihn, den Smash-Hit, nicht allein in der Gegend herumstehen zu lassen und die kompositorische, die stilistische Balance zu wahren, findet sich mit dem Ska-Evergreen »G. Koch« von den Hinks ein zweites Stück ein. Gerne wiederveröffentlicht hätten wir weitere Paradebeispiele aus dem Genre des Fußballiedgutes avec Robert Koch, berückend fatale Moments musicaux wie Peter Fabian und die Treuen: »Wir fahren zum Club« (Musik: Dill/Tillis, dt. Text: Fabian; Arena Sound 1987), die nie auf Platte gebannte, Harold Faltermeyers »Axel F.« nachstellende Sampling-Rap-Dance-Produktion »Papa Tooor!« (Berlin 1988) oder den Frankengassenhauer »Nürnberg grüßt Europa« der Conny Wagner Show Band (MAXX Tonträger; enthält den schon sehr ausdauernden »Long version disco mix«), eine rare Weise, die die Weather Girls und die Schwedencombo Europe ingeniös miteinander vermalmt und den Hauch des Zeppelinfeldes atmet. Allein, der Platz reichte erneut nicht. Die Wissenschaft wird später nachsetzen, Klaus Walter verborgene Hipness und andere Trashkomponenten explorieren müssen.

Am dollsten aber rockt eh Robert Koch pur. Auf vielfachen Wunsch haben wir keine Mühe gescheut, sogar das Nicht-Fußballerische breit zu berücksichtigen; also einerseits die technische Seite jeder Fußballradioreportage zu dokumentieren und Exempel für Schneidekommandos und Atmosphärisches einzustreuen (am 21. Februar 1998, kurz nach Redaktionsschluß, verstarb 75jährig Fritz Hausmann, der Gründer und langjährige Leiter von *Heute im Stadion*, seine Moderationen erinnern an bessere Zeiten); andererseits hören wir hier erstmals auch den Rhönradreporter Robert Koch, den Kanukommentator und den Schachschlawiner, der keine Konfrontation scheuen muß mit Samuel Becketts als herausragende Leistung des Sprachschaffens sanktionierter Schachreportage: »Bald verging eine ganze Pause, ohne daß irgendein Positionswechsel eintrat, bald war das ganze Brett in Aufruhr und glich einem Gewoge von Zügen.« (*Murphy*, Reinbek 1987) Vergleichen Sie nur selbst!

Kaum zu ignorieren wäre und ist Robert Kochs Dernydiskurs. Größeren Raum nimmt, vom Dernysport abgesehen, der Derbygedanke ein. Nicht bloß das traditionelle Münchner Kräftemessen wird sorgfältig aufgearbeitet, überdies das wohl noch brisantere Nürnberg-Fürther Nachbarschaftsduell sieht sich gewürdigt. Im übrigen schafft Bayerns unvergessene Pokalschlappe gegen Vestenbergsgreuth zwischen München und Mittelfranken stringente Querverbindungen; so daß, den Interdependenzansatz zuspitzend, zuletzt die exquisiten, oft meisterschaftsentscheidenden Maispiele der Bayern (gegen Sechzig und den VfB) die Brücken schlagen zu *Wir rufen Günther Koch!*, wie es eleganter nicht ginge. Wobei wir, um den Braten vollends abzuschmecken, obendrein die spektakuläre Klinsmann-Getränkedose angesprochen hören.

Allerdings fehlen abermals gewichtige Ereignisse und Reportagen, die es beinahe auf *Wir hören Günther Koch!* geschafft hatten und aus Platzgründen im allerletzten Moment abschmierten: Handballeuropapokalendspiele z. B., die Deutschen Schülermeisterschaften im Feldfaustball (SV Hof 1911 – TuS Rot-Weiß Koblenz), ein Livebericht vom Torwarttraining der Club-Amateure (vom 6. August 1980), Ringen selbstredend, Rallyesport, Eisschnellauf, Fechten, Biathlon und die eigentlich unverzichtbare Auseinandersetzung zwischen dem 1. FC Nürnberg und dem FSV Frankfurt.

Wer weiß, wer weiß, was fürderhin uns und Ihnen, geneigte Hörer, noch blüht. »Prellball?« fragte SDR 3 (*Leute*, 24. April 1997). »Schwierig«, so Robert »Günther« Koch.

Mit Hammer und Stöckchen

Madrid, Stadion Bernabéu, 1. April 1998, ein Tor bricht zusammen.

90.000 Zuschauer warten gespannt auf den Anpfiff des Champions-League-Halbfinalhinspiels zwischen Real und Borussia Dortmund. Doch das Tor wackelt, sinkt, stürzt.

4 blaugewandete, 3 graubraune Herren eilen herzu und ein metallicblauer Herr. Reporter Reif redet. Schon steht es wieder, indes auf wacklig' Beinen nur.

Ein Schwenk, ein Rund. Unerhörte Stille, 21 Uhr, eine Viertelstunde nach vorgesehenem Spielbeginn. Im kurzen, satten Grase liegt er majestätisch unbeeindruckt, der Hammer, der helfende, »du Instrument / des Aufbaus / und des Abbaus« (F. W. Bernstein), der Hammer, du häßlich' und auch hoffnungsspendend stählern' Ding, du rabiater und ruhender Knecht der Verantwortlichennatur.

Schlaff und stumm hängt das Netz, Kanthölzer versprechen Rettung als an Bruchstellen eingeführte Notstandbeine, matt das Netz gesunken zu etwas abendfeuchtem Boden, reifbestreutem Rasen hinab.

»Jetzt das Ganze noch ins Lot gebracht!« frohlockt M. Reif, nein, das sieht man, das geht ja nicht! Abbruch droht wie weiland (3. April 1971) nach Herbert Laumens Borussentorbeschädigung gegen die Werderaner, nein, der Anpfiff schon dräut vereitelt zu werden durch den Fall des Tores.

»Das sah wie eine relativ saubere Schnittstelle aus. Könnte es theoretisch auch Sabotage gewesen sein?« fragt im UEFA-himmelblauen Studio Herr Jauch den Dortmundborussen und gelernten Kupferschmied Toni Schumacher. – »Nein, ich glaube nicht Sabotage.«

Helfen »Streichhölzchen« bei etwaigen späteren vielleicht ja »Lattenkrachern«? 3 Blaue und 1 Grauer knuddeln am noch immer sehr schamvoll trauertragend laschen und fast traurigen Netz herum, das Tor, es steht, provisorisch bloß. »Da herrscht schon jede Menge Hektik und Nervosität in den Katakomben, man spürt das körperlich«, berichtet Potofski live »in Color« (Reif), Teddy de Beer beruhigt die etwas nachdrücklicher aufgewühlte Stimmung: »Wir wollen uns mal auf die Spanier verlassen, daß die hier in der Lage sind, 'n Tor zu reparieren und da vielleicht 'nen Nagel reinzuhauen.«

Der Nagel tät' ja nichts. Rein nichts! »Im Moment sieht's ziemlich bitter aus«, sagt Teddy, das Tor klappt abermals und nun, scheint's, endgültig und entkräftet zusammen, platt liegt es da, 3 Blaue und 1 Olivgrauer zurren wieder etwas und tupfen oder tippen, 6 Schwarze stehen, gut im Raum verteilt, sinnend, praktisch grübelnd herum.

»Also, schweißen wär' jetzt groß angesagt«, rät der alte Kupferschmied. Eine Spachtel sehen wir, verzagtes Picken, eine Gummizange, man klopft ein wenig. Schutzlos nacktes Gestänge, gebrochen, tragen 5 Männer plötzlich weg.

»Jetzt müssen spanische Heimwerker schnell ein neues Tor schnitzen«, empfiehlt Herr Jauch. Wir müssen beinah' weinen schon. Dunkel klafft das Pfostenloch, das Netz verweilt, allein.

21.18 Uhr, »das große Buch der Fußballgeschichte muß um ein neues Kapitel erweitert werden« (Jauch), der Hammer, jetzt von links und eher leicht von oben schräg das Bilde füllend, schläft. »Also, reinhauen wird nicht gehen.« (Reif) Was dann? »Jetzt fummeln die«, sagt Reif, »an dem Netz herum, das ist so wie Fischer«, »genau«, jauchzt Jauch, »spanische Fischer.« – »Ja.« (Reif) Das neue Tor kommt nicht.

Es lacht die deutsche Runde kugelpfundig herzlich frisch, sie haben solche Schwierigkeiten nicht. Wieder fällt da replaymäßig elendig das Tor von rechts, knickt ein, zieht linke Seite zügig nach und patscht ganz unsympathisch hin. »Das ist wirklich wie ein Dorfverein.« (Jauch)

Es ist zu Madrid aber vieles stark »marode und verrottet« (Schumacher), kein Leben mehr jetzt auf dem bläßlich grünen Felde, weit dehnet sich die fahle Fläche unbespielt, das Netz ruht still. Milchig schwimmt diffuses Licht. »Achtung, er nimmt den Hammer weg! Aus!« ruft Reif.

Nun gehe man ein neues holen, ein Standtor wohl, und lasse das alte im Stich und in den Katakomben. »Achtung, die Blauen sind wieder da!« schreit Reif, er sieht am besten, von oben laut herab, das Netz, man knödelt, faltet es zusammen, schleppet es hinfort. »Holzbeine sollten das werden«, deutet Reif die Szene, »aber das war dann nix.«

»Ich habe gerade gesehen«, schaltet Potofski flink sich dazwischen, »daß man gerade ein Tor zusammenhaut, aber niemand darf photographieren, ein geheimes Tor«, und nun wird es ja schon hereingetragen, es verhakt sich a bißerl im Sicherheitszaun, das Standtor, 18 tapfere Mannen hängen dran und zieh'n und zerren für die Wende der Ereignisse. Hölzer, Heringe. Und Haken auch. Und der Schiri zweifelt erst, hebt dann den Daumen doch, sagt ja zum »Trainingstor«, zum Hilfs-, zum Nottor aus den Höhlen Bernabéus, zum Ersatz- und Rettungstor.

»Da ist wieder unser Mann mit dem Hämmerchen, unser Berufsfischer«, quiekt Reif, die Spanaken aber und die blöden Funktionäre schaffen frisch erstrahlend festen Blikkes am Netz und spannen es, das Netz, das müde, legen Steine auf die neuen Toresfüße, noch wird geflickt, damit es ein Gesicht auch hat, »wie die messen!« jodelt Jauch, »mein lieber Schwan, Bezirksliga!« prustet Reif, es geht ihm einer ab: »Ooohhh Gottt!«

Die Sache wird ein »Nachspiel« haben.

Die drei Fragezeichen

1
Und es sprach im *kicker*-Sonderheft WM 1998
Der Chef, und er sprach:
»Lothar Matthäus geisterte zum Zauberwort
Für eine Fußball-Nation mit fast fanatischen Befürwortern
Und strikten Gegnern.«
Und wir verstanden nicht, denn es war
Holzschuh. Es war Holzschuh, welcher
Da auch sprach: »Vogts hat um die Auswahl
Seiner 22 Kandidaten
Hart gerungen.«
Und es war das Editorial.

2
Und wir blätterten weiter, und wir sahen
Karlheinz Wild, und er schrieb: »Matthias Sammers lang- und Olaf Thons kurzfristige
Verletzung (Knie bzw. Bänderriß) haben das unwahrscheinlichste und deshalb spektakulärste
Comeback der deutschen Nationalelf-Geschichte allseits bestaunte Wirklichkeit werden lassen.«
Und wir verstanden, und wir waren froh.

3
Und wir blätterten wieder retour, und unsre
Gewißheit, es werde mit Lothar unser Team den
Lorbeerkranz so grün und den 5 kg wiegenden Achtzehnkarätercup so gülden
Davontragen, ward zerstört. Ward gedämpft durch

Eine Überschrift,
Und die lautete:
»Aus Erfahrung gut?«
Jetzt schon die Flinte ins Korn werfen?
»Am 10. Juni, wenn der
Anpfiff zur WM ertönt,
Wird's ernst«, stand gleich darunter, und
Wir faßten neuen Mut. Und wir glaubten etwas
Fester nun daran, das Endspiel zu erreichen.
Vielleicht würden wir das Endspiel ja gewinnen gar. Gegen
Argentinien vielleicht. Vielleicht gegen England. Und wir
Würden alle Spiele verfolgen, bis das Endspiel stattfände, alle
Begegnungen, auch die Spiele der Wüstensöhne und des
Muselmanen. Denn »auch der Welt-Fußball
Liegt voll im Trend der Zeit: Immer mehr,
Immer länger.«
Und wir lasen: Es »sind nur vier wirkliche Neulinge: Südafrika,
Jamaika, Japan und Kroatien«. Und wir lasen, der Weltfußball werde
Auch getreten von der Politik. »Bei letzteren beschränkt sich
Das ›Neu‹ lediglich auf den Namen«, und die Arbeitermacht,
Das wußten wir, lag lange schon schlimm darnieder: »Die
In 15 Länder zerfallene Sowjetunion ist bei der WM 98
Überhaupt nicht dabei …«
Und wir dachten an Jaschins Flüge
1966, an Rudi Michels Rede und an den
Halbfinalsieg, ein schönes Spiel. Und »die
Südamerikaner gewannen vier WM-Turniere, mehr
Als irgendeine andere Mannschaft«, aber sie taten sich auf europäischen Gründen
Stets sehr schwer, sie könnten bald ausscheiden und

Heimfliegen. Doch haben sie, wußten wir da, einen, den
Nennen sie Ronaldo, »es sind«, erklärte uns
Der *kicker*, »seine überraschenden Einfälle,
Mit denen er Spiele wieder flottmachen kann. Der Eindruck, er würde nicht viel tun während
Des Spiels, stimmt ja nicht.«
Und wir nickten, und wir ärgerten uns und sorgten uns, Ronaldo könnte
Zu oft, allzuoft treffen, und Lothar hätte das Nachsehen, der
Fünffache gepriesene Teilnehmer, dessen Schuß gewaltig und
Dessen Antritt noch immer feurig.
Und wir lasen mehr. Wir lasen eine Spalte, wir lasen eine zweite Spalte, wir lasen die dritte,
Wir lasen: Er, Ronaldo, »vor allem nährt die Hoffnungen«, er nähre Siegessehnsüchte
Seines Trainers und seines Verbandes, aber man solle
Die anderen nicht vergessen. Das war klar.
»Die Mannschaft des Veranstalterlandes«, lasen wir, »wächst meist,
Angefeuert von den heimischen Zuschauern,
Über ihr gewohntes Leistungsvermögen
Hinaus«, und wir lasen: »Italien
Wird in allen Diskussionen
Genannt«, und wir lasen:
»Südamerikas Qualifikationssieger
Argentinien kann sich
Großer Aufmerksamkeit erfreuen.«
Und wir lasen:
»Allerdings muß es auch
Bei einer Weltmeisterschaft
Nicht immer so sein,
Wie es war.«
Und wir hofften, und wir blätterten um.
Und da sahen wir, wie er

Geschrieben und wie sein Wort
Gestalt hatte und wie er meinte:
»Wir haben wahrscheinlich
Die älteste Mannschaft des Turniers.«
Und wir verzagten erneut. Und »doch«,
Bedachte er, »das hat auch etwas Positives an sich:
Wir verfügen über einen großen Kreis
Erfahrener Spieler, generell und auch speziell
Bei WM-Turnieren«, und das
Stimmte.
Und wahr war sein Wort: »Unsere Mannschaft [...] hat das Zeug, im Konzert der Weltbesten
Eine tonangebende Rolle zu spielen.« Und
Wahr war und wahr ist: »Sie ist verpflichtet, ihre Ziele hoch zu stecken.«
Und aber wir wußten auch, da er sann: »Aber niemand kann eine Garantie abgeben.«
Denn, das wußten wir so gut wie er, »zunächst
Einmal muß sie in ihrer Gruppe bestehen.«
Denn »die ganze Konzentration
Darf immer nur dem nächsten Schritt
Gelten.« Denn
»Wer schon vom übernächsten Schritt redet,
Wird beim nächsten schon auf die Schnauze fallen.«
Das schrieb er, und es stimmte.
»Siehe unsere Erfahrungen bei der
WM 1994 in den USA«, siehe den Halunken
Stoitch- und siehe den Lumpen HSVkov, und siehe,
Er gab uns recht: »Ergebnis
Noch in aller Erinnerung ...«
Und also rüsteten wir uns und
Gingen wir in uns, und wir lasen noch ein
Stück, und wir stimmten ihm zu. Denn
Er hatte geschrieben: »In jedem Spiel
Trifft man auf einen Gegner,

Der sich ebenfalls darauf vorbereitet
Und sich etwas vorgenommen hat.«
Und wir priesen still seinen Namen
Und dankten ihm, daß er seinen Scheinwerfer
Geworfen hatte und sich und auch
Uns wünschte: »Hauptsache, es wird Fußball gespielt.«
Und es werde gespielt bis zum Schluß, denn
»Abgerechnet wird erst am Schluß, der
Neue Weltmeister steht frühestens
Am Sonntag, 12. Juli, 22.45 Uhr fest. Es kann
Aber auch noch um einiges
Später werden: Wenn es eine Verlängerung
Gibt, ein ›Golden Goal‹ oder gar erst ein
Elfmeterschießen
Entscheidet.«
Und es stand ein Kasten unten drunter,
Und der Kasten zeigte
Die Weltmeister seit neunzehnsechsundsechzig
Und fragte: »Steht der Weltmeister 1998 schon fest?«
Und es stand aber bloß
Geschrieben neben der
Zahl 1998:
»???«

Der Langpaß-Odysseus

Die aufgeregte Gegenwart kannte bis vor kurzem keinen verhaßteren und gröber geschmähten Fußballer als den Münchner Lothar M. Kein anderer mußte sich derart ausdauernd beleidigen, veräppeln, in den »Schlamm der schmierigsten Halbweltanschauung« (Karl Kraus) hinabzerren und mit allerlei eilfertig dämlichem Spruchwerk belästigen lassen. Gewiß, er, der geniale Langpaßschläger und weitblickende, unbekannte Horizonte des Fußballs abschreitende und die Räume des Rasens gewandt und geschwind durchmessende Stratege von odysseischen Gnaden, er, der Bubenparvenü, er, der später aus Pumas Obhut gen Mönchengladbach entlassene Bolzer und Renner und Grätscher und flinke Läufer, er, der Übersicht wahrende Lothar M., zwischenzeitlich Italiens geliebter Sohn und, Gott sei hoch gepriesen, zurückgekehrter Bayernlibero, er lieferte schon den einen oder anderen Anlaß, um sich über ihn zu echauffieren. Zu affig und affektiert hantierte er vor aller Welt mit geschätzten zwanzig Handys herum, und seine riefenstahlaffine Ablichtung zugunsten der Kreditkartenfirma American Express hätte wirklich nicht sein müssen. Das tat weh, das schmerzte.

Freilich, wenig dürfte leichter sein, als Fußballer zu imitieren und ihren Dialekt zum psychischen Defekt zu erklären. Was W. Boning und die neudeutsche Comedyblase bzgl. Lothar M. wider Willen dokumentierten, war nichts anderes als die schäbige Einfallslosigkeit eines Kabarettistenschmus, der inferiorer ist als jeder zusammengestotterte Satz eines Fußballers, der Fußball spielen und nicht klug daherreden können muß. Daß Lothar M. durch seinen Auftritt gegen die brillanten Jugoslawen just ihnen die kärglichen Darstellungsmittel entzog, freut uns.

Seltsames ist gleichwohl geschehen. Einer, den sie zum Prototypen des Dummklumpens erkoren hatten, wird plötzlich allenthalben gehätschelt, gepriesen und gelobt. Vergessen scheint, woran sich die Claque jahrelang delektierte: an Lothar M.s zuweilen narrischer Posierlust, seiner röhrenden rhetorischen Rastlosigkeit, seinem rauschhaften Geschnatter. Immer dann, wenn er die vom Bundesligabetrieb erzwungene Selbstkontrolle verlor und herumkrabölkte, bis die Kameralinsen beschlugen, kreischten sich die Schmöcke ins Fäustchen und hauten sich die Schenkel blau: Seht her, welch wunderbaren Tölpel er uns gibt!

Eigentlich wäre es gerechtfertigt, akkurat jetzt jenen Lothar M. zu schmähen, dessen Anhänger ich immer war; jetzt, da ihn alle liebgewonnen haben, weil er dem waghalsigen Projekt Weltmeisterschaft als wahrscheinlich vom HErrn persönlich gesandter Retter doch noch Perspektiven zu geben vermag. Nein, nun wär's eigentlich zu spät, einen zu loben, der ganz und gar nicht ist, was sie aus ihm machten, auch wenn ich lediglich erahne, daß er »ein Guter«, wie die Mittelfranken sagen, sein muß.

Der geschätzte Fachkollege Fritz Eckenga, Bayern-Verächter und Borussen-Addict, erzählt, im Umfeld der Münchner Bayern redeten die Leut' hinter vorgehaltener Hand über Lothar M. äußerst respektvoll. Paradox: Der, der angeblich die Boulevardpresse mit »Internas« (Matthäus) füttert und seine Kollegen anschwärzt, darf nur unter strengster Geheimhaltung geachtet werden. Womöglich zehren seine Kritiker von solcher Schizophrenie. Thomas Helmer hätte Lothar M. nach Veröffentlichung des *Tagebuchs* nicht despektierlich einen »Kranken« rufen können, hätte Lothar M. Lobbies, die ihn schätzten für das, was er wohl verkörpert, nämlich vor allem »keinen Linkmichel« (Andy Brehme). »Ja, das tut einem weh«, sagt Lothar M. heute, »weil man ja weiß, wie man eigentlich ist.«

Ich kann für mich in Anspruch nehmen, bereits Fan von Lothar M. gewesen zu sein, als meine Altersgenossen störrisch auf Hubert Kah oder Christiane F. schielten und aus ihrer merkwürdigen Zuneigung ein gerüttelt Maß an Prestigemehrwert schöpften. Dieser Tage trüge kaum Neues zur Diskussion bei, wer Lothar M.s mitunter beinahe rührende Offenherzigkeit priese, seinen sich nach Anerkennung verzehrenden Mitteilungscharakter, der stets Gefahr läuft, tapsig zu wirken. So angepaßt Lothar M. einem dünkt, so unangepaßt dürfte er tatsächlich sein, »lauter wie kein zweiter« (Günther Koch). Und daß er nun die Klappe hält und jedermann scheinheilig seine neuen »Tugenden« rühmt – »über alle Diskussionen erhaben« nennt ihn plötzlich das ZDF-*WM-Studio* –, ist, das ganze Klinsmann-Gedengel beiseite, der echte Skandal – für welchen allerdings der Blick eines Thomas Helmer entschädigte, als Bundestrainer Vogts im Jugoslawienspiel nicht ihn, sondern die Nummer acht auf ihren Einsatz vorbereitete und Jugendspielerhändler Helmer darob wie verkniffen-knieselig dreinschaute. Doch, das hat mir gefallen.

Vom *PLAYBOY* (7/1998) über sein Verhältnis zu Berti Vogts befragt, mit dem er 1979 bei Borussia Mönchengladbach trainiert hatte, antwortete Lothar M.: »Ich hab' ihn gleich umgetreten. Deswegen habe ich einen Vertrag bekommen.«

Eben – »seid klug wie die Schlangen und ohne Falsch wie die Tauben.« (Matthäus 10,16)

Wontorra II

Er läßt nicht locker. Da hatten wir ihn endlich aus unserem Gedächtnis gestrichen, schon reicht er die Scheidung ein und streckt uns beinahe täglich aus der Zeitung sein bumsfideles Face entgegen. Also gut, Wontorra, dann schauen wir in Deine Autobiographie *Halbzeit mit Helden – Geschichten, die der Fußball schreibt* (Düsseldorf/München 1997) hinein, doch, tun wir glatt, wir haben wirklich nichts Besseres zu schaffen, und was lesen wir?

Franz Beckenbauer »ist halt in der Zusammenarbeit mit uns Journalisten ein absoluter Profi und einfach auch ein netter Mensch. Er hat in dem Moment erkannt, daß ich etwas riskiere, einen unkonventionellen Weg gehe.« Yeah, Wonti! Du arbeitest echt unkonventionell, risikofreudig und journalistisch! Daß das nie zusammenpaßt, dämmert Dir freilich nicht. Du bist nämlich damit beschäftigt, Deine erbärmliche »Laufbahn« zu heroisieren, Deinen mutigen Kampf gegen Vorgesetzte, »kantige« Spieler und Funktionäre (»Rummenigge, der seine Denkanstöße so gleichmäßig verteilt wie weiland die Flanken«; »schon so manchem Verein hat Hoeneß das Herz herausgerissen«).

Es war schwer, denn »ich galt bei meinem Eintritt in seine [Fritz Kleins] Redaktion als ausgewiesener Linker«, der es schließlich fertigbrachte, den Kaiser anzusprechen, ohne gefeuert zu werden: »Damals habe ich eine ganze Menge erfahren über den Menschen Franz Beckenbauer. Daß er einer ist, der es am liebsten wirklich jedem recht machen will, manchmal sogar gegen seine Überzeugung.«

Wir haben das Buch von Mister »Mittlerweile duze ich auch Franz Beckenbauer. Aber dahin führte ein langer Weg«

sogar wegen unserer Überzeugung einfach weggeworfen. Was Du, Wontorra, mit Deiner »Karriere« genauso machen könntest, oder? – Wutsch!

Na bitte.

Und das Dorf klagte einmal mehr

Natürlich, sagte der ältere Mann, müsse man sonntags, am Nachmittag, hinaus zum Fußballplatz gehen, wolle man richtigen Fußball sehen, Fußball, der mit Einsatz, mit dem dieser Sportart eignenden Biß, mit Leidenschaft betrieben werde. Wenn die Leidenschaft fehle, brauche er sich ja gar keinen Fußball anzusehen, da könne er sonntags auch gleich zu Hause bleiben und einen Sonntagnachmittagsfilm schauen, erklärte mir der Mann.

Am Rande des Dorfes lag der Platz des TSC. Hinter ihm erstreckten sich Äcker und Wiesen. Man blickte, über den gepflegten Rasen hinweg, gelehnt an ein rotes Geländer, auf vereinzelte Kiefernwälder. Hundert, manchmal zweihundert Zuschauer säumten das Feld. Vor der Turnhalle des Sportkomplexes konnte man Bier kaufen. Man grüßte, man plauderte, und man kannte die Aufstellung, weil sie der Trainer am Abend zuvor im Wirtshaus verraten hatte.

Das würde wohl wieder nichts werden, war die verbreitete Meinung, der Abstieg sei schon zur Saisonmitte praktisch besiegelt. Selbst die Bruckdorfer hätten mehr Elan, mehr Pfiff. Wohin das führen solle. Seit ewigen Zeiten in der vierten Liga, und jetzt gehe es noch weiter hinab. Das werde nie mehr was, das könne man eigentlich vergessen und vor dem Anpfiff abhaken.

Diese Wurst schmecke besonders gut, sagte der Mann neben mir, die habe er gestern, am Samstag, kurz vor eins noch schnell beim Metzger Neukam geholt und dann daheim in den Kühlschrank gelegt, und seine Frau, sagte der Mann, die immer nach dem Geld schaue, habe ihm kurz vor dem Spiel die noch ganz frische Wurst hier zu diesem Weck in die Tüte gesteckt und mitgegeben, denn er könne zwar hier, auf dem Fußballplatz, freilich auch sich eine Wurst kaufen und einen Weck und beides während des Spiels, während der ersten Halbzeit genaugenommen, verspeisen, und wahrscheinlich stamme diese Fußballplatzwurst hier wahrscheinlich auch vom Neukam oder sogar vom Konkurrenten Ströbel und schmecke daher so oder so nicht schlecht, aber ob diese Wurst vom Neukam geliefert worden sei oder eben, was er sich kaum vorstellen könne, vom Ströbel, das mache ihm, der sich seine Wurst von daheim mitbringe hierher zum Fußball, nichts aus, denn den Aufschlag von fünfzig Pfennigen müsse er weder dem Neukam noch dem Ströbel, wem und wie auch immer, in den Rachen schieben. Es sei doch ein leichtes, sich seine eigene Wurst, schön eingepackt in ein sauberes Butterbrotpapier und eine braune Papiertüte vom Bäcker Hammon, der sicherlich die wohl besten Wekken des ganzes Dorfes führe, Mohn, Sesam oder ohne alles, sich diese für die erste Halbzeit vorgesehene Wurst selber mitzubringen, zur Stärkung, verstehe sich.

Denn erwartungsgemäß beginne die Heimmannschaft immer recht stürmisch, komme gut über beide Flügel, mit anfänglich, etwa in den ersten zwanzig Minuten, präzisen Flanken, erarbeite sich etliche Chancen, auch wenn es mit dem Abschluß meist durchaus nicht klappen wolle, und die Offensive entlaste so den traditionell anfälligen, ja schwachen Viererabwehrblock, aber spätestens nach Wiederanpfiff gerate die ganze Mannschaft ins Schwimmen und wakkele bedenklich, und dann müsse er, sagte der Mann, sich schon gestärkt haben, um das nervlich überhaupt durchzustehen. So eine Wurst, bis die ihre stärkende Wirkung entfalte, so eine Wurst müsse ja erst mal den angestammten Weg nehmen und verdaut werden, bis die wertvollen Inhaltsstoffe dieser sehr guten Wurst hier vom Neukam wirkten und er die Strapazen der zweiten Hälfte dann auch ertragen könne.

Nun rannte sich der Neumeister Bernd bei einem der wenigen Angriffe des TSC wieder fest, und die Schwabacher drückten. Die grätschenden, heftig schnaubenden Spieler wirkten vollkommen irreal, überwirklich greifbar. Sie riefen Kommandos, und jeder konnte sie hören. Auch riefen Zuschauer Ratschläge auf den Platz herein, und bisweilen blickte einer der TSC-Männer in die Richtung besonders lauter Hereinrufer.

Keeper Weiland rettete in höchster Not. Das Dorf schrie, klagte, jammerte und schimpfte, die Männer in meiner näheren Umgebung schwitzten, fluchten und winkten ab. Viel Bier wurde schon jetzt, kurz nach vier, getrunken, zur Kühlung der erhitzten Gemüter, und der Zapfer mit der grünen Lederschürze machte einen zufriedenen Eindruck und gab jedem, der sein helles Bier kaufte, ein paar aufmunternde, tröstende Worte mit auf den Weg, noch sei das Spiel ja nicht zu Ende, und in zwei Wochen, die Hersbrucker, die werde man sicher wegputzen und dann wieder ein wenig hinaufklettern in der Tabelle. So der Bierzapfer am Rande des Fußballplatzes.

Wenn es denn beim Nullnull bliebe, könne und müsse man zufrieden sein, sagte der Mann neben mir. Jetzt wolle er sich eine zweite Wurst gönnen und diese rasch verdrücken, ausnahmsweise, sagte der Mann und ging hinüber zur mobilen Wurstbraterei, die auch kalte Bratwurst feilbot.

Bilderkrampf

»Der Fußball«, erklärte Edmund Stoiber 1997, »ist ja heute praktisch schon ein gesellschaftliches Grundnahrungsmittel«, und eine Gesellschaft, die ihren Stoffwechsel kapitalistisch organisiert und destruiert, geht nicht zimperlich um mit dem Volksseelenfutter. Seit Juli eskaliert zwischen der Kirch-Gruppe und dem ARD-Fernsehen eine höchst krampfige Auseinandersetzung wegen der TV-Kurzberichterstattung von der samstäglichen Bundesliga. Das Konsortium des fränkischen Medienunternehmers löhnt den Vereinen pro Saison 750 Mio. Mark für die Übertragungsrechte, die der schwer defizitäre Bezahlkanal Premiere World refinanzieren muß, und weigert sich, dem Ersten freie Hand zu lassen bei der Wahl jener Partien, die man vor der auf die Prime Time 20.15 Uhr verlegten Gurkensendung *ran* (Sat.1/Kirch) in der *Tagesschau* zeigen möchte. Selbstredend begehrt die ARD das sog. Topspiel, Kirch, der Ligaverband und der assistierende DFB weisen das zurück. Borussia Dortmund, bemüht, Monetenspender Kirch in der Währung der Abhängigkeit und Exklusivität etwas zurückzuzahlen, gab bekannt, »keine ARD-Teams in die Stadien zu lassen« (*Süddeutsche Zeitung*, 24. Juli), während die »beleidigte« *(FAZ)* ARD »ihren Kamerateams und Reportern notfalls mit Hilfe der Gerichte Zugang zu den Stadien verschaffen« (*Süddeutsche Zeitung*, 20. Juli) will.

Nun steht außer Zweifel, daß das Bundesverfassungsgericht 1998 die unreglementierte Kurzberichterstattung zum unantastbaren Rechtsgut erklärte. Deshalb reichte die ARD beim Landgericht München I einen Antrag auf einstweilige Verfügung gegen Kirchs Sportrechteagentur ISPR ein, der aber abgelehnt wurde. Bis zur letzten Instanz kämpfe man, hieß es danach aus den Reihen der tapferen Anwälte der Informationsfreiheit (»ein harter und dorniger Weg«, so der ARD-Vorsitzende Peter Voß, die Kirch-Hauspostille *Bild* tobte: »Feldzug«!), und die Chancen sind nicht übel. Dennoch fragte die *Funkkorrespondenz* (30/2001) zu Recht: »Für wie schlecht müssen die Kirch-Leute die *ran*-Sendung halten, wenn sie tatsächlich der Meinung sein sollten, diese einzweidrittel Minuten machen der anschließenden Sat.1-Sendung die Zuschauer abspenstig?«

Die jüngsten *ran*-Quoten waren eine Offenbarung. Eine heimatmusikalische ARD-Produktion schlug am 4. August Jörg Wontorras alberne Faselshow locker – bei 7,1 zu 2,0 Mio. Zuschauern. Kirch wird die Sat.1-Zumutung an die Wand fahren, dann den eigenen Pay-TV-Laden versenken; die potenten Bundesligavereine danken für die Ocken und gründen, nach englischem Vorbild und der Verwertungslogik folgend, klubeigene Sender mit Hofschranzen an den Mikrophonen und gegebenenfalls virtuellen Stadionkulissen. Es wäre, käme es so, ein Segen, nämlich die Öffentlichkeit erlöst vom endlos zyklischen Theater um einen Sport, dessen Protagonisten nichts unversucht lassen, um ihn zu ruinieren.

Und das deutsche Volk sollte deshalb nicht gleich verhungern.

Otto, der Filmriß

Was macht eigentlich Otto Baumgartner? Und was treibt der Spanier so? Womit beschäftigt sich die deutsche Boxweltmeisterin Regina Halmich? Und was ist denn da dauernd im Sport los?

In bruchloser Fortsetzung des lasterbeladenen Luderjahres 2001 (wir erinnern kursorisch an Anni Friesingers freisinnige Bekenntnisse zum »erotischsten Sport überhaupt«, zum Eisschnellauf, an Stefan Kretzschmars weniger handball- und eher GV-bezogene Offenherzigkeiten oder an die Sexualturbulenzen im spanischen Fußball), in Verlängerung ebendieses denkwürdigen Jahres startete nahtlos weiter durch z. B. die Zeitschrift *PLAYBOY*, die sich zwecks Februarausgabe das kaum dreißigjährige und darob geringfügig unreife Ottmar-Hitzfeld-Gspusi Rosi Salioni schnappte, auf daß sie zu einer Bilderstrecke unter dem Titel »Die Geliebte des Generals« beichten durfte: »Der attraktivste Fußballer, den ich kenne, ist Lothar Matthäus. Er sieht gut aus und spielt großartig.«

Wenn er auch nicht mehr spielt, der exilierte Münchner Muskelmann, dann sieht er wenigstens gut aus – fast noch besser wahrscheinlich als Schalkes oberster Lärmer Rudi Assauer, der für *Bild* seine extrem aufreizenden Zigarrensaunagänge knipsen ließ – und gleichwohl schwer abschmierte gegen den Ende Oktober 2001 im Feldwebelton zusammengestauchten Angestellten Emile Mpenza. Den nämlich wählte, da sie sonst nix zu tun hat, am 30. Januar zugunsten der *Bild*-Zeitungsleserschaft besagte Regina Halmich unter »die zehn schärfsten Sportler« resp. »Sportler-Bodys«, knapp hinter Trainingspartner Wladimir Klitschko und vor beispielsweise Michael Schumacher. Letzterer besitze keinen ganz so hohen »Erotik-Faktor« und fährt ja bloß vermummt im allerdings affengeilen roten Auto herum.

Den vorerst handgreiflichsten Erotikfaktor jedoch haben fünf Profis des spanischen Renommiervereins FC Barcelona angepeilt. Kluivert, Cocu, Gabri, Dani und Gerard, so berichtete die schockierte Weltpresse, feierten kürzlich vor einer Auswärtspartie in Madrid eine recht unanständige, 4.000 Euro verschlingende Fete mit vier Prostituierten, woraufhin die Klubführung laut *Bild* eine »Orgien-Erklärung« verlangte und die Fans der katalanischen Edelschmiede »aufgeblasene Sex-Puppen mit Barça-Mützen« *(Bild)* schwenkten. Weil sie frecherweise nicht dabeisein durften beim Erotikevent?

»Einige Spieler bezahlen auf dem Fußballplatz für das, was sie in ihrem Privatleben tun«, kommentierte Barça-Trainer Carlos Rexach den Vorfall. Für einen anderen und sehr viel schmerzlicheren Vor- bzw. Unfall fand indes vor fast siebzehn Jahren ein Coach namens Klaus Sturm folgende Worte: »Er war kurz vorm Nervenzusammenbruch, saß nach dem Spiel noch geistesabwesend in der Kabine. Wir mußten ihm die Sportklamotten ausziehen und ihm in seine Privatsachen helfen.«

Was war geschehen? Wir zitieren aus der *Bild* vom 18. April 1985:

»Bayernligaspiel FC Bamberg gegen Jahn Regensburg (1:0), die 74. Minute, unvergeßlich. Regensburgs Mittelfeldspieler Otto Baumgartner (22) ist gerade eingewechselt worden, er steht im Mittelkreis. Sein Torwart wirft ihm den Ball zu, da stoppt Otto das Leder mit der Brust [...]. Otto stürmt los, Richtung eigenes Tor. 600 Fans des Gegners staunen erst, dann feuern ihn die ersten an.

Otto erreicht die Strafraumgrenze. Er ist ein guter Mann, hat früher sogar in der Jugendnationalelf gespielt. Otto umspielt seinen Verteidiger Grabmeier und schießt – traumhaft sicher trifft er flach ins rechte Eck. 1:0 [...].

Und der Regensburger Torwart Mühldorfer? Der hatte gar nicht reagiert und war ganz ungläubig: ›Ich dachte bis zuletzt, Otto würde 'ne Rückgabe machen.‹«

Später »entschuldigte sich Otto bei Regensburgs Fußballboß Eberl. ›Ich hatte totalen Filmriß. Ich hab' bei meinem Sturmlauf nichts gehört und nichts gesehen. Als ich die entsetzten Gesichter meiner Kameraden sah, wurde mir bewußt, was ich angestellt hatte.‹«

Uli Hoeneß hatte Otto Baumgartner einen Profivertrag versprochen. Baumgartner hängte aber die Fußballschuhe an den Nagel. Otto wechselte ins Fuhrunternehmen seiner Eltern.

Diese vergessene Geschichte gemahnt uns angesichts der Woche um Woche heftiger brausenden Sperenzchen rund um all die geldunersättlichen Sebastian Kehls, meinungskräftigen und tattooprotzenden Stefan Effenbergs und waschbrettbauchdarstellerisch tätigen Cracks an wahre, herzerschütternde Tragik, an Zerbrechlichkeit, Schwäche, an die Möglichkeit des Scheiterns, die in der gegenwärtigen Welt des Dicktuns und narzißtischen Gehampels nicht mehr vorgesehen ist.

Ja, was macht Otto Baumgartner, der gute Kerl, eigentlich heute? Und weshalb widerfuhr ihm dazumal so Schlimmes? Plagte ihn häuslich-erotische Überbelastung, die die Orientierung auf dem Platz sehr erschwerte? Oder, umgekehrt, nagte konzentrationszerstörerischer Liebeskummer an seiner zarten Spielerseele?

Das sind Dinge, die man wirklich wissen wollte.

Attacke auf Geistesmensch

»Attacke auf Geistesmensch« heißt eine geniale Bühnennummer von Gerhard Polt. Acht Metzger besuchen das Oktoberfest. Gegen Ende der »Gaudi« drischt ihr Rottenführer einem Exemplar jenes »ausländischen Zeigls«, »des wo eim scho vom Ausland her die Plätze wegfaxt«, einen Maßkrug über den Kopf. Der schmächtige Mann, ein Nobelpreisträger, wie die Zeitungen hinterher berichten, erleidet einen Schädelbasisbruch. Die barbarische Schlachterverachtung für den anderen und den Intellekt erschüttert das nicht.

Günther Koch ist kein preisgekrönter Wissenschaftler, er ist Fußballradioreporter, laut vieler Menschen Meinung der beste. Auch ich darf mit aller gebotenen Eitelkeit behaupten, er sei ein Genie. Zwei von mir kompilierte CDs dokumentieren die eigensinnige intellektuelle Leistung des Mikrophonartisten, seine famosen Balanceakte zwischen rhetorischer Exaltation und sachlichem Engagement für das schöne Spiel Fußball.

Auf *Wir rufen Günther Koch!* hört man ihn z. B. die Partie Bayern München – VfB Stuttgart kommentieren, das legendäre 5:3 vom 28. Oktober 1995. Er bewundert Balakov, der die Gegner »ausgschwanzt hat«, und der sehr aktive Hobbyspieler freut sich mit dem Ballkünstler: »Das hat ihm Riesenspaß gemacht, und das gehört ja auch zum Fußballspiel.« Genauso unverblümt beurteilt Koch die 3:0-Führung der Bayern (»Also, die Bayern ham scho a Glück«), und um der eh aufregenden Reportage ein unerhörtes geistfeuriges Element hinzuzufügen, veranstaltet er unter Kollegen eine Spontanumfrage über die Berechtigung des Elfers für den FCB. Später, das zwischenzeitliche 3:3 ist gefallen, jubiliert er: »Traumhafter Spitzenfußball von den Schwaben!«

Vergangenen Samstag führte Günther Kochs Weg ins Gottlieb-Daimler-Stadion. Etwa zwei Meter vor ihm tobte ein soignierter, älterer Herr herum, eine »stolze schwäbische Fußballseele« *(Süddeutsche Zeitung)*, die derart erregt war wegen der Stuttgarter Chancenlosigkeit, daß sie sich erhob und Koch, der die »abgeklärte, überlegene Spielweise« der Bayern schilderte, anschrie: »Du Schafseckel, hasch du eigentlich selber amol Fußball gschpielt?«

Koch nahm die nachfolgenden Pöbeleien des Promifans nicht recht wahr. Kurz vor der Pause foulte Effenberg Balakov und bekam bloß Gelb. In der Halbzeitkonferenz auf Bayern 1 berichtete Koch von »Zuschauern«, die »sehr böse sind«. Also rief er den Mann zu sich und hielt ihm das Mikrophon hin: »Dann sagen Sie des doch bitte mal laut, was Sie da meinen.« – »Ich sag', daß Bayern wieder mit zwölf spielt, des muß i sagen, zwölf Mann.« Koch, um Ausgleich bemüht: »Ist das nicht übertrieben, ist das nicht unfair, was Sie da behaupten?« Und dann, deutlich über den Äther zu hören: ein kräftiger Schlag.

Ein Mann, eine Meinung, eine Watschen am Cannstatter Wasen. »Au! Jetzt haut er mir das Mikrophon an den Mund«, fiel Koch selbst diesmal nicht auf den Mund und ergänzte unter Schmerzen: »Und das fand ich gar nicht nett.«

»Fußball«, jauchzte Günther Koch Ende Oktober 1995, »ist ein so tolles Spiel, da ist alles möglich.« Alles, was in dieser Gesellschaft nötig ist, um auf der Haupttribüne zu landen.

Moral, Moneten, Menschen und Millionen

Franz Beckenbauer

Trotz elegantester Gewandung und optimaler Shampoonierung des Resthaupthaares, trotz einer zeitweilig schonungslos schaumigen Diplomatendiktion und eines Weltmanngebarens, das sich der »Welt-Präsident« *(Bild)* zwecks Ausübung unüberschaubar dubioser werblicher und sonstiger Fernseh- und Elitefunktionärstätigkeiten zugelegt hat bzw. von seinem frühen Förderer Robert Schwan hat antrainieren lassen, kann der gottgleich verehrte Heilsbringer allzuoft nicht verbergen, ein Giesinger Bangert geblieben zu sein, dem die Standards des zivilisierten Umgangs ein Buch mit sieben Siegeln sind. Rabiater durfte noch keine deutsche Fußballspitzenkraft herumkrakeelen. Spieler, die eine Partie – das soll im Sport vorkommen – verlieren, beschimpft Beckenbauer als Penner, ein andermal brüllt er sie vor der versammelten Presse zusammen. Oder der Unfehlbare verhöhnt die Kollegen des Bundesligaausschusses, sie dienten einer Institution, die was sei? Ein »Lachsack«.

Das ist nicht lustig, das ist traurig. Franz Beckenbauer ist eine tieftraurige, taktlose Erscheinung, ein skrupelloser Durchstecher, der bereits den eigenen Vater verachtete, weil der eine Moral besaß. »Mein Vater war ein sozial denkender Mensch«, erzählte der Filius herablassend und wuchs zum größten Asozialen des Fußballs heran. Selbst gegen seinen Entdecker, das großherzige Trainergenie Tschik Cajkovski, trat er nach: »Im Gegensatz zu unserem Bundestrainer habe ich ihn viel weinen sehen.« Bah.

Weltmeisterschaft

Eine Weltmeisterschaft schafft. Für vier Wochen den Verstand ab. Die Nerven. Die Leber. Einen Stimmungsmix aus Hingabe, habitueller Idiotie, fachsimpelnder Akribie und leidenschaftlicher Leidensfähigkeit. Und ist das Beste, was die Menschheit je ersonnen hat.

Abseits

Wer meint, es sei witzig zu erklären, daß es sinn- und witzlos sei, einer Frau zu erklären, was Abseits ist, der ist kein Witzbold, sondern ein halber Unhold, der es ohnehin nicht besser zu erklären weiß als die Frau, die es ihm dann endlich mal richtig erklärt, damit er nicht immer vor der Glotze, voll mit diversen Klaren, herumkeift, das sei »ein klares Abseits« gewesen, obwohl jede Frau glasklar gesehen hat, daß es nie und nimmer Abseits war.

Tante Käthe

In Zeiten der Debatten über »Homoehe« und »Geschlechterrollen« muß sich ein gestandener Kerl wie der Bundestrainer »Tante Käthe« rufen lassen. Früher trugen Fußballhelden z. B. den Schmucknamen »Bomber der Nation«. Wir beantragen die Umbenennung Rudi Völlers in »Onkel Emmarich« oder wenigstens »Der Mann ohne Mütze«.

Kirch-Millionen

»Es sind nicht allein die Zahlen, die eine Firma ausmachen, es sind vielmehr die Menschen«, steckte Dr. Leo Kirch Anfang April 2002 seinen Ex-Angestellten in einem »Abschiedsbrief« – und lief nicht rot an. Vielmehr pries der Unterfranke, bevor die Bildschirme schwarz wurden, das nicht länger allzu »werthaltige« Ramsch-TV posthum: »Es ging mir nicht darum, ein mächtiges, sondern – für Auge und Ohr – ein vertikal integriertes Medienunternehmen zu schaffen.« Was das bedeuten sollte, wußte er wahrscheinlich selber nicht, und deshalb krönte Kirch die Bankrottbilanz mit dem visionär sinnentleerten Satz: »Dabei haben inhaltliche Gesichtspunkte, wie ich sie immer im Blick hatte, die führende Rolle gespielt.«

Ohne Führung stehen Tausende Kirch-Menschen jetzt dumm da. Klüger wär's gewesen, unter DFB-Boß Prof. Mayer-Vorfelder zu rackern, der es stets vorbildlich fertigbringt, »einen tiefen Schluck aus der Pulle öffentlicher Gelder zu nehmen« (M. Ringel) und hinterher stocknüchtern zu schnurren: »Ich habe ein gutes Gewissen.« Erst kommt das Trinken, dann das schlichte Katergewissen.

Voll in den Völler

Seit der Meistertechniker Mehmet Scholl seinen unwiderruflichen Verzicht auf die Teilnahme an der WM bekanntgegeben hat, weint ganz Deutschland. Nur einer nicht. Teamchef Rudi Völler hat jetzt aus Enttäuschung über Scholls Rücktritt seine legendäre Zurückhaltung abgelegt und der *taz* ein Interview gegeben, über das man noch lange sprechen wird. Zu Scholl wollte er sich allerdings nicht mehr ausführlich äußern. Den habe er »gedanklich ein für allemal zum Mond geschossen«.

Hallo, Herr Völler, Sie sind viel unterwegs, Sie sind ein gefragter Mann. Schön, daß Sie für uns Zeit …

Ja, kommen sie schon zu Pott. Ich hab' meine Zeit auch nicht mit dem Löffel gefressen.

Gut, den Pott, den wollen …

Der Pott geht mir am Arsch vorbei. Es sei denn, er sitzt drauf.

Der Pott?

Der Arsch, Mann! Welche Fürze haben Sie eigentlich im Kopf?

Würden Sie es als, ähem, Furz im Kopf bezeichnen, wenn wir Ihnen und Ihrer Mannschaft den Titel zutrauen würden?

Hm.

Anders gefragt: Sie gelten als besonnener, bedächtiger Mensch, der die Chancen bei einem so bedeutenden Turnier wie der Weltmeisterschaft genau abwägt und sich zu keinen voreiligen Prognosen hinreißen …

Mir reißt langsam der Geduldsfaden auf! Was wollen Sie eigentlich? Was wollen Sie wissen?

Gut, ja, also: Herr Völler, so herum gefragt: Sie gelten als ruhiger Zeitgenosse, der sich die Zeit nimmt …

Zeit! Zeit! Die Zeit ist der schlimmste Feind des Menschen – nach dem Iren, dem Araber und dem Neger! Was soll ich gelten, wenn ich die Zeit nicht zum meinem Sklaven mache? Die Zeit ist eine Drecksau. Ich gelte, ich gelte! Was ich schein', muß ich nicht sein! Verstehnse? Nee. Natürlich nicht.

Bis zum ersten Gruppenspiel gegen Saudi-Arabien haben Sie noch etwas Zeit. Wie werden Sie die Mannschaft vorbereiten? Wird es besondere Trainingsmaßnahmen geben, um das Team auf diesen weithin unbekannten, sehr unbequemen Gegner einzustellen?

Die Einstellung muß stimmen, das ist mal klar. Wenn nicht klar ist, und ich sage: wenn nicht arschklar ist, daß man gegen die Bin-Laden-Bimbos in die Eisen gehen muß, dann können wir gleich nach Hause gehen. Oder zu Hause bleiben. Die Saudis verstehen nur eine Sprache: grausames Grätschen, tückische Tacklings, höllische Offensive, Ballern ohne Pause. Da muß man schon mal die Spielkultur ins Klo kloppen und runterspülen.

Sie erwarten einen Kampf auf Biegen und Brechen?

Wo leben Sie denn? Bier gegen Beten, lautet die Geheimparole. Die Saudis sind – sprechen Sie doch den Namen mal richtig aus: Sau-dis –, die Saudis, die sind a priori erst mal Saukerle, die keine andere Sprache verstehen als die Sprache, na ja, Sie wissen schon, harte Gangart usw.

Ein Rezept auch gegen die Iren?

Die Irren? Haha. Da lache ich mir nur einen Arm ab.

Am Spielfeldrand geben Sie oft mit heftig wedelnden Armen Anweisungen an Ihre Spieler …

Ja, die Penner wedeln sich abends gerne noch einen von der Kiefer, und dann sind die auf dem Platz schlapp wie weiche Leiste – Herbergers Säftelehre, schon mal was gehört von? Na, dann muß ich denen mit den Armen einen in den Arsch treten, damit die endlich rennen.

Daß die Abwehr wieder schläft wie vor vier Jahren im Viertelfinale gegen Kroatien, das wird diesmal nicht passieren?

Da können Sie Galle drauf fressen.

Herr Völler, die Öffentlichkeit kennt Sie gar nicht mit solchen Kraftsprüch …

Was die Öffentlichkeit von mir kennt und denkt, interessiert mich einen feuchten Feudel. Jetzt lernt sie mich kennen.

Herr Völler, wir danken Ihnen jedenfalls für dieses Gespräch und wünschen Ihnen und Ihrer Mannschaft alles …

Gern gescheh'n. Auf nimmer Wiederseh'n.

Ballaballabierbilanz

Aus, aus, aus. Die Bundesligasaison 2001/02 ist aus. Ein »Horror-Finale« zwischen Borussia Dortmund, Bayer Leverkusen und Bayern München hatte der Internetanbieter www.sport1.de prophezeit. Nach dem Trivialtriumph der Borussia über Werder Bremen reichte es gerade noch zur Headline »Herzschlag-Finale«, was nur heißen konnte, es sei ein herzschonendes, ein einlullend entspannungsreiches Finale gewesen, Marke Doris-Day-Komödie statt Horrorschocker resp. »Hitchcock-Finale« (Hitzfeld).

Die Dramatik, die man dem Fußball oft genug attestiert, sie fehlte rundweg. »Es wurde nicht mehr die letzte Blutgrätsche angesetzt«, sägte, halb einnickend, halb schon schnarchend, der Moderator des Bayerischen Rundfunks herum, und die Reporter der ARD-Radioschaltkonferenz zeigten kollektiv eine erschreckend lustlose Leistung. »Vielleicht hätte ich meine Stimme nicht so heben sollen«, entschuldigte sich fünf Minuten vor dem Abpfiff Manni Breuckmann, der im Westfalenstadion saß und erzählte, es sei der Käse gegessen und zum Glück bald Feierabend mit dieser elenden Spielzeit.

Zumindest war alles erwartungsgemäß über die Bühne der schäbigen Fußballopernshow gegangen, und man wirkte erleichtert, einen Schlußstrich unter das im medialen Verwurstungsbetrieb aufgekochte Zeug zu Bayer Leverkusen als dem »gerechten Deutschen Meister« ziehen zu können. Erst während der WM wird uns beispielsweise der Premiere-Hecht und Zeitungskolumnist Marcel Reif neuerlich einen grenzwertigen Weisheitssermon wie diesen servieren: »Warum Angst haben, wenn das Selbstbewußtsein so groß sein könnte, wie ein Fußballfeld weit ist?«

Ja, weit ist es, das Fontanefußballfeld, auf dem die Bundesligasalonlöwen und Trainergeneräle herumdröhnten, und jenen, denen Fortuna hold war, den arg schiedsrichterbegünstigten Dortmundern, gebührt auch der Titel der angstfreiesten Selbstentblödung, namentlich dem nicht maulfaulen Manager Michael Meier, der im Gerangel mit Bayer-Coach Toppmöller die Flucht ins Fach des Weidmannsheillosen angetreten hatte. »Der Jäger wird am Ende vorne sein«, jaulte er, und den »Blattschuß« abfeuern.

Am Ende könnte indes demnächst der hiesige bezahlte Fußball sein. Das monetäre Defizit der Deutschen Fußball-Liga, das sich nach der Kirch-Pleite für die abgeschlossene Saison auf 103, für die kommende auf prognostizierte 360 Millionen Euro beläuft, läßt Schlimmes befürchten. Wie um den ökonomischen Horror vacui trotz prächtig gefüllter Stadien zu vertreiben, faselten sich unsre Protagonisten desto engagierter um Kopf und Kragen. Nürnbergs Manager Edgar Geenen schickte den unrentablen Teil des Kaders mit den schmeichelhaften Worten aufs Arbeitsamt: »Ihr seid Dreck, ihr seid nur Abschaum, ihr seid Müll, ihr seid wie Lepra!«, und der etwas südlicher und also fauler gesinnte Stefan Effenberg krönte seine 108 Gelben Karten umfassende Karriere durch die bekannt kluge Forderung, die Stütze, die er nun selber einfahren darf, voll runterzufahren.

Jenseits unzähliger Verbalentgleisungen lobte allerdings final-debil die *FAZ* den Schauermann Effenberg als kompromißlosen Leistungshengst. »Im Gegensatz zu vielen Schönspielern war sich Effenberg nie zu schade, auch einmal das Arschloch zu geben«, schwallte es da besoffen, so daß ich schon wieder dem Bayern-Mann Rummenigge unter all den Monetenvermehrern und Titelfuchsern als denjenigen, der die leere Hand nicht aufhält, das Resümee übereignen möchte – dergestalt er, Rummenigge, angesichts der vergeigten Meisterschaft »keinen Grund« sah, »hier groß die Kritik anzusetzen«.

Wo man hingegen ansetzen muß, um immer noch mehr zahlungswillige Zuschauer anzulocken, das verriet sport1.de: »Wie man mäßigen sportlichen Erfolg kaschiert, zeigte der HSV. Ein neues komfortables Stadion und der Ausschank von Vollbier sorgten dafür, daß die hauseigene Bestmarke nun bei 44.000 Besuchern pro Spiel steht.«

Darauf ein ballverstolpernd polterndes Prost!

Rückblicke auf große Radiotage

Ein Gespräch mit Ror Wolf über die Entstehung seiner Fußballradiocollagen.

Wie viele Fußballcollagen gibt es von dir?

Es gibt sieben kürzere, dazu zähle ich auch die Expertencollagen, die ich am Trainingsplatz und im Bus aufgenommen habe; dann gibt es *Cordoba*; dann gibt es eine ganz lange, die nicht geglückt ist: *Die Stunde der Wahrheit*, das war meine erste Radiocollage, und ich hatte zu wenig Zeit; sie sollte zur WM 1974 fertig sein. Man hatte damals den Hessischen Rundfunk zur WM-Sendezentrale umgebaut, es gab wenig Möglichkeiten zu schneiden. Ich fuhr also immer von Mainz nach Frankfurt: für eine Stunde Schnitt. Ich mußte immer wieder mit anderen Cutterinnen zusammenarbeiten, ich mußte immer wieder erklären, was ich vorhatte, und kam dann eben nur in ganz winzigen Stücken weiter. Wie viele Bänder ich hatte? Ach, frag mich nicht, unendlich viele. Ich hab' sie zu Hause vorbereitet, ich hatte Apparate: die Nagra und die Revox, hab' also Grobschnitt gemacht zu Hause, um dann alles erst mal zu transkribieren und um ein Gefühl für das Material zu bekommen. Ich hatte jahrelang gesammelt, und wenn man vor diesem riesigen Materialhaufen sitzt, weiß man am Anfang nicht genau, was man daraus machen kann, inhaltlich und im formalen Ablauf. Deshalb ist eine genaue Transkription ganz unumgänglich. Und dann habe ich mit diesen Sätzen gespielt, ich hab' sie ausprobiert. Man weiß, wenn man sie abgeschrieben hat, nicht genau, ob sie an einen anderen Satz passen: akustisch. Das hört man erst im Studio. Ich habe dann oft einsehen müssen, daß es am Schneidetisch nicht so ging, wie ich wollte. Ich mußte viele eingeplante Sätze weglassen. Und dann hat man eben improvisiert, das ist klar, das ist kein Problem, wenn man eine so riesige Auswahl an Sätzen hat. – Die Transkriptionen waren ganz genau. Ich weiß nicht, wie viele Monate ich gebraucht habe. Ich bin fast wahnsinnig geworden in dieser Zeit, irgendwann hab' ich's dann aufgegeben, unter Zurücklassung großer Mengen von brauchbarem Material. Ich habe irgendwann gesagt: Es geht nicht mehr. Wenn du unter Kopfhörern sitzt, stunden-, tage-, wochenlang, dann pappst du zusammen, dann knickst du weg. Ab und zu steigst du ins Auto und fährst zum Hessischen Rundfunk, für zwei Stunden Schneidezeit; manchmal hatte ich Glück und konnte einen ganzen Nachmittag schneiden. So ist dann dieses lange Stück *Die Stunde der Wahrheit* entstanden. Es ist zu lang, und die Proportionen stimmen nicht. Eigentlich müßte man da noch mal rangehen und weiterschneiden. Aber das werde ich bleiben lassen.

Ein Pionier? Ich? Na ja. Als ich das gemacht habe, im Rundfunk, hatte ich mein erstes Fußballbuch, *Punkt ist Punkt*, schon geschrieben. Ich war mir im klaren, als ich so '66 damit anfing, daß ich ein Thema behandle, das literarisch noch ziemlich unberührt war. Unbearbeitet, ungebraucht. Ludwig Harig hat sich etwa zur gleichen Zeit damit befaßt [1966 wurde sein Hörspiel *das fußballspiel* urgesendet, das sich den militaristischen Konnotationen der Reportersprache widmet]. Ich habe mich allerdings jahrelang damit beschäftigt – sehr konsequent, neben meinen anderen Arbeiten. Es war so ein langsames Hineingleiten. Es war der Versuch, aus der Leidenschaft zum Fußball etwas zu entwickeln, was dann schließlich, ja, wenn man gnädig ist, sich in eine Art Kunstwerk verwandelt, in ein Sonett oder in eine Ballade oder in eine Geschichte oder in eine Textcollage.

Zum Hörspiel bin ich relativ spät gekommen. Ich hätte ja als Radiomane, als den ich mich manchmal bezeichne, im

Grunde ganz früh damit anfangen können. Ich bin als Achtundzwanzigjähriger Literaturredakteur beim Hessischen Rundfunk gewesen, aber ich habe mich eigentlich nicht für das damalige Hörspiel interessiert. Es wurden zu viele Theaterstücke ins Radio gequetscht, »eingesperrtes Theater« sozusagen. Ich dachte, das Radio müßte eigentlich andere Möglichkeiten haben. Jedenfalls wollte ich andere Möglichkeiten ausprobieren.

Im Hörspielbereich gab es viele Traditionen. Aber eigentlich kaum das, was *ich* machen wollte. Ich bin nicht auf Widerstände gestoßen, aber auf Unverständnis, als ich da im Studio stand mit diesen unglaublich vielen Schnipseln und Spulen. Gelegentlich kam ein Redakteur und fragte: »Was soll denn das werden? Wie lange wollen Sie denn daran arbeiten?« Es gab auch die Befürchtung, daß mir die Fußballreporter übelnehmen könnten, daß ich einfach so mit ihren Sätzen umgehe. Daß ich sie als Material nehme. Daß ich einfach einen Satz von Oskar Klose nehme und dann einen Satz von Brumme oder Faßbender oder Hauffe, ohne zu fragen, ob ich das darf. Ich behaupte: Das darf ein Collagenmacher, er muß es dürfen.

Die Reaktionen der Reporter waren übrigens absolut positiv. Im Rundfunk hatten Sportreporter damals oft das Gefühl, als würden sie von den Leuten des kulturellen Worts nicht so ganz ernst genommen. Und natürlich wollten sie ernst genommen werden, wer will das nicht? Sie waren ja viel berühmter als ihre kulturellen Kollegen, und für meine Begriffe waren sie auch die besseren Radioleute. Sie waren schnell, sie hatten die Fähigkeit, eindrucksvoll das zu schildern, was man nicht sehen konnte. Eine außerordentlich kreative Leistung, fand ich. – Und plötzlich kommt einer und bedient sich einfach dieser Kreativität. Es hätte vielleicht rechtliche Einwände geben können. Aber meine Partikel waren ja so winzig, und die Arbeit war so groß im Zusammenschnitt, und die Reporter waren zunächst wohl erstaunt darüber, daß jemand sich solche Arbeit macht, daß jemand derart penibel umgeht mit ihren Worten und Sätzen, um daraus etwas anderes zusammenzubauen. Wahrscheinlich hat ihnen das gefallen.

Ja, und die Expertengespräche. Ich war oft am Riederwald mit dem Aufnahmegerät. Damals war Erich Ribbeck Trainer der Eintracht. Ich hab' ihn gefragt, ob ich in der Spielerkabine Tonaufnahmen machen könne, vor dem Spiel, in der Halbzeitpause, nach dem Spiel. Eigentlich war das zu dieser Zeit unmöglich. Aber er hat ja gesagt. Er hat mir sehr geholfen. – Ich wohnte damals in der Nähe des Trainingsgeländes. Und wenn ich mir die Nagra umhing und morgens zum Riederwald ging, traf ich immer zwei Dutzend Experten mit Hut und Mantel, Rentner, die sahen so aus, als seien sie auf einem Sonntagsspaziergang. Aber sie brachten alles! Ich mußte mich nur dazwischen stellen und den Apparat anstellen – und los ging's. Später bin ich auf die Tribünen gestiegen und bin mit den Fans zu Auswärtsspielen gefahren: in Bussen.

Manchmal war das nicht ungefährlich. Einmal im Bus nach Schalke [am 5. Mai 1973] – am Anfang waren die Jungs ganz lieb und artig, sie haben mir von ihren Reisen erzählt und für mich gesungen. Ihre Gesänge brauchte ich für meine Stücke. Also: Die waren richtig nett. In Gelsenkirchen ging ich dann in die Schalke-Ecke, um dort Originaltöne aufzunehmen. Schalke gewann einsnull oder zweieins. Ich ging zurück in den Bus, und dann kam diese Gruppe – völlig alkoholisiert, teilweise blutbeschmiert, mit zerrupften Fahnen –, und sie kannten mich nicht mehr. Sie wußten wirklich nicht mehr, wer ich war. Ich war allein, zehn, fünfzehn Fans um mich herum, grölend, aber ich hab' mich schon nicht mehr getraut, das Gegröle aufzunehmen. Ich hab' mich ziemlich ruhig verhalten, und irgendwann sagt dann der eine, der Nette, der am Morgen für mich gesungen hatte: »Du, sag mal, wie haben wir eigentlich gespielt?« – Die wußten das nicht. Die sind damals, 1973, schon nicht so sehr wegen des Spiels hingefahren, sondern um sich mit Schalke-Fans zu kloppen. Ich hab's ihm dann gesagt, einsnull verloren, und es hat ihn nicht weiter gestört, daß sie verloren hatten.

In solchen Fällen sollte man eben zu zweit sein oder zu dritt, aber Eckhard Henscheid kannte ich damals noch nicht. Den hab' ich erst 1974 kennengelernt. Wir haben sofort ein Interview zusammengebastelt: »Das ideale deutsche Mittelfeld«, das erschien in der *FAZ*. Wir haben den Titel geholt. Das ist klar. Er und ich. Ohne uns wäre Hölzenbein nämlich nicht aufgelaufen. – Oder?

Jedenfalls, die Arbeit damals, das war Harakiri.

Erdrückende Kompetenzübermacht

Am 15. Mai, gut zwei Wochen vor dem Anpfiff zur siebzehnten Fußballweltmeisterschaft, erschien im Olympia-Verlag, Nürnberg, das *kicker*-Sonderheft WM 2002.

Das 188 Seiten umfassende Magazin beeindruckt noch mehr als seine Vorgänger. Es vereint all die bewährten Stärken, die aus einer langen Tradition und einem umfänglichen Fachwissen erwachsen, und zugleich übertrifft es in Inhalt und Erscheinung sogar den Klassiker, das jährliche Bundesligasonderheft. Wenn der Verlag jenem Produkt stolz attestiert, »für Fußballfans mittlerweile zum echten Kult-Objekt geworden« zu sein, so darf man dem WM-Heft getrost eine mindestens ähnlich mächtige Aura bescheinigen, eine Qualität, die es bald zum begehrten Sammlerobjekt werden läßt.

Sachliche Angemessenheit, journalistische Distanz, unbestechliche Urteile und Nüchternheit sind die Tugenden, derer sich *kicker*-Redakteure seit jeher befleißigen. Bereits der erste flüchtige Blick signalisiert, daß man auch bei der Fertigung des aktuellen Sonderheftes keinen Fußbreit von dieser Kardinalgesinnung abgewichen ist. Der Rückumschlag wird präsentiert von Krombacher, den Titel ziert auf erprobt rotem Hintergrund ein freigestelltes Bild des 1990er Weltmeisters Rudi Völler, der die »FIFA World Cup Trophy« in die Höhe stemmt – eine graphisch überzeugend prophetische Lösung, ein Eyecatcher bester, nämlich zweifellos unzweifelhaft eindeutiger Manier.

Diese klare Linie setzt sich auf jeder Heftinnenseite konsequent fort. Der seiner unerbittlichen Formulierungskünste wegen geachtete Chefredakteur Rainer Holzschuh läßt gleichfalls keine Zweifel an der Bedeutung des kommenden Großereignisses aufkeimen. »Liebe Leser«, beginnt sein Editorial, »kein Zweifel: Die 17. Fußballweltmeisterschaft nimmt einen außergewöhnlichen Platz in der Fußball-Geschichte ein. Das erste WM-Turnier in Asien, das erste in einem neuen Jahrhundert, dazu das erste von zwei Gastgebern. Es ist der Reiz der Veränderungen«, öffnet er uns mit elliptisch hämmernden Sätzen Augen und Ohren für Aspekte, die wir wahrzunehmen bislang nicht den Mut besaßen, und diskutiert auf knappstem Raum und babyblauem Papier gewandt den »völlig anderen Lebens- und Erlebens-Rhythmus«, der die Stätten der sportlichen Begegnungen beherrsche.

Wer aber ein Holzschuh, der ein Hegel, ein Dialektiker, der die Würze der Widersprüche schätzt: »Ganz anders unsere Nationalspieler, die auf ebenso gepflegtem Rasen antreten wie in München, Mailand oder Manchester«, und über die – dialektisch geforderte – dreifache Alliteration, den Inhaltsgleichschritt bei stabreimendem Anklang, über eine rhetorische Figur mithin, die vor Holzschuh nur ein Richard Wagner annähernd so geschickt zu handhaben verstand, findet Holzschuh zurück zur Appellation als der eigentlich sinnstiftenden Textart des Fußballjournalismus. Unmißverständlich gibt er für Völler und dessen Mannschaft das »Nahziel« aus, »mit Schwung und Kampfgeist das Vertrauen der Fans zurückzugewinnen«, um dann spätestens 2006 den Titel zu erringen.

Das Ringen um Gehalt, der Kampf um Größe: Nicht allein die imposant monomotivlichen Farbphotographien, die oft genialen Wort-Bild-Korrespondenzen (die Überschrift »Alles steht und fällt mit Käpt'n Keane« kommentiert eine Spielszene, in der um den aufrecht stürmenden irischen Spielführer herum alles fällt und liegt) und die biblische Flut an Fakten, an statistischem Material (Stadiongrößen etc.), historischen Daten (Qualifikationsergebnisse etc.)

und Spielernamen (Zinedine Zidane etc.) machen das *kicker*-WM-Sonderheft zum unentbehrlichen Begleiter während vier aufregender Wochen. Zudem prägt dieses auch haptisch höchst passable Resultat eines gigantischen publizistischen Kraftaktes ein selten gewordenes Gefühl für die harmonische Komposition, ein, cum grano salis, klassizistisches Konzept mit zeitnaher Zielrichtung und knallbunten, dem objektiven Preßgeist geschuldeten Boulevardeinsprengseln. Im Abschnitt über die deutschen Gegner aus Gruppe E heißt es z. B.: »Kamerun – das sind nicht nur die ›unzähmbaren Löwen‹, es ist auch Patriotismus pur.«

Den Willen zur Innovation pur unterstreicht zumal die formale Klammer der zwei Spielpläne – vorne der reizvoll kolorierte und durch Bitburger-Bildchen verzierte zweiseitige Klappspielplan, hinten die einseitige Kadenz des WM-Kalenders. Dazwischen regiert der Gedanke der Synthese von »Pflicht-Informationsangebot« und sprachlicher Kür. Unter zahllosen journalistischen Topofferten wie Taktikschemen, Regelerläuterungen (»Jeder Spieler trägt im Verlauf des Turniers eine feste Nummer, [...] die jeweils auf dem Rükken, der Brust und der Hose angebracht ist. Über der Rükkennummer ist der Familienname des betreffenden Spielers anzubringen«) und intimen Insidernews (Lizarazu, »der Vater eines Sohnes, ist ein begeisterter Surfer, auf dem Brett auf dem Atlantik genauso wie im Internet«) wären die Tabellen gesondert zu erwähnen: Exakte senkrechte schwarze Linien treffen auf graue Horizontalstriche, darüber liegt ein roter Querbalken mit beispielsweise der Zeile »Spieler, Tore, Noten«, und in den viereckigen Freiflächen tummeln sich ganz unterschiedliche Zahlen.

Diese Informationspolitik der Reichhaltigkeit ergänzt der abgeklärte Stil einfühlsamer Hintergrundberichte und Analysen, elaborierter Rückblicke und (Experten-)Prognosen. Sie bilden das seriöse Passepartout für Inseln der Lust am plastischen Ausdruck. Erst wo journalistische Dezenz obwaltet, kann der schmückende Wortwitz zu Höchstform auflaufen und in die philosophische Tiefe geflankt werden. »Das deutsche Team kurz vor der WM: Sicher ist nur, daß kaum etwas sicher ist«, weiß Wolfgang »Sokrates« Tobien und faßt im unverwechselbaren *kicker*-Substantivierungssound zusammen: »Mit seiner großen Popularität und Beliebtheit beschleunigte Rudi Völler den Wiedergewinn des öffentlichen Wohlwollens beim Neubeginn nach der EM 2000.«

Allen voran wirft Karl-Heinz Heimann sein Scheinwerferlicht mit erkenntnistheoretischer Verve und Spaß an der Formulierungsfreude auf sämtliche Phänomene des »Welt-Fußballs«. Ein paar Kostproben aus dem Einführungsessay müssen leider genügen: »Deutschland kann, wenn der Start gelingt und die Spieler ihr Selbstvertrauen finden, weiter kommen, als viele denken.« Oder: »Viel wird von den Schiedsrichtern abhängen.« Oder: »Die sportlich wichtigste aller Fragen heißt natürlich auch diesmal: Wer wird Weltmeister?«

Schon vor Beginn der Weltmeisterschaft bleibt festzuhalten: Der Ball läuft rund durch die Zeilen. »Der syntaktische Schaum« (S. 92), aus dem der adidas-WM-Ball »Fevernova« hergestellt wurde, seift das prächtige Extrablatt allseitig ein. Mit dem *kicker*-WM-Sonderheft hat der Olympia-Verlag eine weltmeisterliche Leistung abgeliefert. An diesem Wurf werden die Konkurrenten von *Focus* bis *Fit For Fun* schwer zu blättern haben, und sie werden angesichts der erdrückenden Kompetenzübermacht der *kicker*-Truppe ebenso ins Schwitzen geraten wie die Akteure auf den gepflegten Rasenflächen Südkoreas und Japans.

O du, Türkei

Türkei, nicht ganz unglücklich / Sollst Du Dich schätzen / Ob Deiner Mannen. / Hand und Fuß meist hat, was hinten / Aktas tut, und / Den Kopf wissen jeweils zu benutzen die / Zwei vor ihm, dem Wächter des Tores, die beiden, welche / Hören auf die Namen schön und hell: Asik und Akyel. //

Nicht also sollst noch wirst Du zagen, Türkei, nicht / Die Flinte ins Korn werfen und den Ball schlagen ins Aus. / Nein, über Özalan und Özat möcht' er laufen geschwind, und wie der Wind vom Bosporus / Herüberwehen soll es Flanken auf mittellinks, wo das / Leder sich schnappt Belözoglu und treibt es voran, vielleicht / Gibt er auch mal ab auf Buruk, der schickt / Davala steil oder Dursun oder / Den jungen Sas. //

Außerdem, Türkei, ist da / Ja noch Bastürk, der Kleine, / Der Feine und Flinke und Fabelhafte, derjenige / Bastürk, liebe Türkei, den wir lieben / Von Leverkusen her. / Ihm, Türkei, vertraue Dich an, / Ihm, Bastürk, schenke Dein Herz, und / Du wirst selbst in den bitteren / Momenten der Niederlage, der Schmach, / Den Mut nicht verlieren, denn / Es wird kommen ein neuer Tag, und mit dem neuen Tag / Wird kommen ein neues Spiel. //

Türkei, auch wenn Rüstü Recber zwischen / Den Pfosten verharrt und Korkmaz, Temizkanoglu und Ünsal die Kette schmieden, / Auch dann, wenn Ercan in der Mitte wühlt und Havutcu ihm zur Seite steht, auch / Dann, Türkei, und sollte gar den Sturm bekränzen Mansiz von Besiktas, Türkei, auch dann / Ist nichts verloren und alles offen. / Und so laßt hoffen uns und erträumen mehr, / Mehr Tore und Torschüsse und Torschußversuche, / Denn dann, Türkei, / Sei dem Halbmond glanzvoll der Weg gewiesen zum / Silbrig beschienenen güldnen Pokal. //

Aber, Türkei, hier unten, vor meiner Tür, machst / Du bitte das nächste Mal nicht ein solches Geschrei. / Dafür ist doch ein »Türkischer Sozialdienstverein e. V.« nicht gedacht!

Die Schönheit der Eigentlichkeit

Und es sprach der Allmächtige, bürgerlich Franz Beckenbauer, im Kundenserviceblatt *Premiere Magazin* (5/2002): »Ach, das sind doch populistische Aussagen von Politikern. Die sagen: Alle Spiele müssen ins Free-TV und dürfen kein zusätzliches Geld kosten. Klar, die Leute klatschen und denken: Bravo, das ist unser Mann! Aber ich sage Ihnen, das ist ein Populist! Wo gibt's denn heute noch etwas umsonst?« Bei e-plus?

Es ist nicht so, daß Franz Beckenbauer zu den Intellektuellen zählt, deren öffentliche Worte den populistischen Verkürzungen, Verdrehungen und Verfälschungen das nüchterne, nicht interessengeleitete Urteil entgegenhalten. Es scheint eher so zu sein, daß sich Franz Beckenbauer nicht zu schade ist, der Postille seines Haussenders ein Interview zu gewähren, in dem er tatsächlich derart haltlos daherredet, wie das nur einer tun kann, der gar nicht mehr wahrnimmt, was er ventiliert. Und als genüge das nicht, entblößt er seine aufdringliche Opportunität zudem aufs gravierendste, indem er dem Arbeitgeber ein Zeugnis ausstellt, das zwischen Propaganda und einem irgendwie Westerwelle-affinen Dauerbekenntnis zu Wettbewerb und Leistung changiert: »Was gut ist, kostet Geld, und da gibt es im Fußball zu Premiere überhaupt keine Alternativen. Das ist das beste Programm, das es jemals in Europa gegeben hat.«

So ähnlich dürfte das auch Premieres Starreporter Marcel Reif sehen, und je schwächer das Produkt Premiere nachgefragt wird, desto lauter schallt es aus dem Blätterwald der eigenen Fernsehgemarkung. »Die Weltmeisterschaft ist einfach der absolute Höhepunkt in diesem Sportjahr«, rührt Reif verzweifelt die Trommel, und das aktuelle *Premiere Magazin* (6/2002) assistiert ihm angstbeladen, man warte »mit den besten Kommentatoren und Experten« auf und schaffe »mit weltmeisterlichem Aufwand« »das beste WM-Programm aller Zeiten«.

Nicht ganz. Aber ungefähr. Premiere ist gut, weil man nicht anders kann. Es fehlt das Geld, lediglich zwei Reporter weilen vor Ort, Reif und der erstaunlich engagiert-kenntnisreiche, unprätentiöse Fritz von Thurn und Taxis, und der Rest muß im Münchner Studio am Bildschirm kommentiert werden. Kein Fieldreporter nervt, kein Waldi-Hartmann-Gekumpel stört. Weit davon entfernt, »WM total« (Premiere) zu servieren, präsentiert Premiere – aus der nackten Not ward tadellose Tugend – eine entschlackte, aufs Spiel konzentrierte Weltmeisterschaft, gemäß dem ehernen Fernsehgesetz: weniger Leute, weniger Geschwätz.

Während die Öffentlich-Rechtlichen, die pro Tag lediglich ein »Topspiel« übertragen dürfen, ein beklagenswertes Schauspiel der Maßlosigkeit, d. h. der völlig aus dem Ruder gelaufenen Rand- und Rundumberichterstattung bieten, ja eine diabolisch aufgeblasene Trinität aus Delling-Netzer- oder Poschmann-Rehhagel-Duetten, Schaltungen und – z. T. sehr »lustigen« – Filmen ins Werk richten, konzentriert sich das Nischenprogramm Premiere bei vollem Fußballprogramm – gezwungenermaßen – auf die Sache selbst.

List der »freien Marktwirtschaft« (G. Westerwelle), des Kapitalismus: Weil die Ressourcen fehlen, wächst, quasi hölderlinsch rettend in der größten Gefahr, das Lösende, zerstäubt der Krampf des hybriden Event-TVs, wird Bescheidenheit zur Zier der Sachlichkeit, entsteht aus dem Mangel Qualität, aus der Kargheit die Schönheit der uneitlen »Eigentlichkeit« (Adorno), erwirkt die Verknappung der Mittel eine Besinnung aufs »Wesen« (Hegel) des nach wie vor ziemlich großartigen Sportspiels Fußball.

Bloß ARD und ZDF begreifen es nicht, sie begreifen nichts. Die ARD läßt Heribert Faßbender die »Veronkelung der Fußballreportage« (*Süddeutsche Zeitung*, 3. Juni) vorantreiben und Adlatus Wilfried Mohren lustlos möhren, es sei »ein bißchen wirbelig da hinten«, einstweilen Günter Netzer seine hochavantgardistischen Schnarchsackstatements ins Hamburger Studio stottert, etwa die sagenhafte Einschätzung: »Barthez hat eine Reaktion mit dem Fuß.«

Charmant hingegen die Sekundanten und Sekundärkommentatoren von Premiere. »Man sieht es ganz knallhart schon«, beweist Lothar Matthäus zu München-Unterföhring knallklar-glasharten Durchblick, und Studiopartner Dieter Nickles grinst, gähnt auch mal und erläutert frei flottierend: »Vor dem Spiel weiß man eigentlich gar nicht viel.« Diese schlichte Einsicht konterkariert allerdings Allstar Bekkenbauer und verrät, vor dem Anpfiff hätten die Spieler »Zeit, um sich die letzten Rituale noch mal zu machen«, was Beckenbauers Ziehsohn Matthäusmatze wiederum durch den gescheiten Einwurf auf den Kopf des Fußballs stellt: »Im ersten Spiel muß man gewisse Weichen setzen.«

Die Premiere-Mannschaft agiert seit dem ersten Spiel ohne Fehl, ohne Tadel und mit viel Taktgefühl. »Das ist natürlich alles 'ne Riesennummer kleiner«, sprach Marcel Reif bei Deutschland – Saudi-Arabien nolens volens ein wahrhaftiges Wahrwort, und zwischen kurzen Vorberichten und konzisen Zusammenfassungen geben die Reporter unaufgeregt ihr Bestes, zum besten der Reportage. Ein Ire sei »die personifizierte Standardsituation«, hörten wir da, oder Michael Pfadt schuf die Kausalität: »Boris Zivkovic ist per Platzverweis nicht mehr da«; indessen des Mexikaners Luis Hernandez Einsatz so erhellt wurde: »Dreiunddreißig Jahre alt, hat aber natürlich Platz.«

Premiere wurde binnen weniger Tage zum Quell der Freude. »Das ist eine Erkenntnis, die wir gefunden haben«, pflichten wir Dieter Nickles bei und ergänzen mit Premiere-Deuter Toni Schumacher: »Das ist alles so 'n bißchen ins Fröhliche gehalten.« Nur einmal befand sich selbst das weithin des Platzes verwiesene ZDF auf der Ballhöhe der neuen

Zurückhaltung. Während der Begegnung England – Schweden sinnierte man beklommen, weshalb die üblichen Kameraschwenks hinüber zur Haupttribüne der Wichtigtuer dieser Welt ausblieben, und Béla Réthy (ZDF) lüftete den Schleier der Unwissenheit: »Aus Sicherheitsgründen dürfen keine Prominente gezeigt werden.« Nicht mal die popeligen Beckenbauers.

Das Gebührenfernsehen braucht eine politisch erzwungene antipopulistische Regie, das alternativlose Bezahlfernsehen bloß weniger Zahlende. Der Kapitalismus, heißt es bei Karl Marx, ist die revolutionärste Kraft der Menschheitsgeschichte. Zumindest der jüngeren Fernsehgeschichte.

In Schlagzeilengewittern

Gestern, bei Deutschland – Irland, mal ZDF, das Zweitbeste Deutsche Fußballfernsehen unter zwei Anbietern. Draußen erstaunlich viel Verkehr. Die armen Müllmänner müssen schuften. Mein augenblickliches Lieblingsdrecksblatt *Bild* packt nach den Schlagzeilen »Rudi, haudi Saudi« und »Klose, schieß sie aus der Hose!« im Sportteil auch die Line »Frau Kahn in Japan eingetroffen«. Na so was.

Ich bin pünktlich zum Spielbeginn auf meinem irischgrünen Sofa eingetroffen. Experte O. Rehhagel sieht »Flankengewitter« heraufziehen. Kurz zu Premiere, um der öffentlich-rechtlichen Werbefolter zu entgehen. Der dortige Fr. Beckenbauer attestiert »uns« (Jockel Fischer), »das haben wir auch gar nicht notwendig«. Was? Nervös zu sein?

Béla Réthy flattern die Nerven und stottert angesichts der stürmischen Inselbarbaren: »Man hatte mit einer abwartenderen Abwartung gewartet.« Der Janckerschrank fällt um. Ich greife zu einem Beruhigungserfrischungsgetränk mit grünem Etikett. Mein grünes Sofa ächzt.

Bis zur 19. Minute. Erst setzt endlich »Inselwetter« (Réthy), meint: Regen, ein, dann köpfelt Klose, noch in der Hose, ein. Kahn kocht. »Einige werden dieses Spiel feucht genießen müssen.« (Réthy) Ich auch.

Réthy verliert völlig die Sprachfassung und sieht »keine Anspielstation in einem Bereich, der Sinn macht«. Kahn hält wie ein Wahnsinniger. Bevor überhaupt irgendwas und noch dazu ein Bereich »Sinn macht«, mache ich die *Bild*-Überschriften von morgen. »k. u. k. – Klose und Kahn!« Zu schlapp. »King Kahn König«. Öde. »Irrer Kahn knockt (K)Ir(r)land k. o.«. Puh. Bäh. Dann lieber »Deutschland kahnenklos – Irland torlos«.

Wie? So nicht? O. k. Also: »Kahn killt Kelten«. Genau. Ein Belohnungsschluck. Bode kommt. Muß das 2:0 machen. »Marco macht die Bode«. Nix war's. Und dann die 93. Minute. Es fehlten dieser Glosse neunzig Sekunden bis zum Erreichen des Achtelfinales. Und der Herr Redakteur muß natürlich das letzte Wort behalten: »Klose, das ging in die Hose«. Bzw. Franz Beckenbauer: »Woas die Zeitungen schreib'n, is' ja völlig wurscht.«

Fernsehradio

Ich schätze Tom Bayer, die honorig-sonore Fußballradiostimme des WDR, sehr, und ich hab' Tom Bayer sogar mal kennengelernt. Er hatte zusammen mit Günther Koch die Bundesligapartie Bayern – Dortmund in voller Länge übertragen, und hinterher beim Bier plauderte er so charmant und fachlich brillant wie via Äther.

Ich bin also positiv voreingenommen gegenüber Tom Bayer, und deshalb ist um so bedauerlicher, was er derzeit als Premiere-Reporter bietet. Bayer tönt gewohnt freundlich und spielt die natürlichen Stärken seiner Stimme aus, aber so gewinnend der Klang, so mißlich die Gesamtanlage seiner Reportagen. Bayer beherrscht die Kunst der Radiodramaturgie aufs trefflichste, den situationsbedingt schlagartigen Wechsel zwischen Schilderung, Abschweifung, Stakkato und Crescendo, doch leider vergißt er, daß er gerade einem anderen Medium dient.

Günther Koch arbeitet nicht fürs Fernsehen. Er weiß, er sähe schlecht aus, er würde zu ausführlich, zu breit daherreden. Tom Bayer redet pausenlos, pausenlos zu breit, zu ausführlich daher. Die Dimensionen eines Werner Hansch erreicht er nicht, trotzdem tut das weh, denn er hätte es nicht nötig, jeden Kurzpaß, jeden Flankenwechsel, jede Körperdrehung, jedes Replay zu kommentieren. »Aber jetzt schauen wir erst mal hin, was Allbäck macht«, fordert er uns auf, und das müßte nicht sein.

Bayer braucht eigentlich kein Vorbild. Ausnahmsweise nehme er sich bitte eins – am eher wortkargen Premiere-Kollegen Wolf-Christoph Fuß. Radio machen im Fernsehen ist Formel-1-Fahren auf der Kartbahn.

Sieben Schwedenspielgeschichten

Es war so, daß der erbarmungslose Schwed mit einem Unentschieden, und wäre dies auch nur ein torloses 0:0-Unentschieden gewesen, zufrieden gewesen und in der nächsten Runde gelandet wäre. Also setzte er auf seinen Tormann Isaksson und machte mit den restlichen Mannen dicht. Da schauten die Argentinier.

*

Vorne beim Schwed war bloß Larsson abgestellt, die Glatze. In der Mitte zog der Schwed rund um Mellberg eine fünf Mann hohe Mauer hoch, und hinter ihr stand eine feste Viererkette. Die Matten des Gegners, d. s. die langhaarigen Angreifer der Argentinier, rannten ein ums andere Mal auf dieses Bollwerk los. Es nützte vorläufig nichts.

*

Es war um die 28. Minute herum, daß der Argentinier in Gestalt des langhaarigen Juan Pablo Sorin eine dritte Riesenchance mit dem Kopf herausarbeitete, doch der Schwed, der gelbe Goliath, ließ sich nicht beirren und betrieb weiter Zermürbung.

*

Als Argentinien wieder einmal ein Powerplay aufzog, holte der Schwed im Gegenzug durch Marcus Allbäck einmal eine Ecke heraus. Sie brachte nichts ein.

*

Der überwiegend kahlrasierte Schwed nahm immer eiskalter die Zügel des Spiels in die Hand, was den gegnerischen Ersatzmann Claudio Caniggia noch in der 47. Minute so erzürnte, daß er etwas von der Bank hereinrief zum Schiedsrichter Ali Mohamed Bujsaim, und darauf wurd' der alternde Star Caniggia augenblicklich des Platzes verwiesen, auf dem er sich gar nicht befand. So etwas …

*

Endlich aber besann sich der Schwed in der zweiten Hälfte des Spiels seiner Angriffsstärke, die eine Freistoßstärke war, und er verwandelte in der 59. Minute im zweiten Versuch durch einen Freistoßhammer des rauhen Magnus Svensson, was den Argentinos ganz fürchterlich zusetzte und ihnen zumal das Genick brach. Sie schieden aus.

*

Nur im Nachtrag wird später einmal zu hören sein von Crespos Ausgleichstreffer, der lediglich der Kosmetik diente, und von dem schönen Satz des Reporters Born, der schon dreißig Minuten vor dem bitterlichen Ende sprach: »Im Hotel der Argentinier können schon einmal die ersten Rechnungen zusammengestellt werden.« Wie wahr.

So eigentlich nicht, Türkei!

Gewiß, Türkei, tanzen, jubeln und singen / Sahen wir Deine Spieler hinterher, echte Kerle, die / Verdient hatten den Sieg über China, doch andererseits, / Türkei, war da doch viel Sand im Getriebe, viel Knatsch / Und Knarz und Knorz gewesen, zumal das Mittelfeld / Harmonierte schlecht. //

Deshalb, Türkei, sei fürder gewarnt und von hier aus, drei / Stockwerk' über Deinem Sozialdienstverein Frankfurt-Gallus, ernstlich ermahnt, / Daß so etwas Lasches und Fahriges und ja Faules nimmer soll / Beleidigen unser Aug', das unbestechlich weilt auf den Dingen, / Die da gescheh'n. //

Nein, Türkei, laß fürder nicht faules Geschwätz aus Deinem / Mächtigen Munde strömen, Nachreden nicht laß aus jenem / Sich ergießen gegen die Freunde aus Süd- und Mittelamerika, / Namentlich Brasilien und Costa Rica, welche verhalfen Dir / Zum Weiterkommen. / Laß nicht noch einmal hören von einem Komplott gegen Dich, Türkei, von / Schiebung, welche Du befürchtetest, von Absprache und Mauschelei. / Spiel lieber besser, Türkei, geh ran an den Mann wie ein Mann und laß / Das Wehklagen sein, Du Pfeife. //

Ein schönes 1:0 machte Sas, der Junge, und Korkmaz / Ließ folgen rasch ein zweites Tor, doch dann, Türkei, / Wurdest pomadig Du, und keine Entschuldigung darf / Sein Bastürks Formtief, sein blasser Schatten, welcher Dich / An weit'rem Sturmlauf / Nicht hinderte. //

Allein, Türkei, Du nahmst den Gang raus, schautest blöd und ließest / Geschehen, daß Chen Yang, unser Frankfurter, herrlichst knallte das Leder / Wider Deinen linken Pfosten. Eng war nun das Match, und Rüstü (Recber) (Tor) / Floh das Unheil, um Ömer (Catkic) auszusetzen dem wilden gelben Drang. //

Türkei, es ging noch einmal gut, die bitt're Pille an Dir vorbei. / O Ömer, welch Omen! dachten wir bang, / Doch Ömer Barthez, so nennt Ihr ihn, hielt tapfer, / Da nichts zu halten war. Brasilien, Türkei, merk Dir das!, verhalf Dir / Durchs 5:2 zum Achtelfinal', und rächen hätt' können sich / Dein gammliges Getu', Dein nicht gerade zwingendes Geplänkel. //

Türkei, sprecht hohen Dank aus der Seleção, zu deren Zauberwerk ich / Dann in der 77. Minute auch umgeschaltet habe, und obwohl Dein / Ziege Davala (Ümit) mit rechts den Treffer drei markierte, werde ich Dich, / Türkei, das nächste Mal kräftig in die Pfanne hauen.

Absolut, ja

Wie geht es Ihnen? Ich meine: Geht es noch? Oder sind die Sehlaktatwerte im kritischen Bereich? Die Sehnerven überreizt? Ist der Sehmuskel sauer?

Bei mir, wenn Sie mich fragen – ich mein', ich weiß, Sie fragen mich nicht, aber ich sag's Ihnen –: geht es so. Es ist so an der Grenze. Ich gehe mehr oder weniger am WM-Blindenkrückstock. Das war schon immer so, bei jeder WM, denn jede WM ist immer wie jede vergangene WM, bei der es, TV-Vollversorgung vorausgesetzt, schon immer so war, daß gegen Ende der zweiten Woche nicht mehr viel ging. Man sollte mal wieder rausgehen.

Das geht aber nicht. Man darf, man will, aus welchem dunklen Antrieb auch immer, nichts, kein Spiel verpassen. Man guckt weiter, und die Pupillen weiten sich weiter. Bis nichts mehr geht.

Gestern – oder war's vorgestern? – war das Limit überschritten. Dachte ich. Falsch gedacht. Wer während einer WM denkt, ist auf dem falschen Dampfer. Ich wollte Schluß machen und den Hahn zudrehen, d. h. meinem Fernsehgerät den Suchtsaft abdrehen. Aber dann erschien auf dem Schurkenschirm Bernd Schuster, einer der Premiere-Experten, der »blonde Engel«, das genaue Gegenteil des bissigen »blonden Fallbeils« Fast Edi Stoiber.

Der Schusterjunge stand neben Moderatorin Monica Lierhaus, und die befragte ihn tapfer: zur möglichen Entwicklung in der zweiten Hälfte, ob z. B. Paraguay das noch packen könne. »Absolut, ja«, nuschelte Schuster, der ewig junggebliebene Mittelfeldstehgeiger, der jetzt, stehend hinterm Studiopult, aufs schummrigst-schönste seinen Job vergeigte und dennoch gewann.

Herr Fischer, mein Mitgucker, begann zu lachen, und ich tat es ihm bald gleich. Der jungenhafte Bengel Bernd Schuster schlief im Stehen, sein Hirn stand unter einer unfaßbaren Siebzigerfrisur standhaft auf Stand-by, und sein Mundwerk richtete das Nichts ins Werk. Ja, da müsse mehr attackiert werden, da fehle der Wille, da müsse auch mal nach vorne gespielt werden, döselte und dröselte er jede Frage der fragilen Frau Lierhaus auf, und Frau Lierhaus schien innerlich zu flehen, es mögen diese ewigen Studiostunden endlich zu Ende gehen.

Die Zeit tat ihr keinen Gefallen, aber uns, Herrn Fischer und mir. »Muß Paraguay mehr tun?« (Lierhaus) »Absolut, ja.« (Schuster) »Da fehlt es am Willen zum Abschluß, oder?« – »Absolut, ja.« – »Vielleicht sollten sie einen zusätzlichen Stürmer bringen. Brächte das was?« – »Absolut, ja.«

Es war das Absolute, es war die Aufhebung der Zeit, das televisionäre Nirwana, die vollkommene Erleichterung und interesselose Betrachtung einer Sache, die nichts ist – des Fußballs. Herr Fischer und ich dankten, beseelt und erquickt, dem rhetorischen Nullinger und Jungbrunnen Bernd Schuster und waren gestärkt für den nächsten Tag.

Bloß Monica Lierhaus, poor Monica Lierhaus! Monica Lewinsky hatte mehr Chancen gehabt, bei ihrem Mitspieler zu landen. Absolut. Ja. Nur das Jawort hatte Big Billy Clinton ihr nicht gegeben. Vielleicht geben sich deshalb Bernd Schuster und Monica Lierhaus zum Ausgleich bald das Jawort. Herr Schuster ist es ihr, Monica, schuldig. Die trauliche *Bild*-Schlagzeile möchten wir doch lesen: »Lierhaus schustert sich Schuster zu – Neues deutsches Traumpaar perfekt!«

Schweds End

Da der Schwed in die nächste Runde einziehen wollte, ins Viertelfinale, blieb ihm nichts anderes übrig, als sich dem Negergegner Senegal zu stellen. Der aber tat dem Schwed keinen Gefallen und tat so, als wolle er gleichfalls ernst machen, spuckte dem Schwed in die Suppe und gewann.

*

Kein Mittel ließ der Senegalenser aus, um den braven Schwed zu attackieren, zu zwicken und auszuspielen. Er schoß sogar ein Tor, in der 37. Minute durch den schwarzen Mann Henri Camara, ließ es aber dabei noch nicht einmal bewenden, sondern zeigte sich unersättlich und setzte durch abermals Camara in der 104. Minute, schon nach Ablauf der regulären Spielzeit, den Goldenen Schuß. In der Sprache der FIFA wird dieser »Golden Goal« genannt.

*

Die Trainer des Schwed (oder, korrekter, des Schweden), die beiden unzertrennlichen Bordellkumpel Tommy Söderberg und Lars Lagerbäck, sahen, daß ihre Leute, die Schweden, kein Glück hatten und sich ein ums andere Mal den Schneid abkaufen ließen. Sie konnten nichts machen.

*

Plötzlich hatten sie aber eine Idee, und sie wechselten die beiden Urschweden Andreas Andersson und Zlatan Ibrahimovic ein. Beide waren Stürmer und mühten sich, aber heraus kam nur, daß sie zwei Riesenchancen vorbeischossen und der Schwed insgesamt also doch schmählich und unwiderruflich unterlag.

*

Der Senegal griff zu guten taktischen Kniffen. Er ließ seine gesperrten Stammkräfte Salif Diao und Khalilou Fadiga sowie den verletzten Souleymane Camara einfach draußen, nahm drei neue, frische Männer an Bord, schoß erst einmal, um zu zeigen, wo der Hase Haken schlägt, ein Abseitstor (richtig gesehen!) und versenkte hernach nach abermals drei magischen Großgelegenheiten vor dem zitternden Tor des Schwedonsson im Stadion Big Eye zu Oita die elf Mann starken Kämpen aus dem Land der Wälder und mancher Wiesen. Viele Anhänger des Schwed ergrimmte das.

*

Die Geschichte vom sensationellen Scheitern des Schwedleins wird sich einmal lesen als gar grausliche Mär, die niemand so recht glauben möcht', allein, weiter unten auf dem Erdball, in den Gefilden der heißen Erdschrunde, tanzten die Sieger noch eine ganze Nacht lang, und dann ging die Geschichte auch wieder weiter.

Na ja, Türkei

Klar, Türkei, abermals weiter bist Du und zierest nun / Erstmals das Viertelfinale der Meisterschaft, allein, / Ich wäre Dein wackerer Sänger nicht, hätte / Ich nicht allzuviel Schäbiges neuerlich / Geseh'n in Deinem einst, gegen Brasilien, so / Tänzelnd-schwebenden Spiel. //

Okay, Türkei, klar, personell / Mußtest Du etwas ändern und die linke Seite / Völlig neu besetzen, doch andren Teams, / Welche gleichfalls kämpfen um den Siegerkranz, / Ist's schon tausendfach ergangen so. //

Du indes, Türkei, holztest einen knüppelfett / Lumpigen Stiefel zusammen, ließest rumpeln / Und humpeln den Ball wie Dein Gegner, das / Siechende Japan, welches nichts hatte entgegenzusetzen / Dir, Türkei, der unverdient durch die Angst des Kontrahenten / Und dessen Geheimtaktik »1 Spitze, 6er-Mittelfeld« / Begünstigten Elf. //

Japan hatte seine Schuhe nie so richtig an, und / So also, Türkei, pflegtest Du »ergebnisorientierten Fußball«, / Du sahst Suzukis Fehlern zu und beschautest schläfrig, wie / Miyamoto sich festrannte, Ono war frei, und gleichwohl / Nakata plötzlich unter Regen eine Chance sich bot, / Versikkerte jene ohne jede Gefahr noch Gefährdung Deiner. //

Dein Augenschattenmann, Türkei, der rüstige Rüstü, schlummerte / Blütenblauzart vor dem Gehäuse, und Du, Türkei, brachtest den / Historischen Erfolg qua Dusel und Contraunvermögen, qua / Nervenblockade der kein'swegs gewitzt Geschlitzten als / Auch per Davala-Einsnull sicher heim. Es sei Dir gesagt, / Türkei, / Daß das so nicht weitergeht! / (Selbst wenn Deine »Fans« am Rad und mit / Luxus-BMWs Wheelies vor meinem Hause drehen!) //

An Japan aber dies: Japan, dett / Woar gar nüscht. / (Nur der Titel für die idiotischste Flanke der WM, / 89. Minute, der ist Dir nicht mehr zu nehmen. Nicht / In hundert Jahr'.)

Gegen Goethe

Als einen »Scherenschlag wie ein Gedicht von Goethe« charakterisierte Ror Wolf mal eine Aktion irgendeines Spielers, weil, weitergedacht, ein hin und her wogendes Match der Kunst in ihren besten Momenten ähnelt, ja eine exquisite Opernaufführung oder Verskomposition sogar verblassen läßt.

Gewöhnlich erwarten wir, daß uns Fußballspiele mitreißen, bis zur Erschöpfung. Jede einzelne Begegnung soll uns in den Taumel der Begeisterung, des ästhetischen Erlebens versetzen, und dafür gibt es gute Gründe. Viel bessere jedoch gibt es dafür, die mediokre, nein: die völlig verfahrene, unansehnliche Partie wertzuschätzen.

Vorbei sind die teils hektischen Alles-oder-nichts-Achtelfinals, und endlich herrschen ein paar Tage Ruhe, um zur Besinnung zu gelangen. Und wenn wir uns wirklich besinnen, erinnern wir uns jetzt nur allzugern an einige besonders katastrophale Gruppenspiele – Wettkämpfe ohne K.-o.-Drohung, ohne Nervenpein, wie inszeniert für einen makellosen Sofagammel-TV-Tag.

Südafrika gegen Slowenien z. B. überzeugte durch insgesamt zwei Torschüsse und einen allgemeinen nutz- und ziellosen Zweikampfkrampf, der das Wort des Frankfurter Publizisten Dieter Pudenz bestätigte: »Goethe hilft im Zweikampf nur bedingt weiter.« Gegen Goethe i. S. Ror Wolfs agierten gleichfalls überaus angenehm die Tunesier beim 0:2 contra Rußland. Nichts lief, nichts ging zusammen. Kassierten die Nordafrikaner da eine von mir »hochgelobte Niederlage« (Toni Schumacher), so trieben sie es im Verein mit Belgien am 10. Juni noch segensreicher.

»Heute sind wir also dabei, Belgien und Tunesien zu bestaunen, wobei sich das Bestaunen in Grenzen hält«, plauderte der Premiere-Reporter in Anbetracht einer merkwürdigen »Klasseszene« in der 50. Minute vor sich hin. Davor und danach: Sendepause. Keine Bewegung. Kein Schwung, kein Einsatz. Das Spiel nach vorne stockte konstant. Man stand auf, holte ein Getränk, bettete sich wieder. Ein Tor hätte dem Spiel nicht gutgetan. Kaum ein Ball kam an. Mal ein Schußversuch, mehr nicht. Das Spiel erlahmte noch ein bißchen mehr. Die klare Linie fehlte völlig. Herrlich erbärmlich. Ihnen fiel nichts ein. Sie taten nichts. Kein Licht, bloß stiller Schatten. Alle tauchten unter. Beide Seiten sehr, sehr harmlos. Eine grandios schwache Vorstellung.

Es war prima, tadellos fade, ungeheuer mies, ein Gestocher und Geschiebe, das meinem – zeitweiligen – Ideal eines Fußballspiels voll entsprach. Der letzte Schritt zur totalen Entspannung wäre allerdings erst getan, erfüllte sich ein Wunsch von Didi Hamann: »Am liebsten würde ich gegen gar keinen spielen.«

Freitag

Gestern war's soweit. Es gab kein Zurück mehr, kein Zurück mehr vor dem Abrücken. Ich rückte ab vom dieser Tage in mir ausgebrochenen »Fußballwahn« (Joachim Ringelnatz). Seit dem 31. Mai hatte mein Wecker jeden Tag um 7.30 Uhr geklingelt, und nach der ersten WM-Woche war ich automatisch um 7 Uhr aufgewacht. Ich war konditioniert wie ein Powerpawlowköter, den man auf der Straße aufgelesen und vor einen Premiere-Decoder gesetzt hatte.

Es mußte eine Pause her. Mittwochmorgen beschloß ich, standhaft zu bleiben und die Glotze kalt zu lassen. Ich ließ den Fernseher aus, und ich guckte, Quatsch: ich las ein sehr gutes Buch. Bis Seite elf. Dann griff ich zur einen Deut weniger gehaltvollen Postille *GQ* und erfuhr: »David Beckham trägt Jeans von Michiko Koshino«, und »der Flankengott und Fußballpunk« trug auch ganz eigenmündig mal einen Gedanken vor, z. B.: »Mein persönlicher Stil? Oh, ich weiß nicht. Etwas von einem anderen Planeten.«

Mündig, wie ich war, gönnte ich mir dann, auf dem »Publizistikplaneten Erde« (Achim Greser) liegend, ein paar Seiten Videotext und nahm zur Kenntnis, daß Beckham seinen Friseur einfliegen ließ, weil er gegen Brasilien nicht so mies aussehen wollte wie gegen Dänemark. Schön, dachte ich, das reicht, genug Fußball für heute, und du hast kein Spiel gesehen, das war der Plan. Mein Freitag am Mittwoch war gelungen. Ich hatte widerstanden.

Abends nahm ich die Programmzeitschrift zur Hand. Zufällig fiel mein Blick auf die Sportspalte. Ich stutzte. Nix. Keine WM. Keine Liveübertragung.

Der *kicker* klärte (mich) auf: Es war ein spielfreier Tag gewesen, der erste.

Valentinwahnsinn

Ein gutes Jahr vor der an Verbaleskapaden wie erwartet auch nicht ganz armen asiatischen Fußballweltmeisterschaft hatte Franz Beckenbauer im März 2001 nach einer 0:3-Schlappe des FC Bayern bei Olympique Lyon einen seiner legendärsten Ausraster. Im Salon Tête d'Or des *Hilton* brüllte er damals in Anwesenheit der gesamten Presse den kompletten Spielerkader derart orkanartig zusammen, daß selbst Manager Uli Hoeneß hinterher uneingeschränkt entsetzt war und stammelte, er hätte sich statt jener Hitlerei »eine Valentinade« gewünscht.

Eine Valentinade. Von Beckenbauer. Soso. Ausgerechnet von Beckenbauer ein (Stegreif-)Stück voller Kunstkonfusion, voller Komik, Takt und Worterfindungsfuror – das ging noch weiter als die ewige groteske bis ekelerregende Gedankenlosigkeit, den Ex-Bundestorwart und Schmalstspurhampelmann Maier Sepp, der in Südkorea/Japan für die Kameras einmal mehr den lustigen Augustin des DFB mimte, den »Valentin des Fußballs« zu taufen.

Doch zum Auftakt des Weltmeisterschafts- und Wahljahres 2002 übertraf diesen doppelten Stuß tatsächlich – die bayerische Deppentrinität krönend – das Radioprogramm hr1. Das – man erinnert sich recht ungern – schnarchsäckigste, verschrumpeltste, unbeholfenste, einfallsloseste, glut- und mutloseste, uninspirierteste, verhockteste, trottelhafteste, lemurenhafteste, gespenstischste, trostloseste Interview, das je ein Politiker gab, nannte der Hörfunkmoderator – »den valentinesken Auftritt des Kandidaten Stoiber bei *Christiansen*«.

Ob denn, die Demenz mit ein paar Monaten Anstandsabstand und mit Hinblick auf die baldigen »TV-Duelle« weiterdrehend, der bekannte Tophumorist Gerhard Schröder bei Liesl Christiansen demnächst eine polternd polteske Powerszene auf die Bretter knallt? Und Sabine Karlstadt den engelhaft engelkeesken Comedykonter fährt? Während Stoiber dumm aus der feschen Wäsche schaut und bei Scheibner oder Hüsch um Nachhilfe ersucht, um für den kommenden Medienlachkampf gerüstet zu sein?

Ich befürchte es fast.

Verlängerungen

Fußball verlangt nach Verlängerung. Hat der schwarze Mann abgepfiffen, treten die Fachleute in Erscheinung und dokumentieren zumeist, daß ihnen der Gedanke des Sports ein fremder ist. »Wir haben ja nicht zum erstenmal gesehen, daß Deutschland das schwächere Team ist und gewinnt«, griesgrämte sich, das Unfugsurteil der Presse nach dem »unverdienten« Viertelfinalsieg Deutschlands über die USA antizipierend, Coach Bruce Arena, und der zum Leitmedium nobilitierte Franz Beckenbauer gaffelte wie üblich, außer O. Kahn seien sämtliche deutschen Deppen in einen Sack zu stopfen, auf den er persönlich eindresche und dabei immer »den Richtigen« treffe.

Meine Güte! Der verdiente Gewinner eines Fußballspiels ist immer der Gewinner, wie immer er gewonnen hat. Diese simpel-sportive Erkenntnis geht in der Flut der exegetischen Verlängerungen gewöhnlich verloren. Deshalb sprach das einzig relevante und freilich folgenlose Wort der kluge Marco Bode: »Ich werde mich ganz bestimmt nicht dafür entschuldigen, daß wir das Halbfinale erreicht haben.«

Unentschuldbar spiel- und sportfremd, d. h. die gar im höheren Menschheitssinne juristische Unwiderrufbarkeit des Ergebnisses mißachtend, tönen die eine weitere Stufe abstrakter und absurder angesiedelten Erklärungskrämpfe. Der Soziologe Heinrich Väth z. B. entbosselt das Mirakel Fußball so: »Das Prinzip der Unwägbarkeit weist über das Spiel hinaus auf die Offenheit der menschlichen Existenz.«

Welch ein Schmarren. Kein Ballack gewärtigte, weil er mit Leverkusen dreimal eine Titelchance vergeigte, i. S. Sartres oder Heideggers die Geworfen- oder Entworfenheit der Existenz. Die Wahrheit ist die wahre Verlängerung, die man bei dieser herzhaft unwägbaren WM erstmals angelegentlich der Partie Schweden – Senegal zu genießen die Gelegenheit besaß. Da endlich lagen sie wieder herum, die erschöpften Kämpen, Trainer stelzten über sie hinweg, betrachteten sorgenvoll Lazarette und versuchten, das Letzte aus den Laktatwertegeplagten herauszumotivieren.

Masseure schüttelten und rüttelten Beine schwer, Waden wackelten, Wasserflaschen flogen, und als Spanien Guus Hiddinks Südkorea forderte, wisperte der asiatische Legionärstrainer auf seine müden »Kämpfer« *(Bild)* ein, beschwor einen Haufen stöhnend Desolater, die Spannung wuchs angesichts qualvoller Vorverlängerungsruhe, die Kamera zeigte das unschuldig grüne Feld, die Fanränge, rot, stürzten beinahe kopfüber zu Boden, Spieler formten Gruppen, senkten die Köpfe, schlossen Arme um Schultern und schritten tatmutig zur Mitte, wo sie des Anpfiffes der schlimmen Minuten der Entscheidung harrten.

Bilder vor der Verlängerung des Fußballspiels sind Fußballsport. Sport wollen wir sehen, und nur über Sport wollen wir während und nach seiner Ausübung reden.

Nun mal gut, Türkei (Appendix)

Schon recht, werte Türkei, daß Du / Nach »hundert Jahr'«, wie mir / Vorgestern einer Deiner frohen und / Gespannten und dankbaren / Taxifahrer verriet, / Wieder bei einem Weltturnier mitmachen darfst und gar / So weit Dich hast durchtanken / Können; schon recht auch, / Türkei, daß das »Fußball-Wunder Türkei«, wie die *Bild*-Zeitung / Am 24. Juni schrieb, Dich zum / Rasen (auch zum »Herumrasen« in Straßen wohlgemerkt!) bringt. / Und gleichfalls recht soll sein, Türkei, daß die *Bild am Sonntag* (die vom 23. Juni) Dir / Widmete die scharfe Überschrift: »Dönerwetter!« //

Indes, Türkei, ist mir kaum recht und reicht deshalb, was sonst so / Über Dich all'thalben zu lesen und zu hören / War vor jenem zweiten Match versus Zuckerhut & Co. / »Der Bosporus läuft über vor Stolz«, las ich, und / Ich las von »Selbstbewußtsein« (so die saustarke / *FAZ*); ich hörte / Freund Raimund, der ehelichte ein Weib Deiner, sprechen / Von »Nationalideologie«, und in der *Frankfurter Rundschau* stand / Knapp vorm Anpfiff: In Dir, Türkei, / »Spielt ein bißchen was / Von Deutschland mit«. //

Dein Taxifahrer dankte mir / Für Jupp Derwalls Wirken einst, welches / Ermöglichte den Aufstieg Deines Sterns. / Mein Stammwirt Rasha dann / Warnte vor Deinen Bundesligaspielern, die / Gefährlich zu schießen und hart zu dekken / Verstünden. Und ich, / Der ich pausieren mußte bei Deinem Triumph / Über die Schwedennöter aus dem Senegal, / Sage klipp und klar, daß Du, Türkei, nun / Mal kräftig stecken lassen kannst – daß Du / Stoppen möchtest / Deines Trainers Gerede, seine Predigt für / Liebe, Freundschaft und Frieden, / Und daß Du Deinen Star Davala bremst, / Der bekennt: »Es hilft, wenn man lernt, / Wie ein Deutscher zu spielen.« //

Und heute, Türkei, gilt das, wie und so gesehen, / Ja alles plötzlich nicht mehr! So war es, liebe Türkei, wenn Du / Einmal in Dich gehst, / Tatsächlich zum Teufel auch! genug des Hokuspokus vom Bosporus. / Das sagt Dir streng: / Dein Elogist auf WM-Frist.

Chapeau und not Chapeau, Türkei! (Appendix 2)

Türkei, Türkei, vorbei!* / Vorbei des Landes Chance, / Der Welt zu bringen bei / Die wahre Siegestrance.** / Also ward bestritten / Das Spiel um den Dritten, / Mit Alpay, Tugay, Mansiz und / Andren letztlich Glücklichen gegen / Müde Ahn-Kim-4-x-Lee, die / Zuließen das schnellste Goal der WM-Geschicht' (11. Sek. Sükür); was / Mir, Türkei, Du verzeihest!, die / Große schnelle, helle Chance einräumt, an / Dieser Stelle und angesichts des gestern noch / Bevorstehenden »Höhepunkts der weltweit / Prägenden Fußballentwicklung / Der vergangenen 50 Jahre« *(FAZ)* die / Prägenden Arschgeigen des / Turniers, den so ausdauernd und / Schroff gescholtenen Faßbender, Heribert zum Beispiel, in / Das Dir, Türkei, gewidmete Poem / Hineinzuflicken. //

Hinausgekickt zu werden aus seinem / Faulichten Sessel hätte verdient / Gehabt, auch Du, Türkei, sofern / Du an hiesigen TV-Geräten gesehen wardst (wurdest?), / Solltest da zustimmen mir, / Der incredible Saukerl Kerner; abge- / Schossen hätte gehört, natürlich / Bildlich nur!, der Mohren (ARD), und / Ebenjene ARD darf die Frage sich / Auch nach kleinem und großem / Final' gefallen lassen, / Wozu sie entsandte und einsetzte: 67 (!) Männer und 5 (!!) Frauen, bloß / Um »begeisterungsgehemmt« ziemlich »alt / Auszusehen«, wie es am Kleinfinaltag Samstag / Die *Nürnberger Nachrichten* beklagten. //

Klagen darf ich, liebe Türkei, / Gleichfalls in Deinem hehren Namen und / Im Verein mit der *BamS* des 9. Juni über / »Knorzkopp Breitner« (Sat.1-*Fieber*) sowie noch / Furchterregter über »das Blondinen-Duo Jürgen Klinsmann/René Hiepen«, welches / Schande verströmte durch »Grinsekatzengesichter« (so zirka die *taz*) und taktisches / Kamerafeixen – statt einfach / Zu schweigen und grad mal die Klappe zu / Halten, welche Regel einmal / Unwillentlich und gelangweilt beherzigte Netzer, / Der eine Tabelle sah und stierte; worauf / Dessen Delling sprach: »Jetzt dürfen Sie / An dieser Stelle ruhig / Etwas sagen.« Und Netzer sagte: »Ja, danke, / Daß Sie mir das Wort erteilen.« //

Jetzt, Türkei, erteile ich mir von mir zu Dir / WM-beschließend das Wort und / Sage, Türkei: »Respekt!« (*Online Today*, letzte Ausgabe) Und / Hut off zum Gebet! Denn / Gesegnet war / Deine WM innerhalb »der / Unübersichtlichen neuen Fußball- / Weltordnung« (Habermas-*FAZ*) so insgesamt denn dann wohl / Wirklich weiß Gott im großen und / Ganzen wahrlich / Ehrlich ziemlich prinzipiell von Grund her freilich / Schon. Du pfeffriger, pfiffiger / Fußballmusenmuselmanensohn!***

* siehe noch mal Mittwoch, 26. Juni 2002
** wenn man denn das Finale erreicht, gewonnen und den Montblanc des Fußballs erklommen hätte
*** obgleich ja eigentlich »Tochter«, wg. des femininen Genus (*die* Türkei)

Weltschuldfrage geklärt

Auch zwei Tage nach dem verlorenen Finale von Yokohama werden die wahren Gründe für das unglückliche Ende gesucht, das ein grosso modo gutes bis sehr gutes Turnier der deutschen Auswahlmannschaft hat finden müssen. Allerlei sportliche Erwägungen schießen da ins Kraut, Beurteilungen, die samt und sonders fehlgehen.

Gewiß nicht Kahn trägt die Schuld, jener arme Kerl, der voller Bescheidenheit offenbart hatte, das sichere Gefühl zu haben, er und die Seinen würden den Titel heimbringen. Schon eher lag es daran, daß Oliver Bierhoff nicht von Anbeginn an zur Verfügung, vulgo nicht in der Anfangsformation stand und demzufolge die Gelegenheit verpaßte, die Hymne mitzuschmettern, dieses motivationssteigernde Lied, das einem, so Bierhoff, »auf recht einfache, aber eindrucksstarke Weise deutlich [macht], daß man seine sportliche Leistung nicht nur für sich selbst erbringt, sondern auch sein Land vertritt, den Sieg nicht nur für sich, sondern auch für sein Volk erringen muß«.

Ja, bei Bierhoffs zu spätem Einsatz fürs Volk liegt wohl einerseits der Hase im Pfeffer der Niederlage begraben, obgleich andererseits die sog. Experten ein gerüttelt Maß an Verantwortung auf ihre Schultern packen müssen, die Mies- und schnonungslosen Niedermacher vom Schlage eines Paul Breitner, der aus seinem tückischen Bart verlauten ließ: »Ich habe immer meine Finger in Wunden gelegt, die sonst unter den Tisch gekehrt worden wären.«

Doch, hier, unter den Mediengaunern und -raunern, sollten wir fündig werden, zumal bei – um husch! husch! den faulen Hund aus dem Sack, die Versailles-trächtige

Schuldfrage von der Leine und die Klärung derselben vom Stapel rauschen zu lassen – »Premiere All Star« Beckenbauer, bei Franz Beckenbauer, dem Günstling des widerwärtigen Blatter, der keinen Weltmeister Deutschland dulden wollte, weshalb Beckenbauer auch umgehend den Gesamtsieg auf 2006 terminierte, während er kurz zuvor noch auf dem Platz den betenden Brasilianern sein breitestes Lächeln und Lachen geschenkt hatte, ein häßliches Lachen aus dem Höllenhalsschlund.

Fürwahr, der häßlichste Deutsche, bald wird es jedem klar sein, der Augen hat zu hören und Ohren zu sehen, dieser Beckenbauer, Verursacher vieler wesentlicher Weltübel, Beckenbauer allein vergeigte die Geschichte, entriß durch sein blödes und immer blöderes Gesabbel den sympathisch genügsamen Völler-Leuten den Pokal; zunächst durch sein nimmersatt-dummes Gewaffel dergestalt: »Für das Halbfinale ist unsere Mannschaft noch nicht gut genug« bzw. »Wir sind zwar nicht das spielerische Highlight, wir haben jedoch eine gute Mannschaft – da kann Völler aufstellen, wen er will«; dann: »Unser Weg ist vorgezeichnet bis ins Finale«; um schließlich a) vor dem Anpfiff zu bläken: »Es wird für Ronaldo und Rivaldo sehr schwer sein, Kahn im Finale zu bezwingen«, b) in der Pause zu schmarren: »Ronaldo ist nur ein Schatten seiner selbst« und c) hinterher den Hohnkübel voller Hirnschmutz auszuleeren: »Wir haben ein tolles Erscheinungsbild abgegeben. Wir können sehr glücklich sein mit der Vizeweltmeisterschaft.«

Der Volksverhetzer Beckenbauer ist ein nationales Unglück. Das signalisierte schon am Sonntag ein nach der Partie als mißmutige, füllige Reinkarnation Hitlers an meiner Stammkneipe vorbeimarschierender Fahnenträger, und wer es wissen will, der weiß, daß Beckenbauers Vorfahren bereits die Bamberger Pest 1532 und die Lörracher Seuche auslösten. Er selbst, »die Lichtgestalt« (DSF), forcierte den allgemeinen Niedergang, demotivierte ganze Teams und schürte

Zwist, wo er konnte, verwirrte die Köpfe und zwang durch seine unnachahmliche Arroganz letztlich uns selbst oder wen auch immer entscheidend in die Knie etc.

Um final zu bekunden: »Ich bin ein ganz normaler Mensch, Rudi Völler ist ein Zauberer.«

Pfui Deibel! Bah! Usw. usf.

Effe, antreten!

Einer wie Effe. Einer wie Effe, dem seine mittlerweile sattsam zur Seite getretene und in einen blonden Negerstarkboy neu verliebte Gattin Martina in den Spielerpaß gesabbelt hatte, er hege nichts weniger denn noch Dieter Bohlens »Mega-Hits« übertreffende »Mega-Ambitionen« (wenn nicht Meta-Ambitionen); einer wie Effe Effenberg, der bereits zum Start seiner unvergleichlichen Kotzbrockenkarriere im Jahr des HErrn 1988 bei Mönchengladbach erst mal einen Jeepausflug unternahm, weil ihn der ganze Tinneftrash namens Fußball eh eher »abturnte« (D. Bohlen), und das Gefährt des Physiotherapeuten schwungvoll auf einer Müllkippe zwischenlagerte; auf daß er 1989, noch immer Gladbacher Jung, im Mannschaftshotel eine Luftpistolenschießerei veranstaltete, um seinen »Charakter mit Ecken und Kanten« (Effe) jungrevolutionär zu untermauern; einer wie Effe, der daraufhin als Liebling der Jauchepresse und gleichwohl »Rebell« (Effe) abermals und 1991, diesmal als Münchner, »die Sau« (Effe) raustrampeln ließ und Coach Juppy Heynckes schlankweg sehr originelle Prügel androhte; einer wie Effe, der »Riesentyp« (Effe), ist jetzt also: Wolfsburger. Und das freut Wolfsburg und Wolfsburgs Trainer Wolfgang Wolf: Vorgestern empfing er den Recken zum Frühstück und unterbreitete ihm jene Stammplatzgarantie, die ihm Münchens Ottmar Hitzfeld zwar eingeräumt, die er indes nicht hatte (gg. Beckenbauer etc.) nibelungentreu durchpauken können.

»Manchmal kann ich auch ein Kotzbrocken sein«, gestand der Kotzbrockenkönner Effenberg vor Jahren. Das war so wahr gesprochen, wie Effe Effenberg stets den wahren Sermon des kindisch-trotzigen Spießers ausspie, in den letzten Monaten in penetranter Permanenz dergestalt, »nie mehr in der Bundesliga spielen« zu wollen. Jetzt, so Effe, »ziehen sich die Gegensätze an« – die Gegensätze zwischen einem »Superstar« und einem Ödverein aus dem verschifften Norden der Republik. Da existiert kein Gegensatz. Effe ist am Ende (angelangt).

Am 27. Juni 1994 hatte der Supertyp in die heiße WM-Luft von Dallas den berüchtigt ruchlosen Stinkefinger gereckt und anschließend bei *Sport Bild* 50.000 Märker durch die eheliche Managerin Martina eintreiben lassen, um die »wahre Geschichte dahinter« auszuwalzen, die Bundestrainer Berti Vogts, seinem Bruder im gerontokratischen Geiste, aber doch den Satz des vergangenen Fußballjahrhunderts entlockte: »Der Finger war nur der letzte Tropfen.«

Einer wie Effe ließ hernach, locker, wie er ist, nicht lokker: tippte, neuerlich angeheuert in Gladbach, am 30. November 1996 einen besoffenen Penner, der auf Effes Garagenauffahrt herumlungerte, mit der kecken Fußspitze mutmaßlich zu Klump und bekam danach sogar »recht«; zog einem Schulkameraden seines Sohns, der ihn, den teuersten Postboten der Welt und passionierten Jeepfahrer, angespuckt hatte, am schicksalhaften 11. September 1997 die Ohren lang; und klöppte frisch und fröhlichfromm im Verbund mit seiner Martina am 13. Juli 1999 nach dem verlorenen DFB-Pokalfinale im Berliner Hotel *Adlon* eine weibliche Verehrerin beinahe zu Brennholz; nur FCB-Pressesprecher Hörwick verhinderte das herrliche Massaker.

Das kompensierte Effe ein Jahr später und verdrosch am 1. Oktober 2000 bei lässig gezahlten 150.000 Schmerzens-DM halt mal einen Weibsgast auf dem Oktoberfest.

Daß einer wie Effe jetzt unterm Protektorat der ruhmreichen deutschen Arbeiterstadt herumbrüllen und -marschieren darf, entbehrt nicht einer gewissen Stringenz. Angetreten nach der weltweit übertragenen Abkehr von der strunzdummen Martina und deren Auswechslung durch die

Strunz-Claudia, bekanntgegeben via *BUNTE* und *Beckmann* (ARD) und immer souverän und arschcool unter blondem Gelgestrüpp von Effe selbst kommentiert (Kinderfrage usf.), steht er nun vor der Erfüllung seines Lebenstraums. Ja, nach gleichfalls global diskutierten Verhandlungen und Optionen mit und bei Schalke und der SpVgg Oarschkeks Ammergau, nach Flirts und Friktionen mit irgendwelchen britischen Weltklubs, türkischen Moneymogulen und den Larrys von Austria Wien sitzt unser großdeutscher Loser und Knallsack Effe Effenberg seit dem 18. August 2002 im »Edel-Hotel *Ritz-Carlton* (5 Sterne)« (*Bild*, 19. August) und ritzt jeden Abend eine Kerbe für »1.800 Euro« (ebd.) Übernachtungskosten in den Bettpfosten, dabei grummelnd darüber nachdenkend: ob »Claudia Strunz (36) soll nachkommen« (ebd.).

Der Wechsel des Stürmers Valdas Ivanauskas vom Hamburger SV zum VfL Wolfsburg platzte einst, weil dessen Gattin Beatrice (damals 28) nicht nach Wolfsburg wollte: »Da will ich nicht hin.« Claudia will wohl, »ihre beiden Kinder« *(Bild)* im Gepäck. Das läßt allerhand hoffen. »Effe in Wolfsburg« *(Bild)*, das bedeutet zwar – statt Floridas Flora- und Sonnenwonnen (Nutznießerin: Negermartina) – Wolfsburger Wichswetter all around the bimmel, allein, der Auftakt schien vielversprechend gewesen zu sein. Beim ersten Auftritt von Wotan Effe »kam es zu teilweise chaotischen Szenen«, meldete ZDFtext am 19. August. »Die geplante Busfahrt der Mannschaft zum Waldlauf mußte ausfallen, weil ein Stau vor dem Stadion am Elsterweg eine Busfahrt unmöglich machte.« – »Hunderte Fans belagerten das Trainingsgelände«, ergänzte RTL WORLD, ein »Verkehrs-Chaos«, so Sat.1-Text, brach aus, »kaum ist der ›Tiger‹ da«, geht es »zu wie beim Rummel« (RTL).

Nur der FC-Bayern-Aufsichtsratsvorsitzende Karl-Heinz Rummenigge schmunzelte versonnen, derweil er sich für die *BUNTE* (33/2002) in die »Businesskollektion von Karstadt« warf und aus dem Fußballeridiotenuniversum einen Satz Richtung Effe Effenberg schleuderte, aufwärmend dessen »legendären« Auftritt in Cowboystiefeln und roter Lederbux bei der Weihnachtsfeier 2000: »Da haben wir uns geärgert. Ein kurioses Stilempfinden. Zu so einem Anlaß ist es nicht zuviel verlangt, Anzug oder Sakko zu tragen.«

Rummenigge sehe sich vor. Denn wenn jemand, auch Jahre später noch, »gegen mich Dinge aufbauscht« (Effe), dann tritt Effe zu und nach, ab sofort in grüner Jägerhose und den gewichsten Stiefeln des Wolfsburger Leitwolfs. Faß, Effe, faß!

Ach, der Zeiten einst gedenkend

Wenn man in diesen rasend klugen Zeiten einen kurz bemessenen Augenblick in sich geht, dann steht es einem augenblicklich wieder scharf und schönstens vor Augen, das alte Gute und gute Alte aus einer Zeit, in der es kein Privatfernsehen und kein Sat.1-Fußball-TV gab. Und zwar steht es einem vor Augen vor allem in Gestalt eines dioskurischen Dreamteams. In Gestalt von erst Ernst Huberty und dann Heribert Faßbender steht es da gleich doppelt erquickend, das Fernsehen in seiner keuschen Kindlichkeit und seriösen Verschnarchtheit, elfenbeinhart korrekt und journalistisch ja freilich nahezu perfekt – als ins Fleisch gekommene Huberty-Heribert-Holdheit.

Singen und jauchzen möcht' man, erinnert man sich des Mannes, der das Inbild des unbeugsamen Sportkameraden oder noch eher -moderators abgab, bis er 1982 auf Grund cleverer Spesenberechnungen von einem noch Größeren, von H. Faßbender, abgelöst wurde.

Huberty, Ernst. Nie war ein Vorname berechtigter. Links über dem mit Nagelschere und Zirkel präparierten Scheitel prangte das Logo, das samstägliche Orakel-Ei *Die Sportschau*. Unter dem Scheitel wurde gesprochen, und was da gesprochen ward, bewegte hölderlinsch tief. Episch erörterte Tabellenstände waren beliebt, denn mehr als drei Bundesligapartien konnte Huberty nicht annoncieren, dazumal, als die Filmrollen noch per Motorradkurier »über Bocklemünd« oder das schon damals tückische AB-Kreuz Leverkusen ins Kölner WDR-Studio spediert wurden, und wenn dann tatsächlich die Bayern zu besichtigen waren, wie sie sich in Bochum mühten, überfluteten einen epiphanische Schauderschauer.

Schauerschau, Schauderschau – die *Sportschau* rührte, selbst wenn man noch Kind und keineswegs klug war, an die nachmetaphysisch-religiösen Mirakel der Existenz, an das Geborgene einer unaussprechlich dollen und dämlichen Wohlfühlsituation. Die *Sportschau* vereinte wie kein anderes Fernsehformat aus der Epoche des fehlenden Rasantumschnitts Ernst und Spiel. Das Medium gab der Schillerschen These recht, daß der Mensch erst dort ernstlich bei sich sei, wo er nichts tut, außer dem von aller Plage der Alltagsprosa entlastenden Spektakel des Homo ludens beizuwohnen.

Sportschau, das war somit im Grunde Wohnen an und für sich im Bei-sich-Sein – mithin Wohnen wenn nicht im »Haus des Seins« (Heidegger), dann aber doch zu Haus' im Frottéschlafanzug, auf dem Cordsessel kauernd, fingernägelkauend.

Das Fernsehbild bezog seine Bedeutung aus seiner Seltenheit. Schon Huberty-Vorgänger Adi Furler redete, weil wenig zu zeigen war, wie ein peinlich berührter Priester, dessen Versprechen um so verlockender schien, da es durch Verknappung zum begehrenswerten Objekt der Projektion wurde. Etwas einfacher und richtiger gesagt: Furler, »die personifizierte Kontinuität der deutschen Fernsehlandschaft« (Matti Lieske), galt uns juvenilen Schafen als eine Art Naturereignis, als ein rein Geschautes, ein ruhendes Stück Welt, beruhigend wie ein Waldsaum oder ein Büschel Erdbeeren. Obwohl es um diese aufregend hin- und herwogende Sache namens Fußball ging.

Auf die prähistorische Gestalt folgte Huberty, dessen ikonographische Prägekraft derjenigen eines John F. Kennedy gleichkam, und wenn nicht der NDR-Riese Fritz Klein, jener Däumling, dem der *stern* mal attestierte, über »das Temperament einer Sanddüne« zu verfügen, das modernistisch kahle Passepartout enterte, zog der Scheitel seine rhetorischen Runden in Endlosschleifen voller geistloser Anmut.

Die Zeiten, die mit dem Start der *Sportschau* am 4. Juni 1961 – anfangs fußballos – anbrachen, sie kommen nicht wieder, beschwöre man die Götter, wie man will. Freilich will man das alles möglicherweise auch nicht mehr gar zu sehnlich wiedersehen – zumal den Hubertys Ernst eisbartgrau beerbenden und folgenreiche Granatenphrasen ins Kollektivgedächtnis dreschenden Heribert »Mr. Sportschau« Faßbender, den erbarmungslosen Karteikarten-Zeus, der nichts weniger ausstrahlte denn eine offenkundigste Freude an der Macht, die er über uns Stubenstierer besaß, weil an IHM kein Weg vorbeiführte.

Allerdings, selbst zu Faßbenders ewigkeitswürdiger Ehr' machen wir jetzt immerhin mal ein Faß auf. Wenn es mir keiner verbietet.

Nein?

Danke sehr. Guten Abend. Allerorten und -seits.

Zigaretten, Frikadellen, Bott

»Ein Bett gibt's hier immer, komm vorbei!« Die ein wenig dünne, dem Überzeugungsbaß der Imponierredner entbehrende Stimme fährt in die Höhe, und im beinahe gleichen Augenblick kommt Dieter Bott am Telephon simultan auf die *Bild*-Zeitung, den Sportwahnsinn und Adorno zu sprechen, bei dem er, wie einige prahlerische Tausendschaften der Republik, studiert und von dem er etwas gelernt hat, das fast hundert Prozent der heute so verhockten wie versorgten Adorno-Schüler entweder guten Gewissens verlernt oder nie beherzigt haben, beherzigt in einem Sinne, der in dem schönen Wort der Herzensbildung ausgedrückt ist – daß Bildung nämlich, bei aller begrifflichen Anstrengung, etwas mit Herz und nicht mit gebieterischem Auftreten, daß sie nichts mit Einschüchterung und Herrschsucht, sondern mit dem Gegenteil dessen zu tun haben sollte.

Dieter Bott hat von Adorno auch gelernt, dagegen zu sein, ab ovo. Nur der Geist der Negation bleibt in Bewegung. Der Düsseldorfer Privatgelehrte und Sportsoziologie, dessen Seminare über Kritische Theorie und die »Sportifizierung« der Gesellschaft an der Universität Duisburg aus Kostengründen gestrichen wurden, lebt in der Lichtstraße, hoch droben unterm Dach, wo sich in einer aus älteren Zeiten überdauernden WG-Atmosphäre Zeitungen stapeln, Exzerpte türmen und neuste Publikationen des sog. linken Spektrums herumkugeln, zur präzisen Sichtung; nebst Prospekten und Broschüren aller Art, in denen sich die offizielle Öffentlichkeit mitteilt, damit sie von Dieter Bott in der verqualmten Luft zerrissen wird.

Schopenhauer lebte an der Schönen Aussicht in Frankfurt am Main. Das paßte nicht. Der Weltgrattler wäre in der

Gasse mit Namen »Im Trutz Frankfurt« besser aufgehoben gewesen. Dieter Bott allerdings wohnt geistesaffin – als, das fahle Wort haut tatsächlich hin, unbeirrbarer Aufklärer, den nicht mal die Not oder die Angst (vor Arbeitslosigkeit, vor Ächtung durch seine ehemaligen Frankfurter Grünen-Bekannten) aus den Schuhen der Kritik wirft, sofern die Metapher hier durchgeht. Dieter Bott hätte sie längst in einem seiner legendären Monologe am Kneipen- oder Küchentisch zur Sau oder doch zur friedlichen Schnecke gemacht. Denn so groß Bott als Redner ist, so großmütig ist er als empathischer Charakter und als unwillentlich komischer Parleur, dem bevorzugt die stehenden Redewendungen beglückend freestyleartig durcheinanderrauschen. »Dem werde ich mal richtig Licht einschenken«, hab' ich ihn mal sagen hören, und ich war froh, das gehört zu haben.

Dieter Bott ist alles, was Joschka Fischer nicht ist, und er ist nicht, was Michael Rutschky, mit dem Bott in Jugendjahren im Freibad herumhing, wurde. Er ist weder Essayist noch Politiker. Er schreibt keine Regierungskolumnen und redet kein Blech. Er hat mich auf einen recht vergessenen Roman von Joseph Roth hingewiesen, wofür ich ihm auch dankbar bin, und er hat mir mehrmals ein Frühstück kredenzt, das ich kaum angemessen genießen noch würdigen konnte, weil derweil seine Ausführungen, in deren »Verlauf« (J. Fischer) zirka eineinhalb Schachteln Zigaretten Marke Auslese 100 Extra Long dran glauben mußten, zu einnehmend waren.

Vor zehn Jahren hat Bott sein kleines Erbe gestiftet und den Viva-Maria-Preis ausgelobt, »für linke und radikale Gesellschaftskritik und Projekte, denen die gesellschaftliche Anerkennung verweigert wird«, wie einer seiner bis heute auf der Schreibmaschine getippten Rundbriefe kundgab. Preisträger waren u. a. Christian Schmidt, der in der *Titanic* Matthias Horx zerlegt hatte, und Wolfgang Pohrt. Nun ist Bott am 25. Dezember sechzig Jahre alt geworden, und er möge bitte mindestens noch mal die Hälfte draufpacken.

Einer, der den Mistladen namens Gesellschaft eigentlich nicht aushält und sich dennoch unvermindert an der Analyse der alltäglichen Katastrophe versucht, ohne zu resignieren, darf sich nicht wundern, wenn man ihn, der meint, per Geburtszufall mehr oder weniger mit Jesus konkurrieren zu müssen, ein paar durchgefeierte Tage später mit Girlanden behängt. Das sei hiermit geschehen, dem Fetisch Aktualität entgegentretend und zu Ehren des augenblicklich arbeitslosen »Lehrmeisters der Kritischen Theorie«, wie das Düsseldorfer Stadtblatt *terz* den »Antiklerikalen« und »Anarchisten« anläßlich seiner Geburtstagsfete zu Recht taufte.

In zwanzig Jahren aber, beim Achtzigsten, erbitte ich mir, wo immer die Feier stattfinden wird, einen Großraumteller mit Dieter Botts hausgemachten Frikadellen. Die sind fast noch einen Deut schärfer als Adornos gesamte Theorie, die Bott weiterträgt, weil sie hilft, nicht dumm zu werden.

Lebensabschnittsphrasen

Ob die zweierlei Strömungen der Prominentenautobiographien und der Hörbücher ein Segen oder ein Fluch sind, möchte man gar nicht erörtern. Die Verdoppelung der Prominentenautobiographie durch das parallel veröffentlichte Hörbuch ist allerdings einer – ein Segen, weil einem das Lesen erspart bleibt, und ein Fluch, weil einem das Anhören von Autorenlesungen nicht erspart bleibt.

Es sollte mal jemand was gegen die Inflation des Hörbuchs unternehmen. Dieter Kürten, »Mister Sportstudio« und der öffentlichste Katholik des deutschen Sportjournalismus, gibt einem dafür gute Argumente an die Hand. Der Ziehvater des Flauschimoderators Michael Steinbrecher hat eine Autobiographie geschrieben und dazu eine Doppel-CD mit 160 Minuten Länge besprochen. Titel beider: *Drei unten, drei oben – Erinnerungen eines Sportjournalisten* (Reinbek bzw. Frankfurt/Main 2003).

Fast vierzig Jahre lang diente Dieter Kürten beim ZDF. In vier Dekaden hat er einen Stil kultiviert, der die Unterwürfigkeit des smarten Opportunisten mit der Belanglosigkeit des Sport-Jet-setters paart. Der Kleinbürger in Klamotten von der Düsseldorfer Kö ist zum Inbegriff des allkompatiblen Plauderers geworden, dem es um wenig mehr geht als um das eigene Fernsehbild, das er nun von sich noch einmal nachgezeichnet hat – das Bild des lackierten Laberers, dem ein Geistesverwandter wie Franz Beckenbauer vorwörtlich verdientermaßen um den Bart schmiert: »Dieter besitzt die Gabe, in einer sehr behutsamen Art seine Fragen zu stellen, so gelassen, daß man oft gar nicht merkt, wie kritisch sie gleichzeitig sein können.« Kritisch? Wenn sich Kritik im

Kleister der Phrase kontrafaktisch ausgedrückt sieht, dann ja. Und amen.

Dieter Kürten, der knapp vierhundert Mal das *Aktuelle Sportstudio* moderiert hat, startete seine Laufbahn mit einer Kindheit, in der, hören wir Apostel Silberscheitel psalmieren, »das Leben so gespielt« habe. Die Mutter habe gegen den Vater, einen versoffenen Duisburger Journalisten, »einen stillen Groll gehegt«. Ihr häusliches »Tagespensum« sei »mehr als randvoll« gewesen, derweil sich der Alte – »ein fixes Kerlchen«, das »nicht auf den Mund gefallen« war, »ein liebenswürdiger Bruder Leichtfuß«, dem alles »wie reife Früchte in den Schoß fiel« – in den Kneipen rumtrieb.

Der »Luftkrieg« kam, und im Bombenkeller, »fürwahr kein einladender Ort«, war's kein Zuckerschlecken. Vom Krieg jenseits der Stahlstadt, der irgendwie »nach der Machterschleichung der Hitler-Partei« ausgebrochen war, kein Wort. Deshalb wurde es aber auch langsam Zeit für die Nachkriegszeit: »Das Tauschgeschäft florierte.« Und: »Amizigaretten hatten nach dem Krieg den unbestrittenen Rang einer Leitwertung inne.«

»Mir fällt es bis heute schwer, Lebensmittel wegzuwerfen«, verarbeitet Kürten die Zeit der Not. Noch immer verfüttert er auf dem Mainzer Lerchenberg Brotreste »an die ewig hungrige Entenschar«. Dabei erinnert er sich an die »hübsche Nachbarstochter« und an seine Fußballerkarriere: »Mit reiner Schönspielerei war noch nie ein Pokal zu gewinnen.«

»Ich habe nicht lange gefackelt«, reportiert der stets »zuverlässige« und »pünktliche« Sekundärtugendhafte. Stante pede trat er daher eine Lehre an und merkte: »Lehrjahre sind keine Herrenjahre.« Beim Düsseldorfer *Mittag* bot sich ihm sodann die Gelegenheit, »das Geschäft von der Pike auf zu lernen«. Dort »wurde mir der journalistische Grob- und Feinschliff verpaßt«, teilt Kürten mit und beichtet, an der Seite von einem »meiner liebsten Freunde«, Helmut Markwort, habe er »das große Einmaleins des Journalismus gelernt«. Weshalb er naturgemäß zum CvD aufstieg: »CvD ist nichts für schwache Nerven.« Denn: »Es gab solche und solche Kollegen.« Trotzdem insgesamt »eine herrliche Zeit«.

Auf die eine noch schönere folgt. »Das Fernsehen ruft«, spricht Kürten, Dieter. Wie sein Freund Horst Vetten »kannte er Gott und die Welt«, »hörte er das Gras wachsen« und stellte sich bei Georg Heinrich Wilhelm Thoelke vor, einer »Erscheinung von Format«. Der »Tausendsassa«, der »auch ein harter Hund sein konnte«, eröffnete dem Spund am 21. Oktober 1967 die Chance, »ins gleißende Licht der *Sportstudio*-Kameras« zu treten. Es »schlug für mich die Stunde der Wahrheit«, und »es hagelte Komplimente«, hinterher.

Geboren für den »Flimmerkasten«, veredelte Kürten das »revolutionäre Format, das weltweit seine Nachahmer gefunden hat« und das »den Mainzern zu einem ersten nachhaltigen Popularitätsschub verhalf« (Stichwort »Sport, Spiel, Spannung«), mit einer »Ausstrahlung«, die sich »am Bildschirm [...] nicht per Knopfdruck herstellen« läßt. Man »überzog gnadenlos« und hatte, »so sicher wie das Amen in der Kirche«, die berühmte Torwand parat: »Die Torwand produzierte viele hübsche Geschichten, und hinter denen sind wir Fernsehentertainer her wie der Teufel hinter der armen Seele.«

Ende der Achtziger rekrutierte der fromme Kürten den begabten Günther Jauch fürs *ASS* (der war »wie vom Donner gerührt« und »wußte nicht, wie ihm geschah«), 1992 als dessen Nachfolger schließlich Steinbrecher. Davon abgesehen, daß der Duisburger Vollblutjournalist damit abermals seinen »Riecher« unter Beweis gestellt hatte, vermittelt Kürten im Rückblick (»Natürlich war nicht alles eitel Sonnenschein«) nochmals eindrucksvoll, daß er immer verstand, »Tacheles zu reden«, »Klartext« zu reden und »ans Eingemachte« zu gehen. Über den großen Kollegen Harry Valérien ist deshalb praktisch nichts zu erfahren.

»Unzählige Geschichten von außergewöhnlichen Menschen« will *Drei unten, drei oben* erzählen. Wo ein Wille, da kein Weg – außer derjenige der uralten 1:0-Lebensberichterstattung. »Schwamm drüber.« (Dieter Kürten)

*

Zu diesem im nachhinein als sträflich moderat einzustufenden Artikel erreichte mich über die Redaktion des *Freitag* Anfang August 2006 mit zweieinhalbjähriger Verspätung folgende Leseräußerung einer Dame aus Köln (wir geben sie orthographisch korrigiert wieder, obwohl oder weil es sich bei der Wortfeuermelderin offenbar um eine Journalistin oder »Medienarbeiterin« handelt):

»Während einer Moderatoren-Recherche, u. a. zu Dieter Kürten, bin ich im Internet auf den o. g. Artikel von Jürgen Roth gestoßen. Ich erinnere mich, daß ich vor einiger Zeit schon einmal auf dieser Seite gelandet war und mich sehr geärgert hatte; also schreibe ich Ihnen nun mal etwas dazu.

Es drängt sich unweigerlich die Frage auf, wie jemand meint, das Recht zu haben, über eine Person derartig vernichtend zu schreiben. Ich bin kein besonderer Fan von Herrn Kürten, käme aber nie dazu, derartig böse und mit soviel Haß und Verachtung ohne Anlaß über eine dritte Person zu sprechen, die ich vielleicht nicht einmal persönlich kenne, sondern nur im Fernsehen erlebe. Man kann überhaupt keinen Grund erkennen, warum Herr Roth sich beflissen fühlte, seine Haßtirade loslassen zu müssen. Wenn ihm seine Art der Moderation nicht gefällt, soll er was anderes schauen. Es gibt doch so viele Programme und bedeutend schlechtere Moderatoren dazu. Wenn ich recht informiert bin, hat D. K. viele Publikumspreise abgeräumt. Meint Herr Roth, daß seine Meinung wichtiger, gewichtiger sei als die des Publikums? Hat er das dringende Bedürfnis gehabt, seine Fans eines Besseren belehren zu müssen? Oder ist es etwas Persönliches?

Wenn Jürgen Roth das Buch nicht gefällt, so soll er es doch einfach nicht lesen, weglegen oder wenigstens sachliche Kritik üben. Über den Kleidungsstil und Glaubensfragen herzuziehen, dabei auch noch so verletzend und unsachlich zu formulieren, zeugt von derartig schlechtem Stil, daß ich mich frage, wie Sie diesen Beitrag überhaupt auf Ihre Seite stellen können!

Sie sollten Herrn Roth mal fragen, was in seinem Leben alles so fürchterlich falsch gelaufen ist, daß er so haßerfüllt andere Menschen vernichtend beschreibt. Ich kann nur Verärgerung und Mitleid für ihn empfinden. Wenn wir jedoch etwas für Herrn Roth tun können, damit er sich besser fühlen kann, lassen Sie es uns doch bitte wissen. Mir tut es immer so leid, wenn jemand ohne Scham und Toleranz durchs Leben läuft und nur dazu beitragen kann, die Stimmung zu verpesten!

Gruß aus Köln
[…]«

11 Flaschen

Der Dichter Bora Ćosić bezeichnet den Fußball als »die liebenswerte Kunst des menschlichen Herzens«, und viel Gutes berichtet er »vom Bier, dem neuen Getränk der Menschheit«, das, obwohl Bier das älteste Kulturgetränk der Menschheit ist, labt und verjüngt, zusammenbringt und tröstet, begeistert und ernüchtert – sofern man ein schlechtes Bier erwischt hat.

Alle genannten Eigenschaften treffen gleichermaßen auf den Fußball zu. Ein gutes Fußballspiel labt, verjüngt, begeistert und bringt die Menschen auf liebenswerte Weise zusammen. Die Trostlosigkeit eines schlechten Fußballspiels ernüchtert fürchterlich.

Der Fußballhistoriker Dietrich Schulze-Marmeling hat also recht: »Die Ehe von Fußball und Bier durchlebte womöglich manche Krise, aber […] wahrscheinlich harmoniert sie heute sogar so gut wie nie zuvor.« Allerdings sind Stadionbiere und die bisweilen von großen Brauereien ausgegossenen Dosensoßen in der Regel Trennungsgründe. Erwähnt seien die mit Vereinswappen verzierten Abfüllungen VfB 1893 Fan Bier, 1. FC Kölsch, HSV-Pilsener oder 1. FCN Pils.

Angeraten sei daher, sich vor dem nächsten Match folgenden WM-reifen Elferpack »reinzuschrauben« (M. Sailer): Karg – Bass, Pöllinger, Streitberg, Unertl – Rössle, Salmon, Wohn, Nette – Samba do Brasil, Waitu.

Danach dürfte Ihnen das Ergebnis herzlich egal sein.

Es ist des Leidens nun genug

Am 26. Januar 2004 war in Aachen das berühmte Geisterspiel zwischen der Alemannia und dem Club, dem so ruhmreichen wie zuzeiten ruinösen 1. FC Nürnberg, über die Bühne gegangen, und exakt drei Monate danach, am 26. April 2004, hatte die Legende vom Valznerweiher durch ein 3:0 über Aachen den Aufstieg in die erste Liga so gut wie geschafft – zum sechsten Mal nach 1978, 1980, 1985, 1998 und 2001.

Günther Koch hegt allerdings seine Zweifel, ob den Cluberern, wie er die Weinrot-Schwarzen bisweilen liebevoll nennt, in der kommenden Bundesligasaison eine neue güldene Spielzeit bevorsteht: »Ob der Club drin bleibt, weiß ich wirklich nicht, denn da hat man schon zu oft erlebt, daß er doch wieder abgestiegen ist.«

Der scheinbar endlose Aufstieg des am 4. Mai 1900, also ziemlich haargenau hundertvier Jahre vor der neuerlichen Rückkehr in die Eliteklasse gegründeten FCN begann mit der ersten Meisterschaft 1920. Rasch folgten vier weitere Titel, in der Summe des historischen long run heimsten die flinken Brüder deren neun ein, bis man sich unter Mithilfe des Meistermachers Max Merkel 1969 als amtierender Titelträger dann endlich mal und fernere Debakel antizipierend aus dem Oberhaus verabschiedete.

Die jahrzehntelang währende Magie all der edlen Namen von Bumbes Schmidt und Hans Kalb bis zu Edi Schaffer und Max Morlock war da längst verblaßt. Auch spätere Sympathen wie Yogi Lieberwirth und Dieter »Hauptsach isch doch, daß i meine Kickschuh dabi hab« Eckstein, die halfen, den FC Bayern 4:0 niederzumachen, konnten den Verlust der Größe nicht kompensieren.

Heute mangelt es vorderhand an passablen Torhütern. An einen Heiner Stuhlfauth oder einen Andi Köpke darf man in Nürnberg nicht mal denken. »Also, ich befürchte«, meint Günther Koch, »daß der Club ein Torhüterproblem kriegt. Und das wär' was ganz Neues. Bisher war der Torhüter immer der Beste, egal, ob das der Köpke war oder der Kargus war – oder wer bei welchem Abstieg auch drin stand.«

Magere Aussichten. Und erinnert man sich mahnend nur an die jüngere Vergangenheit, könnte einem angst und bange werden. Vor zehn Jahren, am 7. Mai 1994, kämpfte der Club in Dortmund um das oft beschriene sportliche Überleben, und was da – trotz Andi Köpke, der sogar ein sicherer Elfmeterschütze war – passierte, hören wir von Günther Koch:

»Strafstoß gegen Nürnberg im Westfalenstadion in Dortmund, und jetzt, jetzt fällt eine Vorentscheidung – Michael Zorc gegen Andreas Köpke, der Ball liegt nicht auf dem Punkt! Der liegt vor dem Punkt! Das sieht man ganz klar. Aber der Schiedsrichter gibt ihn frei, jetzt kommt der Anlauf, und der Köpke haaat iihn gehaaaalten! Super, Köppiii! Nachschuß!! Achtung!!! Auf der Linie!!! Tooor!! Die ham ein Pech, die Jungs, die ham so viel Pech!! Auf der Linie haut er ihn statt raus unter die Latte, der Uwe Wolf!, und jetzt sitzt er da wie ein begoss'ner Pudel, und was soll man da noch sagen!«

Wegweisend in jener für die Geschichte des Auf und Ab symptomatischen Saison, für eine Geschichte, die 1996 durch den Abstieg in die Regionalliga Süd vorläufig gekrönt wurde, war die 1:2-Niederlage vom 23. April 1994 gegen den Erzfeind aus München gewesen. Günther Koch mußte im Olympiastadion nicht nur mit ansehen, wie der untadelige Thomas Helmer ein Phantomtor erzielte, ihm schwante zudem Unheil aus den eigenen Reihen:

»Und Manni Schwabl legt sich den Ball hin, ouu, das halt' ich nich' für goud, der Manni und Elfmeterschütze, das ist zwei Jahre her, daß der den letzten Strafstoß schoß – gegen Auuumann, Manni Schwabl gegen Aumann, Nürnberg gegen Bayern! Jetzt geht's um die Wurscht! Manni Schuß – und: gehaaalten! Ich hab's gewußt! Ich hab's gewußt! Das – habe – ich – gewußt!«

Zum Glück weiß die Chronik auch über erfreulichere Ereignisse zu berichten, selbst wenn dem Club gerade einer der eine geraume Zeitlang gern genommenen Provinzphantasten und schwergewichtig unternehmerischen Geldumschichter vorstand. Präsident Gerd Schmelzer vermochte es 1985 nicht zu verhindern, daß Trainer Heinz Höher die Mannschaft vom Tabellenende der zweiten Liga in die erste Liga führte. Der entscheidende Treffer des rustikalen Burschen Thomas Brunner gegen Hessen Kassel – damals übrigens vom heutigen Aachen-Coach Jörg Berger betreut – gehört zum Goldschatz der Nürnberger Kollektivpsyche. Günther Koch wird, erzählt er, »andauernd angesprochen auf die Reportage mit dem Aufstieg '85 – die auch ausgezeichnet wurde –, als der Club gegen Hessen Kassel in einem Quasi-Endspiel das dritte Mal aufstieg.« Was sich folgendermaßen anhörte:

»Und jetzt kommt noch mal das Kraftpaket aus der Oberpfalz, der Thomas Brunner. Gibt nicht ab! Läuft alleine! Vielleicht unterwegs zum 2:0. Noch sechzehn, noch fünfzehn, noch vierzehn, noch dreizehn, noch elf – Toooooooooor! Bun-des-li-gaaa!«

Bun-des-li-gaaa! Welch selig singendes Wort! Welch schmerzlösende Wonne tönt einem da noch heute aus Günther Kochs gnadenreichem Diskant entgegen! Wer indes in Nürnberg von Bundesliga spricht, der spricht sich, wie von einem höheren kafkaesken Gesetz verfügt, zugleich gegen sie aus. Anders ist nicht zu erklären, daß es der Club im Mai 1999 tatsächlich fertigbrachte, am letzten Spieltag vom zwölften Tabellenplatz ins Nichts zu stürzen und den unmöglichsten Abstieg der Fußballweltgeschichte ins Werk zu richten.

Als legendärer noch als die lebende Legende 1. FC Nürnberg darf gelten, was Günther Koch in der ARD-Schlußkonferenz mit sich überschlagender, mit fast versagender Stimme über den Äther schickte – und zwar in einem Moment, als plötzlich wieder Hoffnung genährt ward:

»Toor in Nürnberg! Tooor! Tooor! Toooor in Nürnberg! Ich pack' das nicht!! Ich halt' das nicht mehr aus!! Ich will das nicht mehr seh'n!! Aber sie ham ein Tor gemacht! Ich glaub' es nicht, aber der Ball ist drin! Ich weiß nicht, wie!! Kopfball von Nikl! Die Leute ham's gehört, daß Frankfurt vorne liegt, daß Rostock vorne liegt! Jetzt liegt der Ball im Netz! Nur noch 1:2!! Ich halt' das nicht mehr aus! Nein, es tut mir leid!!«

»Ich melde mich vom Abgrund«, orakelte Koch wenig später, und der Seher sollte recht behalten. Glauben wir allerdings dem Sänger aus Nürnberg-Langwasser, hätte er allein die Katastrophe abwenden können – nicht durch bloße Beschwörung, sondern durch handfestes Einschreiten, was die Geschichte der Bundesliga und die Pleitengeschichte des FCN um eine singuläre Volte bereichert hätte.

»Durch eine unsinnige, blöde Verordnung durfte im Stadion niemand, inklusive der Spieler, erfahren, wie's in den anderen Stadien steht«, erinnert sich Koch. »Die drei-, viertausend, die Radios dabei hatten, die wußten mehr. Aber das waren zu wenige – bei 40.000. Wenn ich da also runtergegangen wär' in der zweiten Halbzeit, während der Mammutkonferenz, und hätte da unten, am Spielfeldrand, meinen Tanz aufgeführt und hätte die Hände überm Kopf zusammengeschlagen und hätte den Spielern bedeutet, daß es den Berg hinabgeht, dann hätten die wahrscheinlich noch mal aufgedreht.«

Günther Koch wird auch in der kommenden Bundesligasaison das Mikrophon aufdrehen und empathisch und kritisch die riskanten Auftritte des Club begleiten – in Tuchfühlung zu den weiß Gott geprüften Anhängern und notgedrungen eingedenk dessen, was z. B. vor zehn Jahren geschehen war:

»Neulich hat mich einer angesprochen, ja, er weiß heut' noch, wie Anno '94, obwohl der Club einszwei hinten lag in Dortmund, ich geschrien hab': ›Club-Fans, bleibt ruhig, er ist noch nicht verlor'n!‹ Da hab' ich gelogen. Mir war klar, daß er verloren ist. Aber ich hab' halt gehofft –, ich mußte ja die Fans irgendwie trösten, denn da hat man ja auch 'n Stückchen Verantwortung.«

Das Jahr 2004 ist jedoch untrüglich nicht das Jahr 1994. In jedem Neuanfang liegt ein Zauber. Möge er nicht abermals durch das alle Freude verleidende Leiden am Gemurkse auf dem heiligen Rasen des Frankenstadiums zerstieben. Es ist des Leidens nun genug, auf allen Seiten.

Ganz große Schweine (und Säcke)

Vor genau zehn Jahren, 1994, wenige Tage vor jenem erhebenden Weltmeisterschaftsturnier in der Sportart Fußball, in dessen Verlauf der Mittelfeldspaziergänger Stefan Effenberg dann seinen eigens kreierten Fuckfinger in Anschlag brachte und deshalb von B. Vogts und E. Braun vorzeitig in die geliebte Heimat zwangsverschickt wurde, hatte der damalige *Titanic*-Redakteur Gerhard Henschel vor dem Hauptquartier des Deutschen Fußball-Bundes ein extrem gewaltloses Sit-in veranstalten lassen, um, dem Wohl des deutschen Volkes verpflichtet, der Forderung Nachdruck zu verleihen, den Mittelfeldregisseur Bernd Schuster stracks nachzunominieren. Erfolg der Aktion? Null. Das letzthinnige Resultat ist bekannt (Bulgarien).

Sechs Jahre später stellte es das Frankfurter Satiremagazin geschickter an. Im Juli 2000 versandte die Redaktion ein sprachlich und taktisch versiertes Fax an die Mitglieder des FIFA-Exekutiv-Komitees, die in Genf darüber brüteten, wer die Fußball-WM 2006 ausrichten sollte. Das Schreiben, das den hohen Herren im Fall der Wahl Deutschlands »really good sausages«, »a beer mug« und »a wonderful KuKu-Clock« versprach, verfehlte seine Wirkung nicht. In der entscheidenden Wahlrunde enthielt sich der neuseeländische Delegierte Charles Dempsey, dem das brisante Papier am Vorabend unter der Tür seines Hotelzimmers durchgeschoben worden war, der Stimme, und Deutschland obsiegte über Südafrika mit 12:11.

Deutschland dankte der *Titanic* und ihrem performanceleitenden Chefredakteur Martin Sonneborn den vorbildlichen vaterländischen Einsatz gleichwohl nicht. Am 8. Juli

2000 titelte *Bild*: »Gefälschte Bestechungsbriefe bei der WM-Entscheidung – Böses Spiel gegen Franz«. Der »geschmacklose Schwindel«, so das Blatt für Geschmackssicherheit und schwindelfreien Hardcore-Fakten-Journalismus, habe »die Grenze der Satire überschritten«. Deshalb veröffentlichten die Springer-Wahrheitshüter die Telephonnummer der *Titanic*-Redaktion und riefen ihre Leser dazu auf, den Bengeln mal richtig die Meinung zu arschgeigen.

Die Ergebnisse sind auf einer ethnologisch unschätzbar wertvollen CD nachzuhören. »Sie sind ein ganz großes Schwein, die *Titanic*!« stalinorgelte es da, oder: »Ich wollte nur sagen, daß ihr Arschlöcher seid. Danke.« – »Alle hinter Gitter! Meine Meinung«, brandete, brandredete und brabbelte es den »vaterlandslosen Gesellen« entgegen – resp.: »Ihr Schweine! Morgen geht eine Bombe hoch!« Was hieß: »Sie sollte man auswandern!« Bzw.: »Wenn ihr in Amerika wärt, dann wärt ihr direkt am Stuhl!« Im Grunde aber: »Im Rechtsstaat«, so ein sehr ordentlich beieinander seiender Anrufer, »gehören Leute wie Sie ins KZ.«

Seit diesem soziologischen Lehrstück sind vier Jahre vergangen. Gestern marschierte die in der Folge um Fußball- und Faschismusfragen ein wenig verlegene *Titanic*-Redaktion aber, wieder viertelwegs bei kerniger Gesinnung, neuerlich vor dem DFB-Bunker im Frankfurter Stadtwald auf und errichtete eine drei Meter hohe, dem Berliner Mahnmal nachempfundene Skulptur, auf der unter der Überschrift »Orte des Schreckens, die wir niemals vergessen dürfen« u. a. zu lesen ist: »Oxford 0:9 (1909), Wembley 2:4 (1966), Gijon 1:0 (1982), München 1:5 (2001), Bukarest 1:5 (2004)« und »Porto 1:7 (2004)«.

Das Mahnmal des deutschen Fußballs ist als, so Martin Sonneborn, »Gesprächsangebot« konzipiert, um den DFB noch kurz vor Kassensturz, d. h. unmittelbar vor EM-Beginn daran zu erinnern, daß er seinen Pflichten nachkommt. Das sei »ein ernsthafter Ansatz«, erklärte Sonneborn mit dem

Megaphon in der Hand. »Wir haben die WM 2006 nicht ins Land geholt, damit der DFB den deutschen Fußball kaputtmacht!« Deshalb ergingen an den Verband, der die *Titanic* vor vier Jahren auf 600 Millionen Euro verklagen wollte, acht Forderungen in granitener dialektischer Logik. »Rudi Völler ist ein netter Mensch und muß sofort gegen Ottmar Hitzfeld ausgetauscht werden«, heißt es z. B., oder auch: »Spielernamen wie ›Lahm‹ oder ›Hinkel‹ werden in vernünftige Namen geändert!« Vor allem nach dem Ungarn-Spiel klingen derartige Adressen mehr als plausibel. Deshalb versicherte Sonneborn für den Fall der Mißachtung: »Die Redaktion der *Titanic* behält sich vor, rechtliche Schritte gegen den DFB einzuleiten.«

Man möchte gar nicht näher darüber richten und berichten, was im finstren Wald an der Otto-Fleck-Schneise geschehen ist. Dennoch wünschte man sich, Wolfgang Niersbach bezöge fürderhin Stellung wie ein »Profi«, d. h. nach Maßgabe besagter Beschimpfungs-CD, und ließe vom Funktionärsstapel: »Der Sonneborn, der ist doch schwul! Und der Gärtner ist auch schwul! Das gehört doch verboten! Widerlich und ekelhaft. Der Tschornalismus ist auch nicht mehr das, was er mal war.«

Genau. In 'n Gulag! Aber hurtig! Aber dalli!

Akte Lettland

1. Akt. DSF. Die Mehrheitsmeinung lautet, man werde »die Letten plätten«. Außenreporter Thomas Helmer bastelt ein Lettentor aus einer Packung Lätta-Margarine und vermeldet: »Nowotny hat sein Handy noch aus.« Ein Zuschauer tippt via Internet 6:0. Hans Meyer, die Weltvernunft, wundert sich darüber, »was unser großes Fußvolk so schreibt«. Vorhang.

2. Akt. Das Amt Ahnenerbe ermittelt in der Angelegenheit Kahn. Ein Zuschauer gibt am Telephon die Marschroute aus: »Die Letten schlagen wir, indem wir mehr Tore schießen als die Letten.« Helmer wettet, daß Bobic drei Tore schießt. Die Tageszeitung *junge Welt* entdeckt das »dialektische Gesetz von der Einheit der Gegensätze«: »Eine Mannschaft spielt nur so gut, wie die andere sie spielen läßt.« Ab in die Werbung.

3. Akt. Das DSF-Phrasenschwein füllt sich auf Geheiß des Moderators Buschmann nun auch beim Einsatz von Klischees. R. Honigstein berappt drei Euro für die Empfehlung, beim Fußballgucken Chips zu trinken und Bier zu essen. Wir machen eine kurze Pause.

4. Akt. Netzer: »Ich sage 2:0.« Bode: »Ich sage 2:0.« Wir gehen in die Splitscreenwerbung.

5. Akt. »Der Turniervöller« *(stern)* stellt Bobic auf. Die lettische Kneipenbedienung mauert sich zu Hause ein. »Netzers Friseur gehört gesteinigt«, versachlicht Friseur E. die Diskussion. Waldi H. übermittelt letzte Informationen: »Ich darf Sie beruhigen, der Kapitän sitzt im deutschen Bus.« Wir lassen die Luft aus den Gläsern.

6. Akt. Der Lette muckt auf. Herr B.: »Was soll das?« Herr L.: »Na ja, Turniermannschaft.« Eine Frau in der Nähe der Videoleinwand: »Fußball is' was zum Fühlen.« Wir merken uns das.

7. Akt. Herr H. staunt während der Pausenwerbung, die einen Schauspieler als Fußballer zeigt: »Bow, die Letten stell'n sich in der Halbzeit!« Ab unter die Dusche!

8. Akt. »Im alten deutschen Fußballdeutsch« (W. Hartmann) gefragt: Wann wechselt »Rudirallala« *(Bild)* Supiskibbe ein? Das Spiel endet torlos. Das wird ein Nachspiel haben.

Epilog. »Es wird so lange georgelt, bis die Kirche aus ist.« (MV) Die *BamS* tobt: »Sind wir noch zu retten?« – »Irgendwelche fadenscheinige Analysen« (Kahn) helfen nicht mehr weiter. Mehrere Männer machen sich Gedanken und finden heraus, daß Deutschland in einem doppelt singulären Fall mit zwei Punkten weiterkommt, wenn wir 2:3 verlieren und Holland parallel 0:0 spielt. Dann entscheidet nämlich der Würfel Mayer-Vorfelders.

Der Taktvolle

Vor etlichen Jahren saßen Bernd Eilert, Eugen Egner und ich auf einem Fest des verschiedenen Zürcher Haffmans Verlages beieinander und überlegten, wer denn ein freundlicher, ein humaner Schriftsteller sei – wohlgemerkt nicht durch seine Texte hindurch, als Schöpfer eines pfleglich behandelten Personals, sondern als Realperson, als Alltagsmensch.

Viele fielen uns nicht ein. Auf Tschechow und Svevo konnten wir uns einigen, auf eine Hundertschaft von Pinseln und Quälgeistern freilich genauso.

Damals hatte ich Ror Wolf persönlich noch nicht gekannt, einen meiner drei Hausheiligen unter den Gegenwartsdichtern. Ich hatte immer regelrecht Manschetten, Kontakt zu ihm zu suchen oder ihn gar aufzusuchen, obwohl er nur eine halbe Eisenbahnstunde von mir entfernt lebt, im gar nicht mal so herrlichen Mainz. Es brauchte später schon die Vermittlung von Eckhard Henscheid, eines alten Freundes von Ror Wolf. Er annoncierte ihm per Postkarte, daß ich mich einmal telephonisch bei ihm melden wolle. Das tat ich dann auch, nervös, täppisch. Das Telephon ist eine großartige Erfindung. Ohne den Distanzapparat Fernsprecher hätte ich Ror Wolf nie tête-à-tête kennengelernt.

Meine erste Begegnung mit dem Wolfschen Grandiosœuvre war – wahrscheinlich wie bei den meisten – über seine Fußballcollagen und -bücher zustande gekommen. Es war eindrucksvoll, wie Wolf sich in diesem irisierenden Welttheater bewegte, mit großer Liebe zu den wirklichen Anhängern dieses Spiels, aber auch mit Spott gegenüber dem nie endenden semantischen und semiotischen und körperkraftvollen Ereignis aus Irritation, Glück, Chaos und schlichter menschlicher Doofheit. Bis heute sind Wolfs Fußballbücher Solitäre, gleich seinen Romanen, Erzählungen, Prosaminiaturen und Gedichten. Sie sind ungewöhnlich glanzvoll und auf eine schwer beschreibbare Weise alterslos – Kunstwerke, prall gefüllt mit Gegenwart und daher zeitgebunden – und dennoch legiert mit einem überzeitlichen Firnis aus – ja, aus was? Aus »Bejahungen« und »Anfeuerungen« (Brigitte Kronauer), aus wundersamen Geschichten und Perioden, aus Reimen und Bedeutungskonvulsionen, aus beunruhigender Katastrophenschlündigkeit und lösender Komik von wärmender Leichtigkeit.

Für mich kamen die Hörspiele hinzu, die akustischen Expeditionen vom *Chinesen am Fenster* bis zu *Leben und Tod des Kornettisten Bix Beiderbecke aus Nord-Amerika*: Revolutionen, wenn dieses grobe Wort gestattet sei, der Gattung, mitreißende Reisen durch die sensationelle Welt der Töne, Geräusche, Stimmen und der Jazzmusik, die Ror Wolf beinahe noch mehr liebt als den Fußball, den er bis heute, das darf ich verraten, sehr schätzt, besonders seine Frankfurter Eintracht, auf deren Cheftrainersessel er doch einmal, wie Eckhard Henscheid vermutet, Platz nehmen wird, um ihren Untergang abzuwehren.

Natürlich freue er sich, wenn ich ihn besuche, sagte Ror Wolf damals, als ich es geschafft hatte, seine Nummer zu wählen, und es sagte dies eine schon legendär warmherzige Stimme, die in ihrer Radioaffinität derjenigen von Wolfs Freund Christian Brückner nicht nachsteht. Ich weiß nicht, ob Ror Wolf das gerne hört oder nicht, doch er ist tatsächlich jener »gentile Herr«, als den ihn Eckhard Henscheid 1987 im *Merkur* porträtierte, ein Mensch auf jeden Fall, dem die vom Literaturbetrieb scheinbar naturgesetzlich geforderte Holzhacker-, Aufmischer- und Hahnenkampfmentalität zuwider ist.

Gleichwohl, auch der sanftmütige Ror Wolf, dem als Suhrkamp-Autor nicht annähernd die Aufmerksamkeit widerfuhr, die die Öffentlichkeitsstrategen M. Walser und P. Handke organisierten, kann deutlich, manchmal sogar ausgesprochen zornig werden. Wolf könnte deshalb z. B. eine richtige Geschichte der Gruppe 47 schreiben, in der er sein Romandebüt aus dem Jahr 1964, *Fortsetzung des Berichts*, vorstellte. Oder er könnte über seine Verleger schreiben, und vielleicht tut er das irgendwann einmal. Es würden dann zahllose literatursoziologische und literarhistorische Darstellungen überflüssig werden. Behaupte ich mal.

Seit ich von Ror Wolf an seiner Mainzer Wohnungstür empfangen wurde, weiß ich, wer zu den Taktvollsten unter den Dichtern zählt, von denen es nicht viele gibt – nicht viele wahre Dichter, nicht viele taktvolle Dichter. Und ich weiß, daß Ror Wolf heimlich weiter Fußball schaut, und zwar am liebsten meine Lieblingssendung, den unsinnigen und zuweilen mirakulös komischen Expertentalk auf DSF, das sonntägliche Frühschoppengebabbel *Doppelpaß*.

Womöglich stimmt Eckhard Henscheids These von der »Unio von Leben und Werk«, von Komik und Kalamität, von Artistik und Alltagsnoblesse. Was aber ganz sicher stimmt, ist, daß Ror Wolfs Prosa, ob tönend oder nicht, ist, was man selten sagen kann und sagen sollte: einzigartig. Ich stehe, ich gestehe es, in einem Adorationsverhältnis zu ihr, und wenn ich einen Satz herausrupfen darf aus *Pilzer und Pelzer* oder *Danke schön. Nichts zu danken* oder den *Raoul-Tranchirer-Ratschlägern* oder aus den *Nachrichten aus der bewohnten Welt*, dann evtl. aus Zufall diesen: »Wir setzen irgendein Ereignis im Mai voraus, von dem wir später berichten werden.«

Schlatophisch

Johann. Ba. Kerner, ein hochgradig »geschwerleidiger« (Katharina Rehse) Fall von verbaler Inkontinenz, rhetorischer Intransigenz und glänzendem Fernsehfaselgeist, um nicht zu schreiben: von kommunikativer Brillanz, ein Mann mit der begnadeten Befähigung zu rednerischen Bravouraufführungen par excellence und – nein, so sollte eine Glosse ja eigentlich nicht beginnen.

Man müßte eher ein paar Worte über die allgemeine oder immerhin partiell gravierende Abwehrschwäche im europäischen Fußball verlieren, aber es stehen noch weit gewichtigere Erörterungen an.

Wer etwa, wie unlängst in drei Kneipen gesehen, die Pissoirs über dem Abfluß mit Tipp-Kick-Toren und -Torhütern bestückt, auf daß der männliche Gast gezwungen wird, die wohl stimmigste aller Spielzeugerfindungen zu schänden, ist »mit dem Bügeleisen gepudert« (H. Fischer-Solms) und als Wirt ein Versager, wenn nicht sogar ein übler Hund. Menschen, die meinen, hier einem »witzigen« Beispiel der popkulturellen Alltagssemiotisierung des Fußballs o. ä. zu begegnen, sollen nach drüben gehen.

So. Wir nutzen diese Glosse für einen Literaturhinweis. Die Verlagsdruckerei Boyens gibt eine Heftreihe mit dem Titel *Fußball – Notizen vom Rand des grünen Rasens* heraus. Sie versammelt angenehm proportionierte Aufsätze zu Problemen wie »ZeitRaum Fußball«, der »Haßliebe zwischen Wort- und Ballkünstlern« oder den körperlichen Abgründen des Fußballs. Eine Kaufaufforderung sprechen wir aus ethischen Gründen nicht aus, empfiehlt sich jedoch. Rückschaltung in den laufenden Text.

Auf der Zunge meiner Seele brennt das Verlangen mitzuteilen, daß das Nichtansehen eines EM-Spiels große Vorzüge in sich birgt. Statt vor der Kiste sitzt man auf einer Sommerterrasse und erfindet Wörter, die im Deutschen schmerzlich vermißt werden, z. B. das Wort »schlatophisch« (K. Rehse) als Bezeichnung des Gegenteils von »durstig« (vgl. analog »hungrig« vs. »satt«). Man erhält dann hinterher auch keine Anrufe von Fußballfernsehreportern, die in Glossen nicht vorkommen oder nur in solchen Glossen erwähnt sein wollen, die Franz Josef Wagner *(Bild)* verfaßt und in denen es ungefähr heißt, Joh. Bap. Kerner sei überhaupt der Beste, Tollste und demzufolge, schätze ich mal, Gottes erster Gnadensohn.

Möge das sein oder nicht sein, wie es sei oder nicht sei, Johnny Kerner wünschen wir, daß er sich nie schlatophisch fühle und immer Hunger auf einen kräftigen Schluck Fußballreportage verspüre, so daß wir uns schon beim nächsten Testspiel der deutschen Nationalkegelrunde wieder wie Bolle freuen und ergebenst übergeben können.

Napoleon hielt nicht Händchen

Der Streit, ob sie eins seien oder nicht: Ernst und Spaß, Leben und Spiel – scheint noch nicht entschieden. »Fußball, das ist das Leben«, behauptet Peter Neururer, Günter Netzer schlägt quer und behauptet: »Leben fängt an, wo Fußball aufhört.« »Der Ball hat keine Seele, der ist leblos«, eruierte messerscharf Bundestrainer Helmut Schön, und Gyula Lorant dehnte den muttererderunden Lebensaspekt negationistisch ins tödlich Arithmetische der anything, Leben und Spiel, potentiell bestimmenden puren Aleatorik: »Wäre der Ball nicht rund, wäre er ein Würfel.« Worauf Peter Handke zu grübeln begann und folgende ungetrübte Sicht der Dinge außerhalb des Irrealis einreichte: »Die Kugelform des Fußballs ist gerade zu einem Symbol des unberechenbaren Zufalls geworden.«

Gott würfelt nicht, dekretierte der Trainer aller Trainer, Schorsch Einstein, und meinte wohl, daß beim Spiel, da es einen geordneten Kosmos zu schaffen gelte, ein Plan, eine strenge Absicht nicht schlecht wäre und die heitere Kunst des schillerschen Ästhetengeschlechts eher außen vor zu bleiben habe usf. Dem widersprach der irgendwie für eine sozialistisch-spontaneistische Spielartistik als Paradigma des aus dem Leben frei geborenen Ballkünstlertums eintretende César Luis Menotti; verließ jedoch gelegentlich diesen Begriffsboden, machte seinem ersten Vornamen große Ehre und dozierte: »Napoleon Bonaparte war der beste Trainer der Geschichte. Für seine Feinde war er immer für eine Überraschung gut. Er ließ sich immer wieder etwas Neues einfallen und konnte seine Truppen anfeuern wie kein zweiter. Er hatte Fortune und ein Konzept.«

Sein Waterloo erlebte indessen der Leben und Spiel zum Krieg, zum blutigen Gemetzel hochstapelnde Sepp Herberger, der Karl Valentins Wort vom »Fußball-Länderkampf« bei der chilenischen Panzerweltmeisterschaft 1962 zu ernst nahm; deshalb verlegte er sich auch schnell neuerlich mehr auf lockere Sprüche wie »Tore schießen und verhindern – das ist die einzige Forderung.« Um prompt abzuheben und das ganze schwierige Thema zu spiritualisieren: »Fußball wird nicht nur auf dem Boden gespielt.«

Auf dem Boden der Tatsachen die Lufthoheit über die Gedanken des Gegners zu gewinnen – das ist Fußball. Hier findet das Spiel sein Ziel, mitten im Leben, das Leben transzendierend, steigernd zum Rauschevent und täglichen Karneval. Ebenda harrt das Rätsel Fußball der Enträtselung, liegt das »Geheimnis Fußball« (Chr. Bausenwein) verborgen. Bzw. wußte eigentlich natürlich nur der Merkel Max, wo der Hammer hängt – und synthetisierte das ewige Telos der Gattung mit dem Sinn des Spiels: »Das Geheimnis der Anziehungskraft dieses Spieles liegt im Schuß aufs Tor. Es ist wie bei der Liebe. Was vorher ist, kann auch sehr schön sein, aber es ist nur Händchenhalten. Der Ball muß hinein.«

Wogegen Jürgen Sundermanns Erkenntnis »Vorne fallen die Tore« geringfügig abfällt, ja abschmiert. Sapperlot!

Die Verweigerung des Taschentuches

Ist das prima und prickelnd, sich post festum als Schlaumeier ersten Ranges in die Brust werfen zu können! Kein einziger, in Zeitlupenwortwiederholung: kein – ein – zi – ger aus der Armada der Experten und prominenten Propheten hat einen auch nur annähernd richtigen Tip über die Endspielbesetzung der Europameisterschaft 2004 abgegeben, während meine Wenigkeit bereits am 14. Juni kalt lächelnd zwei Euro dreiundvierzig auf Griechenland als Titelgewinner gesetzt hat, was man mir durchaus nicht glauben darf.

Von Michael Schumacher und Otto Schily über den immer fachmännischer dreinblickenden Sönke Wortmann bis zu Anni Friesinger – keiner und keine der laut dem Hochschmutzmagazin *BUNTE* von Jahr zu Jahr kenntnisinniger auftretenden Herren und Damen hatte Gastgeber Portugal auf dem Schmierzettel, geschweige denn diese seltsamen Hellenen unter ihrem täglich neu gekrönten König und Kaiser und Kasper Otto Schily oder Franz Rehhagel – oder wie der jetzt gerade wieder heißt.

Wie eben die besagten Voraussagen allesamt im Prinzip auf das aus dem Schwächehinterhalt hervorpreschende und erbarmungslos zuschlagende Deutsche Siegerreich oder aber Frankreich zumarschierten, welche beiden Achsenmächte des Weltfußballs allerdings eher pazifistisch die Waffen strecken mußten und sich zu Hause um neue Fürsten und Feldherren kümmern können.

Eine in diesem engeren und im allgemeinen Dauerdiskurssinne nun dringlich nötige »Reformdiskussion auch im deutschen Fußball« mahnte Reinhold Beckmann während der Schlußminuten der Partie gegen die Tschechische Republik an – was ungeachtet des von der *Bild*-Zeitung hochgejuckelten »neuen Wir-Gefühls der Europäer«, das »ausgelöst« worden sei »durch die superschöne, megafriedliche EM«, umgehend eine Reihe von weiteren Galaauftritten des untadeligen Aussitzers, Rumsitzers und Rumtrinkers Mayer-Vorfelder nach sich zog, der alsdann die weisen Worte Katharina Rehses vielfach und formunschön aufs eindrücklichste bestätigte, der Fußballsport diene neben der »Verweigerung des Taschentuches« – vulgo dem Herumrotzen auf dem Rasen – ausschließlich als Anlaß zum in letzter Konsequenz ergebnisunabhängigen »Siegessuff« oder halt doch »Frustsuff«.

Auf daß das deutsche Volk in näherer Zukunft seltener zum Tränentaschentuch wird greifen müssen und der altdeutsche Brauch des Siegessuffs, -taumels und -terrors neuerliche Urständ wird feiern dürfen, sei unserem momentan braungebranntesten Affärengenie, Halstuchträger und Alleingänger Mayer-Vorfelder nach Ottmar Hitzfelds kluger Burn-out-Absage empfohlen, weder Daum noch Loddel Matthäus, weder Rehhagel noch irgendeinen Reichsfremden anzuwerben, sondern endlich Ror Wolf zum Nationalcoach zu berufen, mit einem Co-Trainer Eckhard Henscheid. Die beiden haben schon 1974 Bernd Hölzenbein per *FAZ*-Interview in die Mannschaft gehievt und uns den Titel beschert. Nichts anderes erwarte ich für 2006.

Dem heuer jedoch abermals auf Grund eines nicht mehr rekonstruierbaren Versehens zur Europameisterschaft entsandten Reporter Johannes Kerner sei ein Motto mit auf den weiteren Berufsweg gegeben, das ich just einer zufällig aufgeschlagenen »Gebrauchsanweisung für das Leben« entnehme: »Dem blökenden Schaf fällt das Futter aus dem Maul.« Oder, wir wollen nicht ungerecht sein, dieses: »Ein Kluger bemerkt alles. Ein Dummer macht über alles eine Bemerkung.«

So ist es, so wird es in Zukunft sein. Zum Glück. Denn »zu einem gelungenen Fernsehabend«, vertraute Béla Réthy der *Frankfurter Rundschau* an, »gehört auch, über den Reporter schimpfen zu dürfen.« Verdammt und zugenäht noch mal: ja!

Vorschlag

Da doch heute praktisch alles, was mit menschlichen Verrichtungen zu tun hat, im Rahmen sportlicher Wettbewerbe zum Ereignis aufgewertet werden muß, flankiert von Weltverbandsstatuten und großartigen Funktionärsgremien, die immer größer werden und ständig neue Aufgabenfelder suchen, schlage ich der Weltsportbehörde vor, nächstes Jahr, da weder olympische Spiele noch Fußballweltmeisterschaften zu betreuen und abzuwinken sind, die Zungenbelagweltmeisterschaften ins Leben zu rufen. Ich seh' mich nach der letzten »Sitzung« bis halb acht und dreieinhalb Schachteln Lukkies »ohne« schon ziemlich weit vorne, ungefähr auf dem Goldrang. Wenngleich mein Belag eher ins Silbern-Bronzene tendiert. Aber daran läßt sich ja dann auch noch arbeiten.

Der Rummenigge-Brunnen

Es ist in der deutschen Publizistik ein enormer Mangel an Aufmerksamkeit für die Stadt Lippstadt nicht zu übersehen. Warum?

Hat das mit der mißlichen Lage Lippstadts zu tun? Mitnichten. Lippstadt liegt unfaßbar unauffällig und brav im eher nördlichen Teil der Republik herum und wäre nicht Lippstadt, wenn es nicht Lippstadt wäre und sich nicht – in erbitterter Konkurrenz zu einerseits Paderborn und andererseits der Hammermetropole Hamm (Westfalen) – in der Nähe des Hellweges und des Haarstrangs sämtlichen Eindringlingen und Marodeuren aus dem schon historisch gesehen irreversiblen Umland erwehren würde. So nimmt nicht wunder, daß die Lippstädter Führungsriege um den sozialdemokratischen Bürgermeister Jakob Köhnen jahrzehntelang alle verfügbaren Kräfte darauf konzentrierte, die Übernahme der Stadt und ihrer Institutionen, etwa des Rathauses und des Bernhardbrunnens, durch den Paderborner Puffkönig K. Wetzel in einer unerbittlichen mentalen Abwehrschlacht entscheidend zu verhindern. Gelungen ist dies, sofern der zwischen frühgotischer Stiftsruine und Palais Rose schweifende Augenschein nicht trügen möchte, wohl kaum, aber fast. So daß Lippstadt vorerst aufatmet und sich anderen Fragen der Daseinspflege widmet.

An vorderer Stelle steht dabei die tägliche Propaganda gegen die Sausäcke aus Soest, die Ödekel aus Oelde und die Geldesel aus Gütersloh. In einem solchen flachen Dreieck aus elementarer Ungunst, agrarischer Prostitution und fiskalischer Paralyse sich als Kommune und Stadt zu behaupten, kommt einem permanenten, beinahe unmenschlichen Akt der Auflehnung und Zuwiderhandlung gegen jede nur denkbare

Sitte gleich. Über die genaueren diesbezüglichen Maßnahmen schweigt sich das Rathaus zwar aus, doch auch dem Ortsunkundigen, der zwischen Heller Halle und Dunkler Halle umherwandelt, wird nicht entgehen, daß ein gerüttelt und geschüttelt Teil der hiesigen Bevölkerung eine »kleine Schramme an der Birne« (Udo Lattek) sein eigen nennt. Deshalb, womöglich, wendet die – zumal publizistische – Welt sich von Lippstadt zusehends ab und interessanteren Vorfällen in Telgte, Melle, Brake, Lage, Bünde und Anröchte zu.

Erhebliche Impulse für das Fortkommen Lippstadts, der Heimat des Orgelbauers Patroclus Möller aus Lippstadt, der ursprünglich vom weiter östlich verorteten Borgentreich in die Jahrhundertstadt der Überschwemmungen, Lippstadt mithin, hinüberwechselte, versucht dessenungeachtet die in der Geiststraße ansässige Buchhandlung *Egner* zu vermitteln. Das seelische Brainpowering und die hirnchemische Stabilisierung der Lippstädter Bürgerschaft mit hochwertiger Literatur allerdings scheinen kaum anzuschlagen. Rund ums Kiskerwehr werden zunehmend dunkle Bewegungen registriert. An der Nördlichen Umflut fiel neulich eine Gans um, und der Bürgerbrunnen vor dem Stadtpalais zeigt deutliche Spuren von nichts.

Was Lippstadt gleichwohl in Bälde und Zukunft ein gewachsenes Gewicht im Fokus der Öffentlichkeit zuschustern könnte, ist nicht die Tatsache, daß sich hier, inmitten eines recht einzigartigen mulchig-sozialdemokratisch-protofaschistischen Kartoffelschnapsambientes, Pastor Martin Niemöller hat gebären lassen; sondern der Fakt, daß diese fast keinen Vergleich scheuende Stadt zwischen Höxter und Bergkamen nicht einmal eine Fachuniversität hervorbrachte und statt dessen unweit des Bernhardbrunnens eine »Management Akademie« installierte. Das mag nicht viel bedeuten. Aber es weist, als Factum brutum, gewissermaßen auf das größte Bruderpaar in der Historie Lippstadts hin, auf die von Günter Grass in seinen Lippstädter Papieren verewigten Rummenigge-Brüder.

Nicht von ungefähr munkelt man, daß die Gebrüder Rummenigge hinsichtlich spezieller Aspekte der Ausdehnung des Lippstädter Politsumpfes immerhin nichts Nachteiliges bewerkstelligten. Michael, der jüngere der beiden Kickercracks, stand dann alsbald bei Borussia Dortmund unter Vertrag. Im Anschluß an den erfolglosen Abschluß seiner Karriere übernahm er höchstwahrscheinlich den Fanshop des BVB, bis er geläutert nach Lippstadt zurückkehrte und in der Langen Straße einen Sportartikelladen eröffnete, den er im Sommer des Jahres in die glänzendste Räumungsverkaufsphase der Geschichte Lippstadts überführte (minus 70%) und am 3. September 2005 für alle Zeiten unwiderruflich zusperren ließ.

Nicht wesentlich anders der Karl-Heinz. Mit Methoden errang er zweimal den Titel des Fußballvizeweltmeisters und 2002 den Posten des Vorstandsvorsitzenden der FC Bayern AG. Weil er von Jugendbeinen an den traditionsreichen Lippstädter Sport- und Freizeitgedanken zur Genüge verinnerlicht hat, versäuft er heute allsonntäglich die Einkünfte aus dem Merchandising-Geschäft in seiner angesehenen Grünwälder Holundergeistrunde.

Verdanken tun wir dies alles einem leider für immer Verstorbenen, dem Vater der zwei Rummenigge-Brüder. Gern hielt sich Rummenigge sen. einst in der für derartige Umstände nicht unbekannten Poststraße an unbezifferbaren Quanten psychischer Getränke gütlich, um anschließend zum Lobe seiner Brut durch die Lippstädter Kernstadt zu pölken. Nachdem der Erstgeborene dann mal im Fernseh ein wichtiges Tor erzielt hatte, erklomm der alte Herr den Bernhardbrunnen, schrie das Wunder mit Biergewalt hinaus ins Reich und stürzte kopfüber in den Tod.

Wer das Renommee Lippstadts mehren möchte, erzähle diese Geschichte jedem, der sie partout weder hören will noch bemerkenswert finden kann. Und besuche den Rummenigge-Brunnen, auf daß es wirklich zu nichts gut sein möge.

Die Autonomie des Balls

Über die Beziehung zwischen Literatur und Fußball begann man im hiesigen Kulturbetrieb erst nachzudenken, als Ror Wolf Anfang der siebziger Jahre *Punkt ist Punkt* veröffentlichte, das erste seiner bis heute unerreichten Bücher über den Fußball. Neben Ror Wolf sind hierzulande in der Folge zwei Autoren hervorgetreten, die den Fußball im genuinen Sinne als ästhetischen Rohstoff verstanden und ihn deshalb mit der gebührenden formalen Finesse literarisierten: Ludwig Harig und Eckhard Henscheid. Zumindest Ror Wolf und Henscheid haben sich jedoch schon vor längerer Zeit vom Fußball losgesagt. Das mag an seiner rasanten Kapitalisierung und seiner stetigen Überwölbung mit Nichtigkeiten aus dem dunklen Reich des Boulevards liegen. Wenigstens für Schriftsteller, die diesem fabelhaften Sport mit avancierten literarischen Techniken begegneten, hat der Fußball seine Aura eingebüßt.

Dennoch hat Henscheid kürzlich in einem Interview eingeräumt, daß nach wie vor »wechselseitige Infiltrationen von Künsten und Fußball existieren«. Findet sich ein solches hoffnungsheischendes Urteil durch die jüngsten fußballinfizierten Neuveröffentlichungen bestätigt?

Auf den alle Affinitäten zwischen Fußball und Literatur amalgamierenden Roman müssen wir weiter warten, es will ihn niemand anpacken, trotz WM im eigenen Land und der wünschenswerten Untermauerung diesbezüglicher literarischer Weltgeltung. Dessenungeachtet offeriert das Verlagsgewerbe eine Reihe solider historiographischer Arbeiten, etwa Nils Havemanns – nicht unumstrittene – Abhandlung über den DFB im Nationalsozialismus oder die enzyklopädische WM-Serie des Agon Verlags. Hier darf die deutschsprachige Sachbuchwelt im Vergleich zur elaborierteren Fußball-Literaturszene beispielsweise in England nun als halbwegs gerüstet gelten fürs nächstjährige Happening.

Allein, wer auf der Buchmesse in Halle 1 die »Fußball-Welt« betrat, der spürte wenig vom annoncierten »Fußballfieber« rund um die Ausstellung »Heimvorteil – Bücher aus Deutschland über die Welt des Fußballs«. Gespenstisch kalt und verlegen aseptisch wirkte das Ambiente, ein paar Skulpturen standen in einer Ecke, in einem Kleinfeldkäfig bolzten Kinder, an einem Verkaufsstand gab es T-Shirts mit dem WM-Logo.

Weitenteils frostig stimmte gleichfalls die Bücherschau. Auf grün bezogenen Tischen lagen kontextlos beliebig ausgewählte Werke diversen Datums herum, von Helmut Rahns nicht mehr allzu frischen Memoiren bis zum neusten Plunder aus den Marketingkatakomben der Branche, die jetzt eben auch meint, Waldemar Hartmann zum Autor einer angeblichen WM-Geschichte befördern zu können. Wie schreibt FIFA-Schiedsrichter Markus Merk im Katalogvorwort? »Verbale und literarische Doppelpässe dürfen versucht werden« – mit Betonung auf »versucht«.

Im Hinblick auf die in immer gewagteren Ausmaßen betriebene ökonomische Ausplünderung des Weltfußballs dünken indes Titel wie *Business-to-Business-Marketing im Fußball* und *Chancen für den Mittelstand bei der WM 2006* nicht anders als einleuchtend. Welch Dichter, welch literarisch ambitionierter Publizist mag denn im Gegenzug aus dem auf Profitmaximierung zugeschnittenen Fußball noch poetische Funken schlagen?

Vorbehalten bleibt es da dem nicht ausdauernd genug zu preisenden ARD-Radioreporter Günther Koch, in seinem nur z. T. gelungenen Erinnerungsbüchlein *Der Ball spricht* (Frankfurt/Main 2006) der Poesie des Fußballs durch die Hintertür zu einem, wer weiß, letzten Auftritt zu verhelfen – indem er à la maniere de Ror Wolf beschwört, was der Ball, das einzig unabhängige, unbeschränkt runde Element des Fußballs, in endloser Eigensinnigkeit zu tun vermag: »Du achterst, ackerst, aktivierst, angelst, arbeitest«, huldigt ihm Koch verspielt und sprachvirtuos, du »argwöhnst, ärgerst, ärpfelst, babbelst, bahnst, bandelst, balancierst, ballerst, ballst.« Ad infinitum.

Geldmünzen aber, das sei hier noch mal rundheraus zu bedenken gegeben – Geldmünzen: sind ebenfalls rund.

Ein Sportrück- und -ausblick betr. 2005/06

Abgesehen davon, daß uns das Jahr 2005 den honorigen Herrn Hoyzer sowie einen leidlichen Einbruch der seit dem Confederations Cup bereits auf dem Höhenweg zum WM-Titel gesichteten Fußballnationalmannschaft beschert hat, ist im Grunde genommen alles glatt gegangen. Mit, globalsportlich betrachtet, der hierzulande kaum wahrgenommenen Ausnahme, daß in Australien beim Training der Schwimmjuniorennationalmannschaft zwecks psychischer Abhärtung der Athleten auf Scheinhinrichtungen zurückgegriffen wurde. Die westliche Welt hat somit einmal mehr unter Beweis gestellt, wie nachdrücklich der Sport die Werte der Zivilisation zu verfechten vermag.

In Deutschland wiederum zeichnete sich hinsichtlich des uns in einem halben Jahr überrollenden Fußballgetöses recht plastisch ab, welch klebrige Vermarktungs- und Geldscheffeldynamik das schöne Spiel wohl endgültig zur Nebensache degradieren wird. Zum Jahresausklang wagte die *taz* einen Ausblick auf den nicht mehr zu verhindernden »Overkill« einer Total-Fußballerisierung sämtlicher Lebensbereiche. In Kürze wird die Spitze des Berliner Fernsehturms in eine schwarzweiße Kugel »aus 3.000 Quadratmetern Folie« gehüllt, beim Metzger wird es nur noch WM-Würste aus freilich keineswegs Gammelfleisch geben, und Gummibärchen finden in Ballform den Weg auf die Zunge. Wer in den Supermarkt geht, kommt an Schweinis und Ballacks Konterfei nicht mehr vorbei, im ICE kredenzt man Königsberger Klopse à la Beckenbauer, und beim Öffnen einer Bierflasche wird einen Herbert Zimmermanns »Tor! Toor! Tooor!«-Gebrüll, ausgelöst von einem Kronkorkenchip, niederstrecken. So wird's werden, das Sport-, das ja eigentlich, Winterspiele in Turin hin oder her, Fußballgranatenjahr 2006.

Sofern denn die bekanntlich berühmte deutsche Ingenieurskunst in die Spur zurückfindet und die neuen VIP- und Champagnerfußballtempel final auf Vordermann bringt. In Frankfurts Arena, dem laut Oberbürgermeisterin Petra Roth »größten Cabrio der Welt«, jedenfalls ist bis heute nicht der richtige Knopf gefunden worden, um das sensationelle Schiebedach so zu schließen, daß von einem dichten Dach die Rede sein könnte. In Nürnberg, wo das Frankenstadion merkwürdigerweise noch immer Frankenstadion und nicht »Home of the one and only Michael A. Roth« oder »Dem Uli Hoeneß seine Nürnberger Würstlbude« heißt, bröckelte ein Oberrang bedenklich, und in Kaiserslautern, jener Stadt, in der angesichts der Narreteien um Herrn Jaeggi und Konsorten kein Schildbürger auf sich aufmerksam hätte machen können, zerriß es beinahe eine Dachkonstruktion. »Ein Land sieht rund«, befand die *taz*. Ein Land ist nicht ganz dicht, wäre zu ergänzen.

Zumal neben drei maroden WM-Stadien acht Bundesligatrainerentlassungen zu bilanzieren sind. Ein abermaliger: Rekord. Deutschland befindet sich, daran kann kein Zweifel bestehen, auf dem Marsch zurück an die Weltspitze. Zwar bemängelte der HSV-Muntermacher Thomas Doll, es würden zur Zeit Trainer »viel zu schnell entlassen«. Und der in Duisburg durch seinen ausgerechnet gegen den Kölner Spieler Streit ausgeführten Kopfstoß untragbar gewordene, eigentlich besonnene Norbert Meier gab zu bedenken: »Der Fußball hat sich verändert mit den neuen Stadien und dem Kommerz. Man hat viele Logen und viele Sponsoren, da entsteht ein Mitspracherecht, das auf die Verantwortlichen einprasselt. Es ist nicht einfach, die Nerven zu behalten.« Doch Rekord ist Rekord, auch wenn einen bisweilen der Eindruck beschleicht, daß die Vereinsverantwortlichen offenbar glauben, jeder Klub könne die Champions League erreichen.

Immerhin entdeckte die *WELT* in Leverkusen und auf Schalke »völlig überzogene Ansprüche«, während wir trotz all des explodierenden Fußballunfugs begrüßen wollen, daß Hans Meyer am Valznerweiher unerwartet zu alter Form auflaufen konnte. »Ich garantiere nichts. Wir befinden uns in einer beschissenen Situation«, eröffnete der »Grandseigneur des deutschen Fußballhumors« *(DIE WELT)* seine erste Pressekonferenz in Nürnberg und erklärte den Journalisten sodann die spektakuläre Rückkehr aus dem Ruhestand wie folgt: »Es gab viele Gründe. Der entscheidende letzte, private Punkt aber geht euch, wenn ich das so sagen darf, einen Scheißdreck an.«

Hans Meyer ist einer der letzten klaren Köpfe in der Welt des Fußballs. »Wenn wir gegen Nürnberg verlieren, ist unser luxuriöser Vorsprung einen Scheißdreck wert«, sagte er mal als Gladbach-Coach, und in Berlin ließ er fallen: »Die Zukunft interessiert mich momentan einen Scheißdreck.« Weshalb er nach dem ermauerten FCN-Sieg in Gladbach kürzlich darlegte: »Mit welchen Mitteln wir zum Erfolg kommen, interessiert mich im Moment einen Scheißdreck.«

Eines sei dem Sportjahr 2006 also flehentlich ans Herz gelegt: Der FCN darf nicht absteigen! Solange Hans Meyer das Regiment und das Wort führt jedenfalls nicht. Und, ach ja: Der SC Freiburg hat, weitgehend unbemerkt, Volker Finkes Vertrag bis 2007 verlängert und den klugen Fußballehrer zum Rekordhalter in Sachen Langzeitbeschäftigung befördert.

Ein Licht der Vernunft leuchtet, tief drunten im Südwesten Deutschlands. Aber, wer weiß, da scheiß womöglich drauf.

Zum Lobe des Deutschen Fußball-Bundes

Hurra! Hurra! Paule ist da!

Wer ist da? Und warum in Gottes Namen: Hurra? Ob ich noch alle Ganglien im Hirnkasten habe?

Nein, verehrte Leser, ich habe keine bewußtseinserweiternden Substanzen zu mir genommen. Ich bin, mit Oliver Kahn zu prahlen, »tausendprozentig« klar im Kopf und unterbreite Ihnen deshalb ohne jeden Anflug von Flunkern: Paule – ist – da. Daer geht's nicht. Oder kaum.

Paule ist bereits auf einigen Photos gesichtet worden – ein plüschiger, pummeliger schwarzer Adler mit einem unfaßbar lustigen gelben Schnabel genau dort am Kopf, wo beim Adler der Schnabel zu sitzen pflegt. So sieht Paule aus.

Ja und? werden Sie, geschätzte Leser, nun sagen. Und wer ist denn dann bitte schön dieser Paule?

Sie wollen's wirklich wissen? Bitte. Paule – ist das neue Maskottchen des ruhmreichen Deutschen Fußball-Bundes und der Nationalmannschaft. Wirklich. Kein Quatsch. Jetzt, nach dem gnadenlos dämlichen FIFA-WM-Partylöwen Goleo VI, der laut FIFA-Website sogar »lebt, spricht und denkt«, und seinem knalldepperten Begleiter Pille, der als sprechender Fußball verkleideten »frechen Plaudertasche«, ist die Welt des Fußballs noch ein wenig bunter, infantiler und debiler geworden, der allseitigen gesellschaftlichen Regression und geistigen Einschrumpfung sei Dank.

Das Tollste, das Allerschönste an dieser weisen DFB-Initiative allerdings ist, daß Paule, der uns, die wir seiner offiziellen Inthronisation als kraftspendendes nationales Fußballsymbol entgegenfiebern, am Rande des Länderspiels gegen die USA am 22. März in Dortmund vorgestellt werden wird, seinen Namen nicht einfach vom Namensgebungsgremium des DFB angeheftet bekommen hat. Nein, nein. DFB, das heißt ja: Demokratischer Fußball-Bund. Und deshalb durften die Leser der *Sport Bild*, des brettbunten Quackelblattes aus dem Hause Springer, der Trutzburg der deutschen Demokratie, entscheiden, daß Paule Paule heißen soll. 42,5 Prozent sprachen sich für Paule aus und schlugen dergestalt drei Alternativen aus dem Feld, nämlich: Horst und, seien Sie bitte tapfer: Knipsi. Knipsi. Haha. Von wegen Knipser und so. Sowie – welche psychodynamischen Mittelchen werden da eigentlich am Mittagstisch in der Frankfurter Otto-Fleck-Schneise gereicht? –, sowie: Butzi. Butzibutzidududu.

Gut, Paule ist es geworden, und DFB-Präsident Theo Zwanziger zeigte sich hellauf begeistert. »Ich finde, daß Paule eine gute Wahl ist und zu einem DFB-Maskottchen paßt«, ließ er über die erste DFB-Pressemeldung des herrlichen Jahres 2006 verbreiten. »Und es gab auch immer wieder gute Fußballer mit dem Vornamen Paul.« Meinte er vielleicht den legendären Kölner Filigranholzhacker Paule Steiner?

Jedenfalls begrüßen wir das alles und Paule, unseren neuen deutschen Symboladler, uneingeschränkt. Obschon der große Lyriker F. W. Bernstein zum Adler als »Bedeutungsträger« richtiggestellt hat: »Der Adler ist sowohl / real als auch Symbol; / als letzteres bedeutet er / Gewalt und Geilheit, Macht und Ehr', / Durst, Hoffnung, Staat und Gnade. / Was? Geilheit nicht? Wie schade.«

Im Gegenzug plädierte Bernstein für das Weltmaskottchen Wachtel; denn »die Wachtel ist nur friedlich, / rundlich und unendlich niedlich; / sie erweckt nur Sympathie. / Weltmacht Wachtel wird sie nie!«

Ich appelliere an den DFB: Schickt Paule in Rente, und präsentiert uns als Maskottchen Wachtel Willi! Oder Willi Wachtel. Gebt euch einen Ruck! Aber ruckzuck!

Einer geht noch (1) – Staatsaffäre Klinsmann

Frankfurt/Main, Gastwirtschaft Kyklamino. *Mittagszeit. Am Tresen sitzt, genau vor dem Zapfhahn, eine ziemlich desolate Gestalt namens »Dr. Jürgen Roth«, trinkt Bier und monologisiert vor sich hin.*

Am Ende des Tresens kauert hinter einem Glas Apfelwein ein zweiter Gast, der Fußballphilosoph Reino. Wirt Apollo, ein Grieche, zapft stoisch ein Bier nach dem anderen.

Mannmannmann, Apollo, und jetzt auch noch das! Hastes mitgekriegt? Letzte Woche in Berlin? Friedensgipfel bei Mama Merkel?

Also, hör mir doch auf! Erst fallen den Boulevardmedien nach dem gefühlten 1:23 gegen Italien in einem dreißigtägigen Zeitungskrieg sämtliche Schrauben aus dem Setzkasten, und dann gockeln sich die zum Friedensgipfel im Bundeskanzleramt zusammen und lächeln sich hinterher gemeinsam den Ast ab.

Ja, lach nur, Apollo, du bist Europameister, du hast Rehhagel, wir sind Lächelweltmeister und haben diese Troika aus einer Fußballkanzlerin, einem Beckenbauer an und für sich und dem Schwabenschwalbenkönig Klinsmann. Fliegen kann er ja, konnte er ja schon immer …

Na ja, scheinbar der wichtigste Waffenstillstand seit dem Westfälischen Frieden war das, Reino, oder? Die größte Große Koalition aller Zeiten ist geschmiedet.

Und mit welchem Ergebnis? »Ich bin sicher, daß die WM auch sportlich ein Erfolg wird«, sagt die Merkel. Politisches

Pressing. Sie muß es wissen. Die ist doch eine Tochter von diesem Max Merkel, oder?

»Zuviel Sonne ist auch wieder nichts«, hat Beckenbauer zu unserem Jürgen aus Kalifornien gesagt. Der bleibt jetzt hier, weil man nicht sicher ist, ob er bei der Einreise demnächst den neuen Fußballeignungstest packt.

Sonst stehen wir wieder da! Ohne Platz an der Sonne. Und Beckenbauer muß in dieser seiner Zeitung wieder vom Leder ziehen. Weißt du, wieso die so heißt? *B – i – l – d*? Bekkenbauer – ist – leider – dagegen. Haha!

Na ja. USA. Nächste Woche. Unsere sichere Apokalypse, oder, Reino?

Reino: Herr Doktor! Rehakles sagt: Ich weiß, daß *du* nichts weißt.

Du sagst es. Jetzt hamas. Jamas!

Hebt das Bierglas.

Fußball und Philosophie

Als Franz Beckenbauer einmal keine Weltmeisterschaft organisierte und auch beim FC Bayern gerade nichts zu tun war, setzte er sich vor seinem Kitzbüheler Berganwesen auf eine »Holzbank« (Heidegger) und dachte nach. »Sokrates, Aristoteles, Platon und diese Leute haben sich vor zweitausend Jahren Gedanken gemacht«, sinnierte er, »da sind wir noch auf den Bäumen gesessen und haben uns vor den Wildschweinen gefürchtet. Seither haben sich nur ganz wenige weiterentwickelt. Ich gehöre leider auch zum großen anderen Teil. Wenn ich z. B. einen Schopenhauer lese – ich verstehe ihn nicht.«

Ein andermal wurde Richard Golz, seines Zeichens Torwächter beim von Akademikern, Anarchisten und Alchemisten hochgeschätzten Breisgauklub SC Freiburg, gefragt, was denn das Besondere an diesem Verein im Dunstkreis der existentialen Heidegger-Schule sei. Golz, nicht maulfaul, enthüllte: »Vor lauter Philosophieren über Schopenhauer kommen wir gar nicht mehr zum Trainieren.« Also steigt – Freiburg ab. Meister wird der FCB. »Logisch.« (Schopenhauer; resp. Beckenbauer)

Einer geht noch (2) – Ballacks Buch

Und dafür müssen Bäume sterben, Apollo – für Bücher von Fußballern. Wenn Fußballer zu sehr schreiben. Oder schreiben lassen …

Erst Matthäus, du erinnerst dich: *Alle meine Lolitas*. Dann Effenberg: *Mein Name ist Blond*.

Und jetzt Ballack: *Ballack – sein Weg*. So heißt das Ding. Erscheint demnächst.

Ballack – sein Weg.

Oder: Ballack – sein weg.

Klar?

Ballack. Sein weg. Sein fort. Isse weg vom Fenster. Von Bayern ja sowieso.

Bei Ballack ist der Lack ja ab.

Und für ihn kommt van Bommel, dieser Barcelona-Holländer.

Ist auch besser so. Ballack auf Maakay – vorbei! Das war nix mehr.

Siegfried und Roy sind aber auch passé. Deshalb heißt das neue Traumduo bald Bommel und Roy.

Und Bommel? Hat zunächst mal Bammel. Warum?

Es fragt sich bei Bommel und Roy ja, wer vom Tiger, also vom Kahn gebissen wird. Das muß Uli Hoeneß noch vertraglich festlegen.

Aber sonst läuft die Sache, Apollo.

»Ding, dang, dong«, so sollte unter Trapattoni gespielt werden. Unter Magath wird's heißen: Bimmel, bammel, Bommel!

»Bimmel, bammel, bommel, die Katze schlägt die Trommel« – kennst doch das Kinderspiel, Reino, oder?

Bommel, bammel, bimmel, der Felix dankt dem Himmel!

Zack! Einwandfrei!

So, jetzt bist du dran, Apollo! Mit dem nächsten Bier hier! Und zwar ein bißchen tranquillo!

Hebt das Bierglas.

Der unvollendete Haken

Zwei Genies, genau zwei, man glaube es mir der Einfachheit halber einfach, zwei Genies hat der deutsche Fußball hervorgebracht: Gerd Müller und Mehmet Scholl. Und beide haben es bei einem geringfügig zweifelhaften Verein zu etwas gebracht und sich zu dem gemausert, was wir mit dem abgegriffenen Diktum bezeichnen, es sei ein Fußballer oder wer auch immer »einer der Größten« – seines Faches, seiner Profession usf.

Bei einem Klub also, der auf eine vertrackte Weise noch immer irgendwie und »irgendwo« mein sogenannter Lieblings-Fußball-Laden ist, sind Gerd Müller und Mehmet Scholl groß geworden. Da ist nichts und dagegen ist nichts zu machen. Ob sich hinter dieser Koinzidenz allerdings eine merkwürdig geartete Weltmechanik, ein miesepetriger oder, je nachdem, ein milder Weltgeist oder, zumindest im engeren Falle des Jüngeren, einfach nur Uli Hoeneß verbirgt, das läßt sich evtl. klären.

Daß auf dem Titel von Christoph Bausenweins *Bayern-Lexikon* aus dem Jahr 1999 Mehmet Scholl zu sehen ist, verdanken wir dem Wurstfabrikanten und nebenberuflichen Manager Hoeneß jr. 1992 blätterte er dem Karlsruher SC die für damalige Verhältnisse exorbitante Summe von sechs Millionen zäh und hart erwirtschafteten D-Mark hin, um den begnadeten Offensivkünstler, der eigentlich einen Wechsel nach Dortmund im Visier hatte, von seinem sportlichen Betreuer Winfried Schäfer loszueisen.

Als »größtes Talent der Liga« galt Scholl nicht nur für das längst vom scharfen Wind der Geschichte hinfortgewehte Magazin *Sports*, das in der Aprilausgabe des nämlichen Jahres über unseren Protagonisten immerhin die überlieferungswürdige gleichwie spartenspezifisch verrottete Erkenntnis zum Druck beförderte: »Vater Türke, Mutter Deutsche – diese Mischung hat es in sich.« Weil Dortmund aber schließlich, o welch Glück und Fügung!, Michael Rummenigge verpflichtete, folgte der 1970 geborene Scholl seinem Sandkastenkumpel Michael Sternkopf an die Isar. »Die Entscheidung für München war wahrscheinlich meine beste überhaupt«, blickte Scholl 2002 zurück. »Ich habe hier viel gelernt, auch über das Leben. In München erfährt man alle Ebenen von Hochs und Tiefs, die man sich nur vorstellen kann.«

»In den letzten fünfzehn Jahren habe ich mitmachen müssen, was andere in dreißig Jahren nicht durchleben«, erklärte Scholl gegenüber der Zeitschrift *GALORE*. Als er fünf Jahre alt ist, macht sich sein Vater Ergin aus dem Staub. »Der Mann ist mir komplett wurscht, also nicht nur ein bißchen, sondern komplett«, grollt der Sitzengelassene noch heute. »Dieser Mensch hat sich jahrelang nicht um mich gekümmert und zudem nichts gezahlt, weshalb meine Eltern Extraschichten schieben mußten, um uns ernähren zu können.« Fürderhin wird sich neben seiner Mutter und seinem Stiefvater Hermann einer um ihn kümmern, der ihn mit Würsten und Kohle zu alimentieren vermag und der über etwas verfügt, das im Profifußball so häufig anzutreffen ist wie ein Eisbär am Kaspischen Meer: über soziale Empathie, über eine womöglich prinzipielle Besorgnis um die Menschen, die da in der Regel immer noch rund um die Stadien der Welt ihrem Beruf nachgehen.

Man weiß ja nicht, ob die sogenannten Künstler unter den Fußballern tatsächlich physisch und psychisch anfälliger sind als die Tretschlappen und Giganten der Grätsche, vielleicht bringt die allerneuste Hirnforschung das demnächst niet- und nageldefinitiv heraus. Doch daß Mehmet Scholl – dem, er zählt gerade zwanzig Jahre, die Vertreter der notorischen südeuropäischen Kapitalwundervermehrungsvereine an den verletzlichen Hacken kleben – nicht mit einer Physis gesegnet ist, die es ihm erlaubte, nach allen Seiten auszuteilen, bis die Funken spritzen, begünstigt andererseits seinen unnachahmlich fragilen, schwebenden und zugleich geerdeten Stil: dieses Herumkurven und Hakenschlagen, dieses Neppen und Nicken, dieses Zwirbeln und Zocken, dieses Unwägbare und scheinbar ohne jeden Kraftaufwand zelebrierte Techtelmechtel mit dem Ball.

Straßenfußballer, genau. »Wir zwei«, sagt Mehmet Scholl über sich und seinen Jugendfreund Sternkopf, der in München dem Druck nicht standhielt, »waren die letzten Straßenkicker. Fanatisch, verrückt. Nichts hätte uns vom Ball trennen können – kein Videospiel von Atari, keine Freundin.« Vom SV Nordwest Karlsruhe wechseln sie gemeinsam zum KSC, und Winnie Schäfer erkennt sofort – er müßte auch mit Blindheit mal Blödheit geschlagen sein –, daß Scholl »eine Mischung werden kann aus Cruyff und Falcão«. Was er nicht ahnen kann: daß Scholl, diese Mischung aus Maradona, Libuda und Overath, nicht eine einzige Minute während einer Weltmeisterschaft bestreiten wird. Es war uns immer klar: Es gibt keinen Gott. Daß es keinen Fußballgott gibt, müssen wir seit Scholls letzter verletzungsbedingter WM-Absage im Jahr 2002 zähnezermalmend zur Kenntnis nehmen.

Im April 1990 absolviert Mehmet Scholl in Köln sein Bundesligadebüt. Den Mikrophonen des ZDF teilt er nach dem Spiel recht unumwunden mit, er sei ein veritabler Artist. Darf er ja auch – obschon ihm sein Hang zur unverblümten Selbstauskunft und zum aparten Aperçu in der Folge manches Ungemach bescheren soll. Gleichwohl, bezahlt werden Fußballer nach wie vor nicht fürs Reden. Aus Leverkusen rollt stante pede Reiner Calmund an und walzt »mit Flatterscheck dermaßen hinter ihm [Scholl] her, daß der KSC fast den Jugendschutz alarmiert hätte und den Dikken mit Stadionverbot belegte« *(Sports).* Scholl überlebt die Avancen des ehrenwertesten Managers der jüngeren Geschichte, kauft unter Anleitung eines gewissen O. Kahn Wertpapiere »an der Börse« (Scholl) und »beißt sich durch«: »Bis die Alten mal merken, daß du ihnen beim Geldverdienen hilfst, gehst du als Junger durch die Hölle. Ein halbes Jahr lang haben die dich unter den Platz getreten. Da gab's nur auf die Socken. Ich hab' den Haß gekriegt. Dann hab' ich mir gesagt: Okay, wenn man nur mit Gewalt hochkommt, wenn das die Gesetze des Geschäfts sind, bitte schön. Von da an hab' ich rumgebrüllt und -getreten. Bitterböse. Da waren Schweinefouls dabei.«

Ein wahrlich infames Foul begeht Berti Vogts, dazumal Bundestrainer und die Inkarnation dessen, was Mehmet Scholl mit jeder Ballberührung und jedem Fabelpaß bübisch konterkariert, bereits 1992, als er dem raketengleich durchstartenden, ehrgeizigen Wundertechniker per Interview menetekelnd ausrichten läßt, er denke nicht daran, ihn zur Europameisterschaft nach Schweden mitzunehmen. Vier Jahre später hat Scholl maßgeblichen Anteil am Gewinn des einzigen Titels, den sich der Korschenbroicher Kniessack und Neidhammel eher zufällig ans Coachrevers heften kann, aber der Gladbacher Mißgunstbolzen dankt es dem unterdessen Gereiften im Vorfeld der Weltmeisterschaft in Frankreich selbstredend nicht. Scholl, längst von einer nicht mehr abreißenden Serie körperlicher Malaisen heimgesucht, zerfetzt es das Außenband im Sprunggelenk, er läuft weiter auf und quält sich, und Vogts wirft ihn trotzdem aus dem Kader – eine Entscheidung, die er ihm kurz und knapp bei einem geschäftigen Anruf aufs Brot schmiert. Selten verschlägt es dem Abiturienten die Sprache. Diesmal passiert es. »Aus Frust wuchs Scholl innerhalb von ein paar Stunden ein dikker Herpes auf der Lippe.« (*Spiegel* 3/2004)

Wenn es denn in der Karriere des kleinen Großen Mehmet Scholl eine Saison gegeben hat, in der nichts aus dem

Ruder lief, in der der Faden durch die Öse ging und nicht riß, dann war es die Spielzeit 1995/96. Scholl spielte auf wie ein vom Himmel Gesandter, wie ein seraphisch Flitzender, wie ein Geschenk der Natur. Er bescherte dem FC Bayern den ersten internationalen Titel seit zwanzig Jahren, und wer hätte berufener sein können als der geistesverwandte Reporter Günther Koch, um zum Lobpreis des »Scholli« anzusetzen und die Stimme nimmermehr zu senken angesichts jener Taten, die der Gebenedeite vollbrachte, etwa am 16. April 1996 im UEFA-Cup-Halbfinalrückspiel FC Barcelona gegen Bayern München –?

Das Match machte Geschichte. Es war das erste, das exklusiv, d. h. zwangsweise im Pay-TV zu verfolgen war, und so sah ich mich genötigt, zusammen mit dem Freund und Kollegen Gerd Fischer eine jener Frankfurt-Bockenheimer Eintracht-Kneipen aufzusuchen, in denen soviel Fußballverstand versammelt ist wie in Bauer Ewalds Hühnerhof. Allein, was wir gewärtigten, war atemberaubend, hinreißend, grandios, »Scholl kostet jetzt dreißig Millionen«, tauschten wir uns aus, wenige Minuten später taxierten wir ihn auf dreiundvierzig Millionen, und weil selbst Eintracht-Anhänger in der Regel über einen deutschen Paß verfügen, ließen sie uns in ihrer Parteinahmeautomatik nicht hängen und feierten den FC Bayern, der ein FC Scholl gewesen war an diesem unvergleichlichen Abend voller vollendeter Dribblings und Flügelläufe des 1,77 Meter messenden Ragenden.

Günther Kochs Reportage, die hinterher im ZDF-*Sportstudio* als Zeugnis der Radiorenaissance geadelt wurde, hörte ich später, während ich eine CD mit einer Auswahl seiner Livedarbietungen zusammenstellen durfte. Auf ihr kamen nicht nur akustische Verneigungen unter, die Scholl und dem Fußball an und für sich huldigten, weil sich zum Beispiel der FC Bayern und der VfB Stuttgart am 28. Oktober 1995 beim 5:3 einen sagenhaften Schlagabtausch lieferten (»Traumhafter Spitzenfußball!«; »Fußball ist ein so tolles Spiel!«; »Das ist Mehmet Scholl, das ist der Schuß – – –, und das ist der Jubel«), sondern auch wieselnde, fast explodierende, dem Rhythmus der Schollschen »Körpertäuschungen« (Koch) sich anverwandelnde Wortpirouetten, etwa angesichts des berühmt gewordenen 1:0-Treffers von Babbel: »Im Mittelkreis auf die linke Seite muß er spiel'n / da kommt der Scholl von links jetzt geh rein! / Links rechts Täuschung Scholl schieß doch! – / – / Nachschuß von – / Tooor! Babbel! Babbel! Babbel! Babbbellllll! // Ja, das is' es!«

Gegen Ende der zweiten Halbzeit greift Günther Koch zum Mittel der Nachschilderung. Seine erhellende Erläuterung, die sich auf nichts anderes als das Wort stützen kann, wirkt wie eine gesprochene Zeichnung, die Mehmet Scholls Kunst weniger atemlos und feingliedrig-getreu auf eine Blaupause abbildet: »Hach, war das herrlich! Scholl läuft, liebe Hörerinnen und Hörer, quer zum Tor, fintiert mit links, und er macht's mit seinem rechten Fuß, mi'm Außenrist, und versucht den Torhüter im kurzen Eck zu überraschen – klasse, klasse gemacht vom Mehmet Scholl.«

»Fußball ist so ein tolles Spiel« – kann so ein tolles Spiel sein, wenn einer wie Scholl dabeisein kann. »Egal, bei welchem Verein der spielt, ich würd' zum Spiel gehen, nur um DEN zu sehen«, gestand Stefan Erhardt aus der Sachverständigenkommission der Zeitschrift *Der tödliche Paß*, und 1996, im Jahr des Mehmet Scholl, zog Günther Koch wiederholt den Hut: »Und wenn der Scholli schnell wird, dann klappert's.«

Schnell klappert's und kracht's jedoch auch anderweitig. Nach der Europameisterschaft in England ist Scholl plötzlich ein »Popstar« und öfter auf den Titelseiten von *Bravo Sport* und ähnlichem Kroppdreck zu sehen als auf dem Trainingsplatz. Der »Brad Pitt des deutschen Fußballs« *(BUNTE)* wirbt für alles, was sich anbietet, dann rennt ihm seine Frau davon, und er verliert in jeder Hinsicht die Orientierung. Um die »Kopf-Wellness« (Bernd Schmelzer, ARD, 30. Januar

2005) scheint es nun übel bestellt. Als Scholl in einer Schweizer Disko vollends durchdreht und einem Gast eine Abreibung verpaßt, ist es Uli Hoeneß, der »väterliche Freund« *(DIE WELT)*, der wie weiland im Falle Gerd Müllers den Rettungsanker wirft. Hoeneß ruft Scholl an, das Telephonat »dauerte weniger als eine Minute. Es redete nur einer: der Manager: ›Wenn du so weitermachst, verlierst du auch noch den letzten Freund, den du bei Bayern München hast. Haben wir uns verstanden?‹ soll er gebrüllt haben. Dann bot Hoeneß ihm an, bei ihm zu Hause einzuziehen. Auf dem Platz verspotteten ihn nun die Mitspieler als das Küken des Chefs.« *(Spiegel)*

In den späten Jahren seiner Laufbahn ist Mehmet Scholl zur Besinnung gekommen. Er meidet die Öffentlichkeit (»Popularität interessiert mich überhaupt nicht«; »Wenn ich vom Trainingsgelände weg bin, ist Schicht«) und avanciert, obschon praktisch ununterbrochen durch Kopffrakturen, Meniskusschäden oder muskuläre Kalamitäten außer Gefecht gesetzt, als Mittdreißiger zum stillen, bewunderten »Zauberer« mit den Gestaltungsfähigkeiten der begnadeten Regisseure sowie zum Aushängeschild des FC Bayern. Je seltener er spielt, desto einhelliger begrüßen und bejubeln selbst die hartnäckigsten, ihren antrainierten Reflexen gehorchenden Bayern-Klatscher die raren Auftritte des magischen Flankengebers und Freistoßschützen. Scholl ziehe die Bälle an wie kein zweiter, heißt es dann ehrfürchtig, oder die Arbeitskollegen raunen: »Mit einem gesunden Mehmet sind wir eine Klasse besser.«

Daß selbst ein fußlahmer Scholl vier Hamanns und zwölf Jeremies' ersetzt, wußte auch Rudi Völler, als er den Geschundenen unter allen Umständen in Südkorea und Japan dabeihaben wollte. Doch diesmal war es Scholl selber, der absagte. Ich kann mich erinnern, wie wir Trauer schoben, als uns die Nachricht erreichte. Und wie wir die Bandscheiben des halben Invaliden verfluchten, diese vermaledeiten Arschgeigen.

Sechsunddreißig Mal lief Mehmet Scholl für die deutsche Fußballnationalmannschaft auf, das letzte Mal am 13. Februar 2002 beim 7:1 über Israel. Daß eine Teilnahme beim bedeutendsten Sportereignis auf unserem »Mütterchen Erde« (Lichtenberg) das vom Glanz touchierte und vom Elend geprägte sportliche Leben des Wuslers und Wirrlers abrunden oder, meinethalben, krönen würde, ist so sicher wie unwahrscheinlich. »Wenn man darüber lamentiert, warum große deutsche Fußballer keine Weltstars mehr werden«, sinnierte der *Spiegel* Anfang 2004, »dann bietet dieser Mehmet Scholl Erklärungshilfe: vielleicht zu schlau, vielleicht zu sensibel, vielleicht zu wenig Sklave.«

»Sein Leben lang war sein Talent größer als sein Körper«, schrieb dasselbe Blatt über den ehemaligen Deutschen Vizemeister im Mannschaftskegeln. Hätte er bei der geruhsameren Kugel bleiben sollen? Ist das der Haken? Oder fehlte Mehmet Scholl die in diesem Geschäft geforderte, stahldumme Unerbittlichkeit gegenüber sich selbst? »Der sture Kapitalismus ist auch mir ein Greuel – ich bin nicht der typische Vertreter des Fußballkapitalismus, meine Lebenseinstellung und die Art von Musik, die ich höre, sind links bzw. alternativ«, sagt er, und er sagt noch mehr Dinge, die für ihn und gegen die weitenteils erbärmliche Gegenwart des neoliberalen Fußballwahns einnehmen: »Es gibt nur zwei Dinge, vor denen ich Angst habe: vor Krieg und vor Oliver Kahn« – oder: »Kameradschaft ist, wenn der Kamerad schafft.«

Möglicherweise hat Mehmet Scholl indes ab ovo den falschen Weg eingeschlagen. Auf die Frage, was sein Lieblingsberuf sei, antwortete er nämlich mal: »Spielerfrau.«

Einer geht noch (3) –
Olli allein zu Haus'

Na, alter Grieche, was sagste jetzt? Titan Kahn – weg! Tarzan Lehmann – drin! Inne Kiste! Verstehste, alter Ägypter? Reino?

Nee, geht eigentlich auch nicht, aber logisch ist die Entscheidung schon. Kahn gilt ja als einsilbiger Mensch. Deshalb hat er auch einen Namen mit einer Silbe: Kahn. Wie: Groß. Hoch. Stark.

Lehmann geht mehr in die Breite – mit zwei Silben. Deshalb haben sich die zweisilbigen Kahn-Kil-ler Klins-mann, Köp-ke und Bier-hoff für diesen lehmig und zweideutig grinsenden Leh-mann entschieden.

Das ging also auch gar nicht anders. Wie bei Wörns. Eine Silbe! Wörns – wumms – weg!

Und ich sag' dir was, Apollo: The winner is trotzdem: Kahn, der Tor!

Punkt eins: Er muß nie mehr die Hymne singen. Das schont die Stimmbänder und unsere Ohren.

Punkt zwei: Verletzungsgefahr: null. Kahn kann keinem Gegner mehr das Ohr abbeißen. Das bringt den Weltfrieden voran.

Punkt drei: Freizeit ohne Ende, zu Hause. Kaugummikauen ohne Kameras, Taschenbillard ohne Reue.

Punkt vier: Verena. Der eine hat das Holz vor der Hütt'n, also vor Augen, der andere kriegt die Hütte voll.

Punkt fünf: Kahn kein Versager! In der deutschen WM-Schießbude Lehmann! Der Geleimte! Haha, Sieger: Kahn!! Bong! 5:0 für den Titan!

Darauf jetzt fünf Bier, hoff, hoff, hoff ...

Hebt das Bierglas.

Erledigt

Ein, zwei Blicke, und man weiß alles. »Sportmoderator Gerhard Delling präsentiert Interessantes und Witziges rund um den Ball«, annonciert die Rückseite der giftgelben Langenscheidt-Fibel *Fußball – Deutsch, Deutsch – Fußball* (Berlin/München 2006), die im Zuge der schon jetzt nur noch durch forciertes Ignorieren oder Auswandern zu ertragenden Schwemme an Fußballbuchpublikationen einen Meilenstein an Maßstab in Sachen knallhart auf den Kopf geklatschter Lustigkeit verspricht – und auf 128 kleinen Seiten dann auch regelrecht deprimierend erwartbar auf uns wälzt.

Um »Männer, Mythen, Meisterschaften« soll es in diesem Sprachleitfaden gehen, angebliche »Rätsel« und so plane Begriffe wie »Abseits« und »Flankengott« werden »mit einem Augenzwinkern« erörtert, und zwischendurch kredenzt uns »Sprachtrainer« Delling, diese norddeutsche ARD-Flachpfeife an der Seite des Tieffaslers G. Netzer, »überraschende Erkenntnisse« und Fußballwitze, die derart kropfüberflüssig und verschimmelt sind, daß man sie noch nicht mal erwähnen möchte – erdreistete sich Delling in einem Fall nicht, eine wahre Begebenheit rund um den genialischen und am Alkohol zugrunde gegangenen HSV-Trainer Branco Zebec zum schalen Stammtischklopfer zu zerquälen.

Zebec, vom Spiritus zerrüttet, fragte einmal zwischen zwei Nickerchen auf der Bank seinen Assistenten, warum der eigene Mann so frei zum Schuß komme. Der Co-Coach antwortete trocken, es sei Elfmeter für den HSV gepfiffen worden. Bei Delling liest sich das folgendermaßen: »Während eines Fußballspiels sitzt der Trainer hektisch auf der Bank. Plötzlich springt er auf und ruft seinen Spielern zu:

›Wieso kommt der Gegner so frei zum Schuß?‹ Ein Spieler ruft genervt zurück: ›Ist doch ein Elfmeter.‹«

Abgesehen davon, daß ich gerne wüßte, wie ein Mensch hektisch zu sitzen vermag, und abgesehen davon, daß Roger Willemsen diesem Sputum von Buch ein widerwärtiges Vorwortgeschleime spendiert, das Herrn Delling eine außerordentliche Begabung zur sprachlichen Reflexion attestiert, ist das Lexikon aber sehr geraten und gelungen. Denn ausnahmslos jedes Lemma wird nach dem immer gleichen, selbst mir begreiflichen Schema des erklärten Witzes, der keiner ist, behandelt. Nämlich in dieser Art: »Abstauber, der: Nicht – wie auf den ersten Blick vielleicht zu vermuten – eine Haushaltshilfe, sondern ein Stürmer mit einem sogenannten Torriecher« usf. Oder in jener: »Beinschuß, der: Zwar ist das Hantieren mit Schußwaffen auf dem Spielfeld« usf. Bzw. so: »Im Unterschied zu einer Mauer aus Stein kann eine Mauer aus Spielern hochspringen.«

Nein, ich krieg' mich angesichts der Causa Fußballbuch langsam nicht mehr ein und sage es deshalb hier mal ein wenig prinzipieller: Fußball ist in der Regel *nicht* komisch. Fußball ist eine ernste, meist daseinsbeschwerende Angelegenheit – sofern der Management-Event-Moderatoren-Fußball, der sich zusehends als würdelos dauerbequatschte Zeitvernichtungsmaschinerie inszeniert, nicht vielleicht längst in Gänze obsiegt hat. Und dann hätte so oder so der große Ror Wolf ohnehin abermals durchschlagend recht: »Der Fall ist erledigt.«

Erfreut

Gerade habe ich in summa und im allgemeinen unter das Thema Fußballbuch einen seitenliniendicken Schlußstrich gezogen, da muß ich auch schon wieder einen Rückzieher machen.

Bei Hanser sind Ludwig Harigs gesammelte Fußballsonette in einem schmuck und anschmiegsam filzbezogenen Hardcoverband des leider allzu bewußt einfältigen Titels *Die Wahrheit ist auf dem Platz* erschienen. Goutieren und bisweilen ästimieren und darob den nicht vollends vom Medienmarktgeschrei Betäubten rekommandieren will ich nicht bloß Harigs alexandrinische Sonette, die die allseits durchgewalkte deutsche WM-Historie von 1954 bis 1990 traktieren. Sondern es erfreuen zudem jene Versmaßseiltänze, die sich dem blamablen Kapitel der EM 2004 widmen und dabei einige kluge komische Volten heimbringen.

»Der arme Medienmensch, auch wenn er noch so kläfft, / kennt er den Doppelpaß von Rhythmus und von Reim, / von sub-, von objektiv, gehalten von dem Leim / der strengen Regel fünf aus unsrem Regelheft?« fragt das »Vorspiel« hübsch hoppelnd und medienreflexiv-poetologisch, und fünf Sonette später antwortet Harig aus Anlaß des Viertelfinales Frankreich – Griechenland: »[…] Die aufgeweckten Griechen / begannen früh den Braten schon zu riechen, / denn Charisteas sprang und traf mit seiner Stirn. // Und das Expertenteam, Herr Delling und Herr Netzer, / der kesse Fernsehmensch und sein gewiefter Ketzer? / Es gab Erklärungsnot in ihrem Denkerhirn.«

Das mag als artistischer Appetizer genügen. Nicht umsonst, wem sage ich das, bildet Harig zusammen mit Henscheid und Wolf die Trinität der deutschen Fußballdichter. Und die soll, ginge es nach mir, fortbestehen für und für.

Der fliegende Zahnarzt

Im Rahmen des unterdessen routiniert beklagten und größtenteils unwiderlegbar unerträglichen Kulturkrawalls rund um die WM des Schweizer ************* J. S. Blatter finden auch Veranstaltungen statt, die man nicht meiden muß. Im Gegenteil. Das finde ich jedenfalls. Und deshalb bin ich kürzlich zusammen mit dem Filmwissenschaftler Jan Tilman Schwab, der das unglaubliche, über tausend Seiten starke Lexikon *Fußball im Film* geschrieben hat, nach Wiesbaden gefahren, um mir im Rahmen der Reihe »Filme im Schloß« Robert A. Stemmles *Das große Spiel* aus dem Jahr 1942 anzusehen.

Der Filmemacher Joachim Kreck, in gewisser Weise ein Weggefährte von Ror Wolf, organisiert diese Vorführungen in eher abgeschiedener Atmosphäre. Kreck hat fünf bedeutende Dokumentarfilme über Fußball gedreht, die selbstredend kein Mensch kennt, zumindest kennt sie jene Bagage nicht, die offenen, d. h. blinden Auges in solche Kinokatastrophen wie *Kick It Like Beckham* und *Das Wunder von Bern* rennt. Aber das macht (mir) nichts.

Wiesbaden-Biebrich ist, wenn der Sommer anbricht, ein nobler, empfehlenswerter Ort. Ohnehin spricht die Tatsache, daß sich Wilhelm Dilthey hier längere Zeit herumtrieb, schon gar nicht mal gegen Biebrich, und daß Jürgen Grabowski, einer der freundlichsten, zurückhaltendsten Fußballweltmeister aller Epochen, in der Nähe des Schlosses geboren wurde, nimmt einen endgültig für das Städtchen ein.

Vor dem Barock-Prachtbau gluckert der Rhein dahin. Auf der Terrasse trinkt man ein Bier und denkt sich, daß das alles durchaus außerordentlich gut auszuhalten ist.

Das könnte so weitergehen, aber im Vorprogramm von *Das große Spiel* läuft *No 1,* Joachim Krecks erster, knapp zehnminütiger Dokumentarfilm über den legendären Torwart Dr. Peter Kunter, der zwischen 1965 und 1976 für Eintracht Frankfurt 234 Bundesligaspiele bestritten hat und während der Europameisterschaft 1972 mehr als bloß Ersatz gewesen wäre, wäre da nicht Sepp Maier gewesen.

Die mit den Jahren nicht völlig verflogene, gedämpfte Ehrfurcht vor den Helden einer als golden imaginierten Fußballzeit füllt das Hinterzimmer im Wiesbadener Schloß zur Gänze aus. Denn da steht er, der »fliegende Doc«, Zahnarzt Dr. Kunter, der für einen Keeper kleingewachsene Mann, und erzählt, unaufgeregt, ohne Anflug von Eitelkeit. Der DFB-Pokalsieger von 1974 erzählt, wie er um den Wehrdienst herumgekommen sei, weil die Eintracht die Sache für ihn gedeichselt, ihn nämlich beim »Grabi« in Biebrich angemeldet habe, und dann sei er ein bißchen mit dem Krankenwagen durch die Gegend gefahren, und das sei's gewesen.

Und dann sagt er, nebenbei, daß ihn als Spieler der Rummel um den Fußball überhaupt nicht interessiert, daß er ihn gar nicht wahrgenommen habe. Und er sagt über den Fußballprofessor Dettmar Cramer: »Der Dettmar Cramer hatte ja vor dem eigenen Schatten Angst.« Das perlt beiläufig heraus, genauso wie die unfaßbare Bemerkung, daß seiner, Dr. Kunters Auffassung nach Eintracht Frankfurt entgegen der landläufigen Darstellung in den Bundesligaskandal 1971 verwickelt gewesen sei. »Wir haben nach dem 5:1 gegen Eintracht Braunschweig im *Grünen Baum* in Neu-Isenburg gefeiert«, erzählt Dr. Kunter, »und plötzlich kommen der Wolters, der Torwart, und noch einer von Braunschweig rein und feiern wie die Teufel mit. Die haben das Geld abgeholt, wenn Sie mich fragen, nichts anderes haben die gemacht.«

»Irgendwie geht mir diese WM langsam auf den Keks«, sagt Dr. Kunter dann. Der Bayern-Fan Jan Tilman Schwab bittet für mich um ein Autogramm, und jetzt hab' ich ein schönes, kryptisches Dr.-Kunter-Gekritzel in meiner Eintracht-Chronik. Als Bayern-Fan.

Wenige Wochen zuvor hatte ich mit Olaf Thon telephoniert, der am 2. Mai 1984 in der DFB-Pokal-Partie zwischen Schalke und Bayern beim 6:6 mit drei Treffern »das Spiel seines Lebens« absolviert hatte. Ich wollte den späteren FCB-Angestellten und Weltmeister von 1990 zu einer Podiumsdiskussion im Frankfurter Schauspiel einladen. Der »Professor« verplauderte die Minuten so flüssig, wie ich es erwartet hatte, und bekundete ernsthaftes Interesse. Als ich ihm das Honorar nannte, schlug sein Ton um. »Unter 5.000 mache ich gar nichts«, gab er mir zu verstehen. 5.000 Euro. Für die Teilnahme an einer neunzigminütigen Gesprächsrunde. Ja, auch Olaf Thon ist wahnsinnig geworden, und ich hatte erhebliche Mühe, angesichts dieser dreisten Dummbolzenhaftigkeit höflich zu bleiben.

Olaf Thon wird man während der WM als geldsackklumpigen Experten bei RTL erleben. Ich werde mir das nicht ansehen. Dr. Kunter hat recht. Das alles ist zum Kotzen.

************* Am 11. Juli 2006 legte Sepp Blatter persönlich beim Bezirksgericht Zürich Klage wegen/auf Unterlassung, Persönlichkeitsrechtsverletzung, Widerruf und Schmerzensgeld ein.

Am 17. Oktober 2006 war dann auf der Wahrheit-Seite der *taz* folgendes Triptychon zu lesen:

Kim Jong Il kein brutaler Spinner

Oft liest die Wahrheit schreckliche Nachrichten über den nordkoreanischen Diktator Kim Jong Il und sein grausames Regime. Es wird berichtet, daß Kim Jong Il ein brutaler Spinner sei. Höchstwahrscheinlich aber ist Kim Jong Il ein netter, sanfter, lieber, sympathischer, guter, gütiger, gutherziger und gutaussehender Diktator. Ja, so wird es sein …

Ahmadinedschad kein kranker Irrer

Oft liest die Wahrheit schreckliche Meldungen über den iranischen Präsidenten Mahmud Ahmadinedschad und sein brutales Regime. Es wird berichtet, daß Ahmadinedschad ein kranker Irrer sei. Höchstwahrscheinlich aber ist Mahmud Ahmadinedschad ein kluger, gütiger, gutherziger und gutaussehender Herrscher. Ja, so wird es sein …

Sepp Blatter kein Schwerganove

»In der *taz* vom 29. April 2006 war unter der Überschrift ›Der fliegende Zahnarzt‹ zu lesen, Joseph Blatter, Präsident der FIFA, sei ein ›Schweizer Schwerganove‹. Wir distanzieren uns ausdrücklich von dieser Behauptung, erhalten diese nicht aufrecht und bitten, diesen Fehler zu entschuldigen. Die Redaktion.«

Aufgeblasene Luft

Okay, aktuell ist es jetzt mal, welch origineller Gedanke!, David Beckham, der auf dem glibberigen Titel des ein halbes Jahr und somit sechs Monate zu alten Fußballmagazins *PLAYER* klebt. Aber trotz der verkaufsträchtigen Ikone des mittlerweile irreversibel durchgedrehten globalen Popfußballs dürften sich die Redakteure des in Hamburg zusammengeschraubten Blattes für »Fußball/People/Style« darüber mächtig gefuchst haben, daß Herr Klinsmann anstelle von Oliver Kahn Jens Lehmann zur nationalen Schießbudenfigur erkoren hat. Denn eine Titelstory wie jene der *PLAYER*-Januarausgabe über Kahn, den Entkrönten, ist nun nicht mehr drin – wie jener über 42 Seiten ausgebreitete Schaum, den Chefredakteur Oliver Wurm mit der branchenüblichen Noblesse als »das ungewöhnlichste Interview des Jahres« auszuplärren sich erdreistete.

Die WM bringt nicht bloß eine Flut von Fußballbüchern mit sich, bei deren Mehrzahl das Tragen des Ehrentitels »Buch« an den Tatbestand der Menschenrechtsverletzung rührt. Auch die Zeitschriftenbranche kann das Wasser nicht halten. Erfreulicherweise war zwar vergangenes Jahr zu vermerken, daß ein Titel namens *Champ* unmittelbar nach seinem Debüt zügig und hoffentlich endgültig havarierte. Doch mit *PLAYER* und *RUND* und *Countdown* und weiteren FIFA- und DFL-Produkten ist der Markt rund um die schlichteste Nebensache der Welt binnen weniger Monate bis zum Überdruß gesättigt worden.

Den Anfang machte bereits vor sechs Jahren das »Magazin für Fußball-Kultur« *11 Freunde*. Das Blatt von Mastermind Philipp Köster pflegt weiterhin die besseren Tugenden und Formen des Journalismus, die lange Reportage, den subjektiv gefärbten Spielbericht, die nüchtern-fachliche Expertenstellungnahme und die polemisch pointierte Kolumne über den in sämtliche gesellschaftliche Bereiche hineinlappenden WM-Wahn. Doch mit dem Geschäftserfolg haben Schlamperei und üble Cross-over-Marketingmaßnahmen Einzug gehalten. So empfiehlt man z. B. ein lächerliches Abgreifbuch aus der Sparte Fußballersprüchesammelsurium per Sticker auf dessen Cover, läßt parallel Anzeigen schalten und lobt den Klumpatsch im redaktionellen Teil dann auch noch nach Kräften.

Derartige Verquickungen vermeidet *RUND* aus dem *kicker*-Stammverlag Olympia – und fährt nicht nur deshalb unter den Novitäten die besten Noten ein. Optisch stark an *11 Freunde* angelegt, überzeugen nicht allein manch großzügige, indes keinesfalls beliebig eingestreute Photostrekken, sondern – neben den heute üblichen leichtfüßigen und banalen Minitexten – vor allem Hans Meyers Taktikkolumne, sorgsame Reportagen wie über den Antisemitismus und Rechtsradikalismus in der polnischen Hooliganszene sowie Interviews, in denen der kultisch-ideologische Sportifizierungs- und Fitneßirrsinn unserer Zeit in die Schranken gewiesen wird. Da ist dann beispielsweise aus dem Munde des Architekten Volkwin Marg zu hören: »Manchmal denke ich, daß es grotesk ist, daß die Claqueure auf den Stehplätzen im Stadion, die Kulisse fürs Fernsehen also, bezahlen müssen, während die Leute in den Logen ihre Ausgaben von der Steuer absetzen können. [...] Da muß man sich schon fragen, warum die Öffentlichkeit jetzt Klassenstadien baut, die dazu beitragen, eine Segregation dieser angeblich so gleichen Gesellschaft herbeizuführen.«

Überlegungen solcher Art haben in *PLAYER*, dem erwähnten Hochglanzmixturmoloch aus Personalitypfusch, PR-Geprotze, Modegewäsch und Blow-up-Photographie, selbstredend keinen Platz. Da reicht es zwischen Auto- und

Handytests, die Beckenbauer und Pelé mit FIFA-Partnerprodukten absolvieren, zu Reisetips und substantiellen Mitteilungen wie »Ich, Poldi« oder zu simuliertem psychologischem Tiefgang in bewährter *Bild*-Zeitungsstammelmanier: »Er hat Therapeuten besucht. Bücher gelesen. Sich mit Nadeln piksen lassen. Alles gegen die Angst.« Der Leser? Gegen die Angst, weiterlesen zu müssen?

Porträtiert wurde hier der fett geschminkte Oliver Kahn, und ein paar Monate später durfte Jürgen Klinsmanns Haus-und-Hofstaatsverehrer Michael Horeni ran, um den »Projektleiter 2006« zum Heiland mit »Go-for-Gold-Mentalität« und »Mission« zzgl. »Vision« und anderen – verschwiegenen – Krankheiten hochzujubeln. »Es ist keineswegs so, daß ich Leute nur deshalb in meinem Boot habe, weil es gute Freunde sind«, ließ Horeni seinen Kumpel sagen. Worte lügen nicht per se. Aber sie tun es, wenn Sportjournalisten sie hinschreiben.

Angesichts all der formierten Sprache, all des aufdringlichen Willens zur Riefenstahl-Ästhetik und zur bedingungslosen Verklärung darf man sich an Bertolt Brechts Ausspruch erinnern: »Man reiche mir den Eimer.« Oder man nimmt gleich ein angemessen schäbig zusammengeflicktes FIFA-Propaganda- und Shoppingorgan wie *Countdown* aus dem Hause Bertelsmann zur Hand, um sich durch ein Vorwort von Dieter Bohlen oder Peer Steinbrück den letzten Rest an Vorfreude auf ein schon heute kaum mehr erträgliches Sportereignis austreiben zu lassen.

Dann hat man es geschafft und ist kuriert.

Einer geht noch (4) – Weltmeister gestern und morgen

Apollo, du mein Slowake, du mein Europameister, weißt du eigentlich, daß aus all unseren Weltmeistern von 1990, von Rom, was geworden ist?

Weißte nich'? Aber ich!

Bodo Illgner: wahrscheinlich Sonnenstudiobesitzer auf Mallorca.

Augenthaler: Mißerfolgstrainer.

Kohler: Entlassungsweltmeister.

Guido Buchwald: so eine Art Sushi-Ringer.

Berthold: Handicap 438.

Littbarski: säuft down under ab.

Brehme: Ich sage nur ein Wort: hat fertig.

Völler: rechnet am Schreibtisch immer noch Calmunds Kalorientabellen durch.

Und Loddar? Der Matthäus? Merkt nach vier Wochen Brasilien, daß er seinen Lotterschein, seinen, äh, Trainerschein bei Lolita III. in Budapest vergessen hat. Und ward nicht mehr geseh'n.

Da muß, Reino, unseren heutigen WM-Cracks nicht bange sein. Die werden auch nichts. Nämlich:

Mertesacker: wird Greenkeeper.

Metz-elder: wird Elder Statesman, also Nachfolger von Dieter Thomas Heck.

Frings: Friseur, spezialisiert auf Haarbänder.

Ballack: Lackschuhverkäufer.

Podolski: wird Karnevalsprinzessin.

Und Schweinsteiger: schult auf Geflügelwurstvertreter um. Oder macht aus Versehen das Abitur nach.

Aber um wirklich nichts zu werden, Reino, müssen die ja, wie 1990, erst mal Weltmeister werden! Und da sie das nicht werden, werden sie dann doch nicht nichts, oder?

Also, Apollo, du bleibst, was du bist: mein Wirteuropameister! Denn wer nichts wird, wird –

Wirt, harr!

Hebt das Bierglas.

Die versteckte Zigarre

»Es war zunächst zuwenig Champagner und vor allem Weißbier da«, erzählte hinterher, im *Aktuellen Sportstudio*, Uli Hoeneß, gefragt, wie sich die Busfahrt von Kaiserslautern nach Köln gestaltet hatte, wo der FC Bayern München seine zwanzigste Meisterschaft nach dem Willen des Hauptsponsors auf einem Rheinschiff zu feiern gezwungen war.

Grammatikalisch betrachtet war der Satz nicht ganz korrekt. Zwar war, Hoeneß zufolge, zunächst zuwenig Champagner vorrätig gewesen, zugleich war jedoch vor allem Weißbier dagewesen, also austrunkbereit an Bord gewesen. Ob allerdings das Weißbier wirklich in ausreichenden Quanten zur Hand gewesen war oder eben, so stand zu vermuten, eher nicht, das war dann angesichts des milde strahlenden Managers ohnehin vollkommen wurscht. Denn mit dem ersten Doppel-Double der deutschen Fußballgeschichte krönte der FC Bayern in heuer gänzlich uneitler Manier eine Spielzeit, die freudvoller nicht hätte verlaufen können.

»Bayern wird Meister, klar«, hatte mir Günther Koch vormittags im Zug von Frankfurt nach Nürnberg versichert. Wenn er's sagt, der Günther, wird es so kommen, dachte ich, die prophetische Gabe des Teiresias vom Valznerweiher ist praktisch legendär. Später, vor dem Autoradio, beschlich mich deshalb selbst nach der Parallelführung von Kaiserslautern und Hamburg nicht der leiseste Zweifel am Ausgang der 43. Bundesligasaison. Es mag diese wohlige Gewißheit sein, die den FC-Bayern-Fan zum allseits als opportun, seelisch verkümmert und selbstgefällig geschmähten Trampel stempelt. Das ist mir seit über zwanzig Jahren egal.

Mitte der zweiten Halbzeit mußte ich für etwa zehn Minuten vom Radio weichen. Als ich zurückkehrte, war, so der traumverloren entgeisterte Reporter im Berliner Olympiastadion, die Hertha durch »Gagafußball« in Unterzahl auf 4:2 davongezogen, und Andreas Ottl hatte den Bayern den Ausgleich beschert. Ich begann, beinahe freundliche Gefühle für den BSC zu entwickeln, und sprach ein paarmal den stante pede zur magischen Formel nobilitierten Namen Ottl vor mich hin. Die Sonne schien gleichmütig und schön.

Ich habe in Anbetracht einer Saison der omnilateralen Klagen über die Larmoyanz der Vereinsoberen, die Ballack-Debatte, das zähe Spiel und schließlich die »prostlose Meisterfeier« *(Bild)* – wg. Weißbierduschverbot auf dem Betzenberg – keinen Grund zum Jammern. Mainz mit Klopps Tränen und dem Frankfurter Gallus-Buben Thurk gegen die Schalker Plattfüße durch, Frankfurts Hochsympathen gerettet, Hans Meyers FCN auferstanden – ein ideales Schlußtableau, inkl. eines sanftmütigen Oliver Kahn, der vor den ZDF-Kameras schamvoll die Siegeszigarre verbergen mußte.

Kahn hat sie später gewiß zu Ende geraucht. Ich hab' auf ihn und vor allem auf den Größten, auf Mehmet Scholl, noch drei Zigaretten geraucht, mein Apfelsaftglas erhoben und bin früh schlafen gegangen, hoch droben unterm Dach eines ehemaligen Bauernhofes auf dem stillen Land.

Wunderbare Welt.

Einer geht noch (5) – WM-Nominierung

Männer, der Tag der Nominierung ist gekommen! Und deshalb heute am Zapfhahn nominiert: Apollo!

Und aus dem Hintergrund müßte Reino sprechen, Reino spricht – nein, er spricht nicht!

Reino, dann bist du nachnominiert für Apfelwein. Und für den Sturm im Bierglas sorge ich. Ha!

Ich mein', der Trainer von Brasilien, Parreira heißt der, hat schon vor zehn Tagen die Startelf, die Elf fürs *erste* Spiel!, nominiert, mit all den Aliens Brasiliens halt: Adriano Celentano, Emerson Fittipaldi, Juan Mühlegg usw.

Nun, Klinsmann hat etwas länger gebraucht, und weil er früher selber so ein technisches Genie von einem anderen Stern war, hat er diesen Klumpfuß Scholl draußen gelassen und ausschließlich die ballgewandtesten deutschen Balletttänzer fürs WM-Trainingslager nominiert.

Und die Kriterien waren, also zum ersten: Man muß ausgeruht sein! Deshalb so ein Weltklassebankdrücker wie Metzelder. In der Liga geschont, sind sie jetzt hungrig. Wie die Dänen bei der EM '92 – auf Burger und Pommes fünffach rot-weiß. Mein lieber Klinsi, wie ausgefuchst!

Und: Fitneßtests! Wir müssen laufstark, äh: saufstark sein. Wieviel Bier paßt z. B. in so einen Borowski hinein? Sicher mehr als in einen Scholl. Logisch.

Sag mal, Reino, alter Kanadier, wohin fahren die vor der WM ins Trainingslager? In die Schweiz, oder? In Erinnerung an den Plunder von Bern und den Klosterfrau Melissengeist von Spiez?

Ich empfehle die rückhaltlose Rückbesinnung auf 1982: Trainingscamp am Schluchsee. Bzw. Schlucksee. Paule Breitner z. B. Milchkannenweise hat der den stärkenden Schnaps weggerotzt. Breit, breiter, Breitner!

Deshalb, Klinsi: Ab nach Mallorca! Trainingslager am Ballermann! Im Saufen sind wir Deutschen immer Weltmeister, und dann werden wir auch Weltmeister. Wolfgang Schäuble hat's doch gesagt!

Und du, Apollo, beweist jetzt mal, ob deine Nominierung am Zapfhahn gerechtfertigt ist. Und zwar ein bißchen zischke!

Hebt das Bierglas.

Einer geht noch (6) – VIP-WM

Unfaßbar! Unfaßbar! Weißt du, Apollo, wem die WM gehört? Dir? Mir? Uns?

Ich sag's dir. Es ist »Meine WM«. Sagt Franz Beckenbauer. In seiner Kolumne. Die heißt so: »Meine WM.«

Heißt: eine WM der FIFA-Organisatoren. Und ihrer Spitzenfreunde. Der VIPs. Eine VM. Völlereimeisterschaft. Seid verschlungen, Millionen! In den Hospitality-Boxen und Lounges der VIPs. Mit Premiumparkplatz, klar.

Apollo, weiß du überhaupt, was VIPs sind? Very impressive people. Oder very inkompetent people. Oder very impotent people. Oder weshalb füllen die güterzugweise Austern in ihre noblen Körper? Wegen dem Eiweiß, verstehst ...

Und der Zeremonienmeister, der Blatter, läßt sich fürs Eröffnungsspiel eine marmorne Tribüne mit Blattgoldverzierung bauen, damit er voll auf Mittellinie ist und durch sein Opernglas den Operettenkick ...

Wenn du mich fragst: Spätes Rom. Cäsarenwahn. Untergang des Fußballandes. Gefühlte Zuschauer: so 11.000. Abgefüllte Zuschauer: 47.000, mit 300.000 Flaschen WM-VIP-Wein aus dem Weinberg des Schweizer Herrn. Und hinterher beim FIFA-Premium-Leibarzt schön die Leber baumeln lassen.

Apollo, ich konnte mich heute nicht rasieren, weil ich zu Hause keine von der FIFA zugelassenen Rasierklingen gefunden hab'.

Grieche, du weißt, wo das endet – nicht im Olymp. Im Hades! In der Hölle! Da sollense schmoren, diese VIPs, diese very impertinent people!

Reino, darauf mal ein Feuerwasser?
Und du, Apollo, du bist Deutschland? Ich bin trinken!

Hebt das Bierglas.

Vom Fettsack und der dicken Kuh

In den zwanziger Jahren des vergangenen Jahrhunderts begab es sich, daß die des Schreibens mehrheitlich nicht mächtigen Spieler des brasilianischen Topvereins Vasco da Gama neue Namen verpaßt bekamen, um durch ihre Unterschrift auf dem Spielberichtsbogen nachweisen zu können, daß sie alphabetisiert seien, obwohl sie's, ha!, ja gar nicht waren. Da sie sich ihre kilometerlangen Taufnamen nämlich bildhaft nicht merken konnten, erfand also die Vereinsführung, geniale List des Weltfußballgeistes!, die ersten dieser drolligen brasilianischen Fußballer-Ein-Wort-Namen, die uns bis heute betören. Vom Keeper bis zum Konterstürmer lernten sie allesamt brav ihre herrlich kurzen Personentitel auswendig und malten sie anschließend aufs Offizialpapier. Danach gewann Brasilien fünfmal die Weltmeisterschaft.

Zudem passen Knappformen wie Didá, Zico und Pelé ja auch viel besser auf die schmucken gelb-grünen Trikots als, beispielsweise, Edson Arantes do Nascimento. Und: »Edson Arantes do Nascimento, der beste Fußballer aller Zeiten« – welcher Journalist hätte es vermocht, ein solches Namenungetüm fehlerfrei hinzutippen, geschweige denn über die Zunge zappeln zu lassen? Pelé wäre niemals zum besten Fußballer aller Zeiten gekürt worden, wäre er Edson Arantes do Nascimento geblieben und nicht zu Pelé mutiert. Soweit ist die Sache klar.

Dennoch sei hier nochmals historisch verantwortungsvoll ausholend zu bedenken gegeben, daß der erste dokumentierte Spitzname eines brasilianischen Fußballers halt doch bereits 1914 zur Welturaufführung gelangte und dergestalt dem sprichwörtlichen Frohsinn des Sambavolkes zum

Ausdruck verhalf. Im allerersten Spiel der brasilianischen Nationalmannschaft, am 21. Juli 1914 gegen Exeter City, wirkte ein kribbliger Stürmer namens Formiga, Ameise, mit. Das war der wahre Startschuß. Bei der WM 1930 führte der linke Halbstürmer Preguinho, Nägelchen, die Seleção an und schoß das erste brasilianische Tor in der Geschichte der Weltmeisterschaften. Noch flinker als Formiga und Preguinho dürfte heute jedoch ein gewisser Nasa sein, »der bei Vasco spielt, er köpft den Ball wie eine Rakete« (Alex Bellos). Daß eine derartige Kapazität bei der WM offenbar fehlen wird, müssen wir Nationalcoach Carlos Parreira rigoros anlasten.

Kein Geringerer als der große kleine Garrincha (i. e. Zaunkönig), an dessen Seite Pelé 1958 das erste brasilianische Championat heimbrachte, ließ nicht nur seine Gegner derart unverfroren slapstickgleich stehen, daß ihn die halbe Welt mit Buster Keaton und Charlie Chaplin verglich, sondern auch die Mannschaftskameraden und Vorgesetzten spöttelnd ins Leere laufen. »Ich mag es, jeden Mitspieler mit einem Tier in Verbindung zu bringen«, erklärte er in einem seiner seltenen Interviews. »In der brasilianischen Mannschaft haben wir Die Schildkröte, Den Papagei, Die Adlernase, Das Affengesicht und andere wie Teekanne, die Flasche – und einen, der Schornsteinfeger heißt [...]. Der Präsident von Botafogo dreht sich hektisch nach allen Seiten um, wenn er sich in einer Gruppe von Menschen aufhält, deshalb nenne ich ihn Sumpfkrokodil. Unser Trainer trägt für jeden sichtbar gleichzeitig Gürtel und Hosenträger, und natürlich heißt er bei mir Der Pessimist!«

Bei einem so ausgeprägten Humorpotential verwundert es nicht, daß Brasilien zur unangefochtenen Fußballsupermacht, zum Dauerfavoriten per se aufstieg. Sócrates, Metúsalem, Lincoln, Hercules – wer will, wer kann diesen wahrhaftigen Übermenschen nennenswerten Widerstand leisten? Wer, andererseits, Amoroso, den Lieblichen, oder Ratinho, das Mäuschen, ernst nehmen – um dann beim nächsten Dribbling halt sauber verarscht zu werden? Und wem fährt, wieder vice versa, nicht der vernichtend lähmende Schrekken in die Glieder, sobald er auf dem Platz Jacaré, dem Alligator, geschweige denn Piolho, der Laus, gegenübersteht?

»Namen wie Schwein und ähnliche Assoziationszusammenhänge erregen den Gegner doch sehr, vor allem den Italiener, der das perfekt übersetzen kann in irgendwelche Porcozusammenhänge. Der läßt sich dadurch sicher massiv beeindrucken«, hat Eckhard Henscheid die Beförderung von Bastian Schweinsteiger zum deutschen Auswahlspieler unter strategisch-psychologischen Gesichtspunkten begrüßt und Bundesjürgen Klinsmann des weiteren mit auf den Weg gegeben: »In der angesprochenen Richtung müßte nach geeignetem Personal gefahndet werden. Einen Eber bräuchte es, und sonstige zweischneidige Tiere müßte man unterbringen: Eulberger – auf diese Art. Auch: Otter – Biber – evtl. [...] Vielleicht hat der deutsche Arbeitgeberpräsident Hundt einen heranwachsenden Sohn, der in Italien zumindest in der Form des Schäferhundes sehr hohe Achtung genießt.« Sind, so betrachtet, im Umkehrschluß die Canarinhos, die kleinen Kanarienvögel vom Zuckerhut und ewigen Rivalen Deutschlands, fürs kommende Weltturnier gewappnet? Können sie sich mit ihren Hauptkräften Ronaldo, Robinho, Ronaldinho, assistiert von Adriano und Kaká, siegessicher wähnen?

Nun, die beim 2002er Coup ausschlaggebende Dreier-R-Reihe ist durch das Aufrücken von Robinho für den gealterten Rivaldo über die Zeit gerettet worden, und der 22jährige Robinho darf gewiß, wie das die Website der FIFA haarscharf erkannt hat, als »interessanter Spieler« gelten, von dem der seit Jahrzehnten nimmermüde seine Nachfolger ausrufende Pelé zu schwärmen weiß: »Er vereint in sich schon jetzt alle notwendigen Qualitäten, um mich zu übertreffen.« Aber was soll denn dieser Name bringen? Robinho heißt ja bloß: der kleine Robson (de Souza). Nee, mit so einer Fliegenpapierlusche kann sich die Seleção selbst den Fair-play-Blumentopf abschminken.

Ähnlich blamabel sieht die Lage im Falle Ronaldos aus, über den man eigentlich nur wissen muß, daß er seinen mediokren und fast kindlich-kraftlosen Namen jenem Arzt verdankt, der seine Geburt betreute. Außerdem ist der »Gigant« (Robinho) und ehemalige Stier von Real Madrid längst »dick wie eine Kuh« (Armando Novais, Präsident von São Cristovão, Ronaldos erstem Profiklub) und als solche ja zu nichts (mehr) zu gebrauchen.

Ronaldinho, der kleine Ronaldo, einst so genannt, um ihn von Ronaldo I. (Kuh) unterscheiden zu können, hinwieder zog sich, den Trend zum brotlos-fruchtlosen Brasilienbudenzauber antizipierend, zum Auftakt des WM-Jahrs die erste rote Karte seiner Laufbahn zu – scheinbar um seine Scham über den eigenen blöden Diminutivnamen endlich einzugestehen und prospektiv vom Platz zu schleichen. Dito hier sind die Weichen mithin deutlichst gestellt.

Etwas besser als diese beschämende R-Reihe aus Rumpelstiefeln stellt es zwar der Evangelist Kaká (AC Mailand) an, der »neue Pelé« (Wikipedia), dessen »kindliche Mimik« womöglich auf die putzige neuseeländische Nestorpapageienart Kaka anspielt; und den Stürmer Adriano handelt man im Pressedschungel immerhin als »Strafraumtier«. Gleichwohl täte Brasilien, täte Parreira gut daran, schleunigst ein paar echte Tiere zu berufen oder sogar Leute vom Schlage eines Ventilador (Ventilator), eines Ferrugem (Rost) oder eines Gordo (Fettsack), die samt und sonders in der Heimat das Leder traktier(t)en, zu berücksichtigen.

»Fettsack fällt! Strafstoß! Und den schießt Fettsack sicher selber! Fettsack kann den Sack zumachen!« Das würde man dann doch allzugern von den Reporterplätzen schallen und röhren hören. Herr Parreira, geben Sie sich einen Ruck! Sonst können Sie gleich in den Sack hauen und zu Hause bleiben, samt ihren ganzen Robaldorobinindhos.

Geballter Blödsinn

Mit Karl Heinz Bohrers Diktum aus dem Jahre 1974, der »aus der Tiefe des Raumes plötzlich vorstoßende [Günter] Netzer« erzeuge »thrill«, sei ein »Ereignis« und löse eine »vor Glück wahnsinnig machende Explosion im Strafraum« aus, fing alles an. Die Eloge des damaligen Londoner *FAZ*-Korrespondenten inspirierte nicht nur Ludwig Harig und Dieter Kühn zum Titel des ersten feuilletonistischen Sammelbandes seiner Art, der Anthologie *Netzer kam aus der Tiefe des Raumes – Notwendige Beiträge zur Fußballweltmeisterschaft* (München 1974); sondern gab diversen Fußballdeutern Anlaß, über das bedeutendste aller Sportspiele im wahrscheinlich Max Horkheimerischen Sinne »ganz anders« zu schreiben, als das die vermeintlich verkalkten Exponenten der Fachpresse bis dato getan hatten.

Der entscheidende Impuls zum vollends ungehemmten Räsonieren in gefällig-wohlfeilen Feuilletonismen und Analogien ging schließlich von Norbert Seitz' 1987 erschienenem Buch *Bananenrepublik und Gurkentruppe* aus (spätere, erweiterte Auflagen unter dem Titel *Doppelpässe – Fußball & Politik*). Seither glaubt ein erklecklicher Teil der offenkundig nicht recht ausgelasteten Nobelexegeten dieses Landes an die von Seitz in die Runde geschleuderte Theorie einer »nahtlosen Übereinstimmung zwischen Fußball und Politik«.

Seitz präsentierte seine koketten Parallelkonstellationen u. a. an Hand der »Traumpaare Herberger & Adenauer, Schön & Brandt, Derwall & Schmidt, Kohl & Vogts und [...] Beckenbauer & Weizsäcker«. Daß sie, adaptiert und fortgeschrieben von den durch den Gewinn der Weltmeisterschaft

1990 alsdann restlos begeisterten Kulturkrautern der Republik, selten anderes zum Ausdruck brachten als eine gründlich irregeleitete Kombinationsfreude, dürfte jedem, der sich für das Geschehen auf dem Rasen interessiert, ohne große Mühe einleuchten.

Es sind der Fälle, in denen der »Fußball als Abbild der Gesellschaft« (Horst-Eberhard Richter) interpretiert und mißverstanden wird, unterdessen allzu viele, als daß sie noch zu überblicken wären. Doch die Litaneien und Schwafeleien ähneln sich in der Regel bis aufs Komma; deshalb genügen hier einige – mehr oder minder beliebig herausgegriffene – Beispiele, um das enorme Desaster des Fußballfeuilletonismus zu illustrieren.

Vor der WM 2002 war z. B. in der mondänen *Leipziger Volkszeitung* zu lesen: »Der deutsche Fußball ist nur noch Durchschnitt – wie so vieles hier, vom Bildungssystem bis zu den Wirtschaftsdaten. Geklagt wird gern, gehandelt kaum. Die Bereitschaft, Veränderungen durchzusetzen, Unbequemes zu riskieren, Verantwortung zu übernehmen, beginnt in dieser oft satten und erstarrten Gesellschaft erst langsam zu wachsen. Auch in Völlers Team sind Leitbilder, kantige Charaktere und mitreißende Führungsspieler dünn gesät.« Zwei Jahre später, nach dem Vorrunden-Aus bei der EM in Portugal, ranzte Peter Schneider praktisch gleichlautende und sogar dreiseitige Gedanken »über Fußball, Politik und das Versagen der Intellektuellen in der aktuellen Reformdiskussion« zusammen, und zwar im *Spiegel*, dem Forum der »Reform«-Fundamentalisten und neoliberalen Hetzer: »Wie eine zuschauerfeindliche Fußballmannschaft, die nach dem ersten erzielten Tor sofort auf Verteidigung umstellt, ist Ver.di, statt auf Angriff und die Schaffung neuer Chancen, vor allem auf Verteidigung eingestellt. Ver.di setzt nicht auf den Spielwitz und die Eigenverantwortung der einzelnen Belegschaften, sondern auf zentral verordnete Mannschaftstugenden: auf den Flächentarif, die 35-Stunden-Woche und die längst widerlegte Theorie, die Verkürzung der Arbeitszeit und die Umverteilung der knapper gewordenen Arbeit führe zu mehr Arbeitsplätzen.«

Ein solches Dokument des verschmockten Politberatergebarens hatte indes, wie erwähnt, Vorläufer, wenn auch zunächst unter geringfügig anderen Vorzeichen. Zumal der Publizist Helmut Böttiger darf sich das mehr als zweifelhafte Verdienst ans Revers heften, den Fußballfeuilletonismus bei nicht selten souveräner Mißachtung fußballhistorischer Tatsachen salonfähig gemacht zu haben. In *Kein Mann, kein Schuß, kein Tor – Das Drama des deutschen Fußballs* (München 1993) trieb er die Heldenverehrung angesichts von Günter Netzers Frisur (»Diese langen Haare wollten mehr«) und Pässen, die »den Geist der Utopie atmeten«, so weit, daß man bis heute aus dem Staunen darüber nicht herauskommt, welches Maß an Soßigkeit sich in eineinhalb Sätzen zu manifestieren vermag. »Die Dialektik als fortgeschrittene Form des Denkens fand sich wieder als Doppelpaß auf dem Spielfeld. Ein klassischer Dreischritt, mit dem Tor als abschließender Synthese«, lobte Böttiger rückblickend die deutsche Auswahl des Jahres 1972, freilich ohne zu wissen, was er da eigentlich genau sagen wollte.

»Politik waren die alle Grenzen sprengenden Pässe Günter Netzers«, behauptete Böttiger und holte weiter aus: »Eine große Versöhnung schien möglich, eine gemeinsame Aktion aller gesellschaftlichen Interessengruppen im Dienste einer guten Sache. Es war die Zeit, in der der beste deutsche Fußball aller Zeiten gespielt wurde, in der während einer kurzen Phase im Jahr 1972 zuerst das konstruktive Mißtrauensvotum gegen Willy Brandt im Bundestag abgeschmettert wurde und die Neuwahlen einen nie dagewesenen Wahlsieg der SPD brachten, und dann kam es zu einer Koalition zwischen den beiden großen Kontrahenten in der Nationalmannschaft, Beckenbauer und Netzer. Beim legendären 3:1-Sieg in Wembley gegen England am 29. April verwirrten die

Deutschen die Engländer mit ihrem neuen Schaukelprinzip: Mal stieß Beckenbauer nach vorn, und Netzer blieb hinten, mal löste sich Netzer, und Beckenbauer spielte Libero. Schöner konnte Fußball nicht mehr gespielt werden.«

Dieser »Höhepunkt fußballerischer Avantgarde«, der, beäugt man die ins Sphärische entrückte Partie ohne festen Willen zur Verklärung, ein ziemlich ordinärer Tiefpunkt an spielerischer Harmlosigkeit mal Glück gewesen ist (Netzer und Beckenbauer agierten entschieden defensiv, die Engländer beherrschten eine Stunde lang das Match und erarbeiteten sich zahlreiche Chancen, lediglich in den letzten zehn Minuten drängten die Deutschen, und Netzers Elfmeter zum 2:1 war schwach geschossen und hoppelte mit reichlich Dusel ins Netz), währte laut Böttiger »genau bis 1974, dem erzwungenen Rücktritt von Brandt, dem Wechsel von Günter Netzer zu Real Madrid und dem Gewinn der Weltmeisterschaft«. Denn mit dem Sieg von München brach »die Ära Schmidts« an, und das konnte nur Unheilvolles bedeuten: »Von den weiten raumgreifenden Pässen zum Kleinklein-Gekicke, von den wieselnden Dribbelkünstlern zu den Defensivstrategen, von Hacki Wimmer zu Hans-Georg Schwarzenbeck. Der Geist Gladbachs konnte sich auf Dauer nicht gegen den Pragmatismus Bayerns durchsetzen: Das ist das Los der Bundesrepublik.«

Der »historische Kompromiß« zwischen »dem Prinzip Mönchengladbach« und »dem vorherrschenden Prinzip Bayern« war aber keinesfalls ein Mittelweg zwischen wilder, beseelter Offensive (Gladbach/Netzer) und sturer Effizienzorientierung (Bayern/Beckenbauer) – sondern, wenn denn derartige Prunkbegriffe überhaupt in der Wirklichkeit des Fußballs wurzeln, eine Synthese aus ungestümem Sturm (Gladbach) und noch unnachgiebigerem Angriffsstreben. Die Mär, die Bayern seien »Ergebnisminimalisten« gewesen, hat spätestens Christian Eichler (*Lexikon der Fußballmythen*, Frankfurt/Main 2002) ein für allemal entkräftet: »In der Realität kamen die Bayern in den neun Spielzeiten von 1968/69 bis 1976/77, als sie gemeinsam mit Mönchengladbach die Liga beherrschten, nur auf 23 1:0-Siege, weniger als drei pro Saison und insgesamt nur fünf mehr als die Gladbacher. In diesen neun Jahren schossen die Bayern 715 Tore, die als viel offensiver geltenden Gladbacher nur 676.«

Doch Einsichten, die sich dem Blick aufs Spielfeld verdanken, fechten Böttiger nicht an. In seinem jüngsten Aufguß von *Kein Mann, kein Schuß, kein Tor,* jetzt betitelt *Schlußball – Die Deutschen und ihr Lieblingssport* (Frankfurt/Main 2006), wiederholt er die auch durch kosmetische Wortumstellungen nicht plausibleren Jeremiaden ohne Unterlaß (»Während bei Willy Brandt noch Ernst Bloch durchschimmerte, war Helmut Schmidts Leitlinie der Positivismus Karl Poppers, und mit der Zeit konnte man auch die ewigen, schablonenhaften Doppelpässe von Müller und Beckenbauer nicht mehr sehen«), um dann hinsichtlich der Gegenwart und des Pisa-Geredes in ein reaktionäres Gezeter zu verfallen, dessen fabelhafte Pointe er offenbar bei Peter Schneider abgepinselt hat: »Das deutsche Bildungssystem schnitt im internationalen Vergleich genauso ab wie die Nationalmannschaft, der Zusammenhang zwischen den demütigenden Ergebnissen im Fußball und denjenigen der Pisa-Studie liegt auf der Hand. Variable Raumaufteilung und das ständige Wechseln der Position vertrug[en] sich nicht mit der Ästhetik der Flächentarifverträge.«

Bei soviel geballtem Blödsinn trägt es schon mal die Grammatik aus der Kurve, und wunder nimmt es nicht, daß Böttiger, befangen im Wahn der Analogie, jenen an H. Kohls altneudeutsches »Wende«-Gebrummel erinnernden »Mentalitätswandel«, den er J. Klinsmann und dessen »Grundsatzbeschluß, auf ›Ergebnisfußball‹ zu verzichten«, attestiert, zum gesamtgesellschaftlichen, weiß der Henker, Entwurf adelt: »Klinsmann hat zum erstenmal wieder so etwas wie eine Vision, eine konkrete Utopie« – weshalb hier doch, Helmut Schmidts Verdikt zufolge, der Gang zum nächstbesten Arzt angebracht wäre.

Die Attraktivität der feuilletonistischen Deutungsmuster speist sich gewöhnlich aus der Unkenntnis des Spiels, aus der Ignoranz gegenüber fußballrelevanten (Fach-)Fragen. »Politik wie Fußball resultieren immer aus der geistigen Situation ihrer Zeit. Deshalb bekommt auch jeder Bundeskanzler den Bundestrainer, den er verdient«, schreibt Michael Pöppl in *Der springende Punkt ist der Ball – Die Geschichte einer Leidenschaft* (Berlin 2006) und kommt im folgenden ein ums andere mal auf die notorischen Seitz/Böttiger-Muster zurück (»Der frische spielerische und offensive Stil der Nationalmannschaft scheint sich an Willy Brandts Wahlkampfmotto zu orientieren: ›Mehr Demokratie wagen!‹«). Selbst Harald Irnberger, der mit *Die Mannschaft ohne Eigenschaften – Fußball im Netz der Globalisierung* (Salzburg/Wien 2005) eine fulminante, fundierte Kampfschrift gegen den immer abscheulicher in Szene gesetzten Fußballkapitalismus der Verbands- und Vereinskriminellen jedweder Couleur vorgelegt hat, erliegt bisweilen der Einfalt der scheinbar kanonisierten Auslassungen von Seitz und Böttiger. Wer aber meint, Fußball »stets als Spiegel gesellschaftlicher Prozesse« lesen und beide Sphären »in verblüffendem Gleichklang« beobachten zu können (»Die Art und Weise, wie Fußball überwiegend gespielt wird, ist schließlich keineswegs zuletzt ein Ausdruck der am jeweiligen Ort dominierenden gesellschaftlichen Gegebenheiten und Befindlichkeiten«), darf sich fragen lassen, ob die These vom Fußball als »Abbild kultureller und politischer Entwicklungen«, mithin von einer weitgehenden Identität von Politik- und Spielstil, spätestens dort nonsensgleiche Züge annimmt, wo aus Bush jr. mehr oder weniger konsequent ein Rehhagel folgt: »Es war [...] eine beklemmende Logik zu erkennen, wenn zu einer Zeit, da Bush und Berlusconi sich zu den

Spielmachern des Weltenlaufs ausriefen, bei der EM in Portugal zwei Equipen das Endspiel bestritten, an deren Spitze die beiden unpräsentabelsten Teamchefs des Turniers standen: die portugiesischen Gastgeber mit dem Brasilianer Luís Felipe Scolari, der bei jeder sich bietenden Gelegenheit beklemmende Dummheiten wie ›Fußball ist Krieg‹ und ›Entweder sterben sie oder wir‹ von sich gab. Und die Griechen mit dem Deutschen Otto Rehhagel, der seine Spieler mit einer vergleichbaren Ideologie indoktrinierte – die diese dann auf dem Spielfeld noch brutaler in Szene setzten als Scolaris Portugiesen [...].«

Was man – entgegen dem schwärmerisch verblendeten Schwulst à la Böttiger – von Jürgen Klinsmann zu halten hat, hat der neoliberale Berserker und Asoziale, der er ist, selbst auf den Punkt gebracht. »Das Reformieren muß zu einem permanenten Zustand werden«, knödelte er herum, und: »Wir haben die Möglichkeit, Deutschland neu zu definieren: eine Marke, einen ›Brand‹ zu schaffen.« Derartige Idiotensprüche aus den Think-tanks der ökonomischen Erpresserkader und den sonntäglichen *Christiansen*-Runden waren für den *Spiegel* selbstverständlich Grund genug, den vorerst letzten Riesenstuß in Sachen moderner Fußballkunde aufzutischen – als man nämlich Mitte März 2006, Klinsmanns Wunderteam hatte in Florenz gegen die Squadra Azzurra mit 1:4 und sechs Gegentreffern zu wenig die Segel streichen müssen, den vor visueller Symbolik ächzenden, nein: berstenden Titel »Der Ball Deutschland« stemmte, auf dem ein geplagter deutscher Trainer zu sehen war, der atlasgleich einen überdimensionierten und, holla!, zerknautschten Fußball auf seinen zarten Schultern trug.

Auf den folgenden elf (!) quälend stumpfsinnigen Seiten jagte dann Tiefplauderer Dirk Kurbjuweit unter dem Motto »Deutscher Fußball spiegelt deutsches Leben« eine Feuilletonistenplattheit nach der anderen durch die vor Scham schlingernden Zeilen. Es gehe in der Causa Klinsmann um

»einen noch tieferen Zusammenhang von Politik und Fußball«, raunte es beispielsweise. »Es geht um Reformen.« Und das kann ja nur heißen: »Die Bedeutung dieses Spiels für dieses Land darf man nicht unterschätzen. Deshalb ist die Geschichte des Reformers Klinsmann auch eine Geschichte über die Reformfähigkeit Deutschlands.«

Unser Vorschlag, unsere »Vision«: Dieses Deutschland möge sich schnellstmöglich komplett wegreformieren, nach Maßgabe von Hans-Olaf Henkels Mantra der »Reform der Reformfähigkeit«. Und zwar mitsamt seinen Fußballfeuilletonisten.

Hoher Hirneinsatz bei atemberaubender Ahnungsabwesenheit

Drei frei empfangbare Fernsehsender und ein Bezahlkanal werden die Spiele der Fußballweltmeisterschaft übertragen, vier Wochen lang Hintergründe beleuchten und alles, was man wissen und nicht wissen muß, wortreich in Szene setzen. Unser wohltuend überschaubares, gleichwohl extrem profundes Steckbrieflexikon stellt die Hauptkräfte von ARD, ZDF, RTL und Premiere vor, mit denen wir uns werden herumschlagen müssen. Sagen Sie nicht, Sie hätten nichts gewußt!

THOMAS BARTELS (RTL)
Geburt: Streng gehütetes Geheimnis.
Kindheit: Im Alter von neun Jahren entwickelt B. den Plan für die Champions League und reicht ihn beim afrikanischen Fußballverband ein. Dresche von Omi. B. besinnt sich und reicht ihn beim kanadischen Fußballverband ein. Dresche usw.
Ausbildung: Ernst Hubertys Frisur vor dem Spiegel nachsprechen, Skispringen gucken, im Sommer Frauenfußball.
Hobbys: »Bartels redet immer noch Schrott.« (forum.digitalfernsehen.de) Na gut, gehört nicht hierher. Paßt aber gut. »Irgendwie.« (T. B.)
Sprachprofil: Nicht vorhanden. Bzw. wird von RTL versteckt.
Stärken: »Er meinte, daß sich die schnelleren Ski auf die Geschwindigkeit auswirken.« Ski?
Schwächen: Keine.
Besondere Merkmale: Werden von RTL unter Verschluß gehalten. Als Geheimwaffe. Bis zur WM. Aber dann, aber dann …

Reinhold Beckmann (ARD)
Geburt: Schön stellt man sich das nicht vor.
Kindheit: Einwandfrei. Glücklich. Sorglos. Behütet. Ein Traum. Einfach phantastisch. Ganz toll.
Ausbildung: Supersache. Lief wie geschmiert. Echt spitze.
Hobbys: Sind eins a.
Sprachprofil: Unglaublich.
Stärken: Irre.
Schwächen: Müßte er mal drüber nachdenken. Im Moment … Nö. Fehlanzeige.
Besondere Merkmale: Glaubt immer ans Beste im Menschen, also an sich.

Gerhard Delling (ARD)
Geburt: »Herr Netzer, da hatten Sie schon Ihren dritten Dino-Ferrari 246 GT zu Schrott gefahren, nich' wahr, hahaha!?«
Kindheit: »Herr Netzer, als ich noch ein Steppke war, hatten Sie da nicht längst dieses Feeling entwickelt, aus der Tiefe des Raumes zu kommen, um rebellisch sein und querfeldbeet denken zu können?«
Ausbildung: »Herr Netzer, als sie die Halme lasziv umknickten und Bewegung in die verkrusteten Strukturen der BRD brachten, da hab' ich – ja, was hab' ich da eigentlich den ganzen Tag gemacht? Gewichst?«
Hobbys: Den *Geist der Utopie* von G. Netzer rückwärts lesen.
Sprachprofil: Existentialistisch. Streichelt die Wörter wie Bälle.
Stärken: Läßt beim Reden die Haare wehen (wie weiland G. Netzer).
Schwächen: Ist (noch) nicht Manager vom HSV.
Besondere Merkmale: Hat komplett keinen Schimmer vom Fußball (wie G. Netzer).

Günther Jauch (RTL)
Geburt: Schwer zu sagen.
Kindheit: Nichts Genaues weiß man nicht.
Ausbildung: Puh …
Hobbys: Na ja, na ja.
Sprachprofil: Also, …
Stärken: Da sollte man …
Schwächen: Mögliche Namensassoziationen – Jauch, Jauche, Günther, Gülle usf. Saudumm, sicher. Mußte aber mal gesagt werden.
Besondere Merkmale: So lala.

Waldemar Hartmann (ARD)
Geburt: Soweit erfolgreich. Erfolgte am 10. März 1948 in der Stadt des Reiches (Nürnberg).
Kindheit: Erster Berufswunsch: Pilsbierzapfer. Schnallt schnell, daß sein Vorname wörtlich »der berühmte Herrscher« heißt.
Ausbildung: Von früh an strikte Orientierung an dem Slogan »Schieb ein Riegele vor« (Riegele = Bier aus Augsburg). Zitieren wir ruhig einmal das Internet: »Durch seinen langjährigen Aufenthalt in Augsburg lernte er Roy Black kennen. Waldemar Hartmann war auch in einigen Augsburger Lokalen (*Tenne*, am Bahnhof Augsburg-Oberhausen, heute *Charly-Bräu*) als DJ tätig. Zusammen mit seiner Frau Gabi führte er einige Kneipen in Augsburg (*Waldis Club* und *KöPi*) und war Faschingsprinz in Augsburg. Wegen seiner deftigen Witze wurde er auch als ›Prinz Porno‹ tituliert.« Siehe Pornobalken.
Hobbys: BR-Kantine (Weißbier, Starkbier, Doppelbock, Fanta). »Fährt statt Familien-Mercedes einen Porsche Carrera 4 S – ›ein geiles Gefährt‹.«
Sprachprofil: Saustarker Wortschatz (Sauerei! Käse! Scheiß! Mist! Dreck! Scheißdreck!). Unzweideutige Sprechaktintention (»Wenn ich den Jürgen Roth mal treffe, hau' ich ihm die Fresse ein«).

Stärken: Weißbier, Starkbier, Doppelbock, Altötting (dunkler Bock).
Schwächen: Fürs Kühlregal in der BR-Kantine (geöffnet ab 7 Uhr, Paulaner) und für den Diminutiv (Klinsi, Berti, Rubi, Gabi, Waldi, Baby Monica – siehe Lierhaus – etc.). Vergißt beim Interview manchmal die im Deutschen bekannte pronominale Anredeform des Siezens im Singular (»Ey, du, Klinsi, sag mal, du, was war denn …«)
Besondere Merkmale: Moderation ohne Bart (Pornobalken).

Johannes B. Kerner (ZDF)
Geburt: 9. Dezember 1964 in Bonn.
Kindheit: Erlernt in der elterlichen, streng katholischen Badewanne das Einseifen, Einschleimen, Rumseichen, Fettgrinsen und Auf-Karteikarten-Schauen, ohne sich naß zu machen.
Ausbildung: Abitur (wie auch immer), SFB, Sat.1. Bleibt aber hungrig und bombt sich 1997 ins ZDF vor.
Hobbys: Die Mutter »Mutschi« nennen. Den Kopf in den Schoß des Vaters betten. Schwiegermütter aller Art und ohne besondere Berücksichtigung ihrer Religion und Rasse klug von der Seite anreden (aber nicht flachlegen).
Sprachprofil: Kuscheliger Flachsinn mal hysterischer Schwachsinn, geteilt durch gallertartige Quasselmasse mal flaumiger Wuschelschwatz = KERNER. Yeah!
Stärken: Beginnt 63,7 % aller über die Lippen in die hilflose Umwelt hineintransportierten Sätze mit dem Wort »Ich«. Leiert aus weit über 80 % der von ihm »befragten« Fußballer (Sportler) raus, mit wem sie gerade »telephoniert« haben (siehe Handy).
Schwächen: SPD (rechter Flügel). Raucht nicht (mehr).
Besondere Merkmale: Entdecker des buntquietschig-gedanklichen Horrorvakuums. »Ich würd' das immer positiv formulieren.«

Florian König (RTL)
Geburt: Ja.
Kindheit: Fand wohl statt.
Ausbildung: »Als aktiver Fußballer spielte er in der Jugendmannschaft der Stuttgarter Kickers.« (sport-channel.com) Hat mithin exakt soviel Dunst von der Sache wie Jürgen Klinsmann (ehem. Stuttgarter Kickers).
Hobbys: Die Champions League moderieren (seit 2002 für G. Jauch, siehe da).
Sprachprofil: Siehe Niki Lauda (RTL, Formel 1).
Stärken: Steht auf der Kundenliste von KEMWEB (»Beginnend beim Webdesign, über komplexe Seitenstrukturen bis hin zur dynamischen, sprich pflegbaren, Datenbankanbindung, entwickeln wir die für Ihr Budget am besten geeignete Lösung. [...] Das bedeutet, daß Sie Ihren Kunden über das komplette Webprojekt hinweg betreuen«).
Schwächen: »Sport, Fußball, UEFA CHAMPIONS LEAGUE, RTL, ARD, Süddeutscher Rundfunk, Journalist, TV, Olympia, Olympische Sommerspiele, Leichtathletik, Formel 1, Sportplatz, Arena, Avantgarde, Skispringen, RTL Skispringen.« (Kurzprofil Florian König, Branchenbuch Köln)
Besondere Merkmale: Siehe nirgendwo.

Monica Lierhaus (ARD)
Geburt: Danke, Gott!
Kindheit: Nicht so interessant.
Ausbildung: Wer hätte nicht gern den Spickzettel rübergereicht?! Setzen, sechs!
Hobbys: Von uns aus auch Staubsaugen, Spazierengehen und Sticken – wir wären dabei, stets an Ihrer Seite, Madame.
Sprachprofil: »Können Sie's denn jetzt wirklich glauben?« – Hm, nö, doch, ohhh, boah, diese, diese ...
Stärken: »Wen haben Sie denn als erstes angerufen?« – Diese, ogottogott, diese ... die ... diese ... wie meinen?

Schwächen: Wird auch mal älter.
Besondere Merkmale: Diese, diese, es ist nicht zu …

Wolf-Dieter Poschmann (ZDF)
Geburt: 1951, Köln. Allaf!
Kindheit: »Schon als Jugendlicher sammelte Wolf-Dieter Poschmann Panini-Fußball-Bildchen.« Baldige Kehrtwende (siehe Ausbildung).
Ausbildung: Wehrmacht, Langstreckenlauf, en passant Blondinen, Blondinen und noch mal Blondinen (Christa Haas, ZDF).
Hobbys: Christa Haas? Nein. Brünette, Brünette und noch mal Brünette.
Sprachprofil: Schnittig, kantig, voll geil und immer frisch gefönt.
Stärken: Gelegentlich stuft Prinz P. einen Gast wie O. Kahn kritisch-investigativ als »Weltbesten« ein und wirft sich dann vor ihm »in den Staub« (Klawitter u. a.). »Das ist das Schicksal großer Menschen, ausgezeichneter Menschen, hochdekorierter Menschen.« (P.)
Schwächen: Manchmal doch etwas sehr kritisch, insbesondere gegenüber dt. Fußballern.
Besondere Merkmale: Kritik- und Unterscheidungsfähigkeit (Blondinen vs. Brünette).

Marcel Reif (Premiere)
Geburt: Zumindest nicht in Saudi-Arabien, dafür 1949.
Kindheit: Emigration aus Polen, Übersiedlung nach Tel Aviv, dann Saudi-Arabien, nein: Kaiserslautern. Kommt aber aufs gleiche raus.
Ausbildung: Lernt mit acht Jahren Deutsch. Ist Béla Réthy (siehe da unten) dergestalt »klappentechnisch« weit voraus und wird deshalb schon fast vierzig Jahre später Lehrbeauftragter für Publizistik. Daneben Studium des Adolf-Grimme-Preises.
Hobbys: Dicke Zigarren, dicke Königsberger Klopse, sprachliche Schnitzel, äh: Schnitzer (»Die Ghanaer erkennen Sie an den gelben Stutzen«).

Sprachprofil: Kein Kommentar! Meint: Wahnsinnig »hintergründig« (Radio Bremen).
Stärken: Kennt die Tricks der Saudis aus dem Effeff (»Die Saudis versuchen ein Fell ins Trockene zu bringen«).
Schwächen: Gewisse logische Relationen (»Das Schweigen von Ottmar Hitzfeld wird lauter«).
Besondere Merkmale: Interessiert sich im Gefolge Husserls und Heideggers für die Phänomenologie des Zeitbewußtseins (»Je länger das Spiel dauert, desto weniger Zeit bleibt«).

Béla Réthy (ZDF)
Geburt: Ungarn bzw. Wien (1956, auf der Flucht vor den Kommunisten).
Kindheit: Brasilien. Deutschland (endlich).
Ausbildung: Lernt mit elf Jahren das erste Wort Deutsch. Sog. Quereinsteiger und wahrscheinlich -denker.
Hobbys: Lesen. Sagt er.
Sprachprofil: Guillotinenscharfe Beobachtungsgabe des unbestechlichen Auges: »Auf dem Platz bisher nur Kleingehacktes«, »Das da vorn, was aussieht wie eine Klobürste, ist Valderama«, »Ziege ist da umgeknickt. Scheint sich um eine Schulterverletzung zu handeln«.
Stärken: Kerzengerade journalistische Gesinnung: »Spielt Deutschland, muß berücksichtigt werden, daß wir ein deutscher Sender sind und für ein deutsches Publikum senden.«
Schwächen: Ungarisches Blut.
Besondere Merkmale: Spricht mehr Sprachen, als er Fußballspieler kennt.

Steffen Simon (ARD)
Geburt: Berlin, Berlin, wir fahren nach Berlin.
Kindheit: »Meine erste große Liebe war Emma, ein Meerschwein.« Wie es wohl weitergegangen ist?
Ausbildung: Wäre die mal unterblieben, Deutschland wäre das Pisa-Desaster erspart geblieben.

Hobbys: Meerschweinzucht. Lockenwickeln.
Sprachprofil: Fixiert. »Da holen die Brasilianer den Zauberstab raus.«
Stärken: Frontkämpfer (ehemals RIAS Berlin). Atemberaubende Ahnungsabwesenheit.
Schwächen: Da fällt uns jetzt gar nichts ein.
Besondere Merkmale: »Vielleicht sollte er sich in der Halbzeit mal diese Mädchenfrisur wegmachen und anfangen, wie ein Kerl zu spielen.«

Thomas Wark (ZDF)
Geburt: 1957. Die Eltern sehen Viersen vor und ziehen die Kiste auch durch.
Kindheit: Vorbereitung auf das Studium der Anglistik, Amerikanistik und Geschichte beim ZDF in Mainz.
Ausbildung: Gelungen. Bezichtigte Axel Kruse (Hertha BSC) im Sportstudio der Zuhälterei, leider fälschlicherweise.
Hobbys: Hat mal zusammen mit Thomas Rohrbach, Heribert Lenz, Gerhard Henschel, Achim Greser und J. Roth Fußball gespielt.
Sprachprofil: Frei von Statistiken. Unfaßbar!
Stärken: »Thomas Wark (ZDF) hat gestern ein Lob für seine Kommentierung des Schalke-Spiels verdient. Er war nicht nur gut vorbereitet, sondern wußte auch sehr viel über die Spieler, ihre Positionen, ihre Stärken und Schwächen.« (forum-aufschalke.de) So kann man das sehen.
Schwächen: Entfallen dann wohl, »sieht man großzügig von Thomas Wark ab, dem es auch nach fast zwei Jahrzehnten nicht gelingen will, Spieler auf dem Rasen zu identifizieren« (blutgraetsche.de). So kann man das sehen.
Besondere Merkmale: Hat mal zusammen mit Thomas Rohrbach, Heribert Lenz, Gerhard Henschel, Achim Greser und J. Roth Fußball gespielt. Ist das jetzt klar?

Messe der Masse

Im Kontext des märchenhaft alimentierten Kunst- und Kulturprogramms der Bundesregierung zur WM 2006 kommt allerhand im Ballett- oder Theaterfach, in Photo- oder Malerateliers, in Tonstudios oder Schneideräumen oder weiß der Blatter wo ausgeheccktes Gedöns zur Aufführung, das meist ein höchstens äußerliches Verhältnis zum Fußball unterhält.

Der einzig gangbare Weg, den Fußball künstlerisch zu behandeln, ohne ihn lediglich zum Anlaß für ein sich durch die Bedeutung des Gegenstands nobilitierendes kunsthandwerkliches Gepfusch zu nehmen, scheint aber zu sein, auf die dem Fußball womöglich selbst innewohnenden artistischen Momente zu rekurrieren – auf die Eigentümlichkeiten der alltagskulturellen Artikulationen rund um das Spiel zum Beispiel.

Alfred Behrens hat den inszenatorischen und manipulativen Momenten, die dem Spektakel Fußball hierzulande spätestens seit Beginn der siebziger Jahre trotz aller unreglementierten Erdung der Fangefühlswelten innewohnen, bereits 1974 durch seine – ein Jahr später u. a. mit Hanns Joachim Friedrichs filmisch umgesetzte – Satire *Die Fernsehliga* Rechnung getragen. Da oblag der Ausgang des Unvorhersehbaren, eines Fußballspiels, nur mehr den Entscheidungen eines Regisseurs, dessen Drehbuch nach Maßgabe der Einschaltquote Siege und Niederlagen arrangierte. Nicht erst seit den jüngsten italienischen Gaunereien weiß man, daß Behrens damals in nahezu Karl Krausscher Manier das ganze Verhängnis des Fußballgeschäfts »vorausahnte« (Kraus).

Jetzt wählte Behrens, über fünfzig Hörspielproduktionen für die ARD im Rücken, mit seiner »Originalton-Kantate« *You'll Never Walk Alone – Europäische Stadionsounds* (radiobremen/hr/NDR/rbb 2005/06) den umgekehrten und im Hinblick auf das Eigenleben des Fußballs vollends angemessenen Zugang zum Thema, jenen der Materialkunst. Sein einstündiges Sing- und Chorstück, im übrigen ein »Offizieller Beitrag des Kunst- und Kulturprogramms«, montiert in zweiundzwanzig europäischen Stadien aufgezeichnete Gesänge, Anfeuerungen, Jubeläußerungen und kollektive Spontanwehklagen zu einem in ruhigen Wellen an- und abschwellenden Ornament der orchestralen Begleitung des Fußballs. Dabei mag so etwas wie ein affirmativer »Soccer-Meta-Song« (DFB-Kulturstiftung) entstanden sein; doch Behrens erforscht, ganz in der Tradition Ror Wolfs, durch den Verzicht auf jeden Kommentar und die Raffung und Verdichtung unzähliger stimmlicher und anderweitiger Geräuschpartikel vielmehr den bisweilen bedrohlich dunklen, infiniten Stream of unconsciousness jener kontinental erstaunlich homogen agierenden Masse der Aficionados und Tifosi, die in ihrer Selbstvergessenheit Spieltag für Spieltag ein Kunstwerk erschaffen, das sie als solches naturgemäß nicht wahrnehmen.

Behrens arbeitet souverän mit allen einst, zu Ror Wolfs Pionierzeiten, avantgardistischen Mitteln. Seine Reise durchs akustische Universum der Betörung und Enttäuschung konfrontiert das Melos des Tribünenliedes mit der Kakophonie des Stadiongetöses. Er stapelt Bahnsteigdurchsagen und Gesangsteppiche übereinander, klebt Popmusikfetzen dazwischen und läßt folkloristische Stoffe erklingen. Nicht zuletzt der von Michael Riessler daruntergemischte Basso continuo aus Ambientsequenzen versieht die nie endende polyphone Meditation der Massen mit einem beinahe unmerklichen Spannungsbogen, der auf die sakrale Schicht der allein im Fußball über regionale Borniertheiten hinweg teilbaren Ritualhandlungen verweist.

Ror Wolf war der erste, der mit seinen O-Ton-Collagen den Fußball für das Hörspiel erschloß. Alfred Behrens' zuweilen elegisches Spiel zwischen Nähe und Distanz, Dokumentation und Verfremdung weiß sich einer wesentlichen Einsicht der unerhörten Wolfschen Erkundungen verpflichtet: daß das Radio »ein nahezu unbegrenztes Illusionsgelände« sei, in dem allenthalben die Aufklärung zu lauern vermag.

Geld schaufeln

Im Gespräch mit Jürgen Lentes.

Jürgen Lentes: Die olympischen Winterspiele haben eine Vorahnung davon gegeben, was uns während der Fußballweltmeisterschaft erwartet. Die mediale Präsenz wird noch gigantischere Ausmaße erreichen. Eines deiner neuen Bücher heißt Anschwellendes Geschwätz – *das trifft, glaube ich, ganz gut die uns drohende »journalistische« Aufbereitung.*

Jürgen Roth: Es ist sehr ehrenwert, daß du den Titel eines Buches von mir quasi zum Motto erkiest. In der Tat ist es ja keine ganz neue Beobachtung, daß das Aufbereitungsgerede, das Deutungsgeschwätz drum herum immer weiter zunimmt. In Turin ist zu besichtigen gewesen, wie die ewig gleichen Sportler – man hatte pro Tag ja nur einige zur Verfügung – mehr oder weniger dreizehn, vierzehn Stunden lang durchs Programm gezerrt und gewälzt wurden. Diese sich selbst fortzeugende Redundanz ist heutzutage ein wesentliches Signum von Sportjournalismus und übertüncht all das, was wirklich stattfindet. Man könnte eine solche Olympiaübertragung locker auf vier Stunden eindampfen. Dazu das Trailergewese, der Ankündigungsjournalismus – jetzt komme also gleich das Größte vom Allergrößten usf. Das ist eine permanente Vorspielsimulation. Daran, um diesen häßlichen Begriff zu benutzen, krankt der Sportjournalismus nicht nur seit Jahren, sondern er nimmt sich seiner eigenen Krankheit insofern an, als er das gar nicht mehr merkt, sondern immer weiter treibt.

Eine rasche Zwischenfrage: Waldemar Hartmann, unser aller Anschleim-Waldi, soll dir mal »eine auf die Schnauze«

versprochen haben. Hast du ihn nach seiner vollmundigen Ansage schon getroffen? Und wenn nicht, wie wird es wohl ausgehen?

Ich habe eine zusätzliche Krankenversicherung abgeschlossen, soviel darf ich verraten. Die Gebühren werde ich notfalls Herrn Hartmann in Rechnung stellen. Es ist richtig, Waldemar Hartmann hat mir Schläge angedroht. Man soll mit solchen Dingen nicht prahlen, aber in dem Fall, muß ich sagen, hat die relativ zähe und mir fast schon widerwärtige Form der Verfolgung einer öffentlichen Figur wie Hartmann zumindest zu dem Ergebnis geführt, daß ich ihn ad personam getroffen habe. Es ist ja das letztverbliebene Mittel von Medienkritik, daß man Leute so lange reizt, bis sie die Kontrolle verlieren. Wenn jemand wie Waldemar Hartmann, der ausschließlich aus Breitmacherei und Anwanzerei besteht, physisch oder psychisch aus der Spur schlingert, hat man mit Medienkritik, sofern die überhaupt noch funktioniert und eine Aufgabe hat, was erreicht. Also, ich fasse das gänzlich uneitel als Ritterschlag auf und warte gebannt darauf, wann er mir die Beine weggrätschen wird.

Zurück zur kommenden Fußball-WM. Man könnte sagen: BRD-Land wird zu FIFA-Land. Einiges sei kurz angerissen. Es wird z. B. »Bannmeilen« rund um die Stadien geben, aus denen Produkte, die von Firmen hergestellt werden, die nicht zu den offiziellen Sponsoren zählen – bis hin zu den hier ansässigen Taxiunternehmen –, ausgegrenzt werden. Und es wird einschneidende Restriktionen für die Medien geben.

Das sind, bei aller letztlich peripheren Flachserei über Verschwachsinnigungs- und Dementisierungstendenzen und -formen in der Berichterstattung, die essentiellen Punkte. Ich kann mich nicht entsinnen, daß jemals zuvor von einem Weltverband, der selbstverständlich über kein politisches Mandat verfügt, tatsächlich so etwas wie eine Diktatur errichtet worden ist. Es wird Taxifahrern verboten, Fans, Zuschauer von den Stadien abzuholen. Irgend so ein blöder Toyota- oder Mitsubishibrummer wird innerhalb der Bannmeilen um die Stadien herumkreiseln, den Gast an eine imaginäre Linie bringen, und von dort dürfen dann die hiesigerseits geduldeten Asylanten die Leute weitertransportieren – ein begrüßenswert plastisches Bild für den expandierenden Territorialzwang, der dem Kapitalismus inhärent ist: »Ich muß Claims abstecken.« Das führt die FIFA vor. Und sie führt natürlich auch vor – man kann dazu stehen, wie man will –, daß die nationalstaatliche Souveränität endgültig ausgehebelt worden ist. Wenn man etwas über Globalisierung, diesen aufs äußerste strapazierten und zerkauten Begriff, erfahren will, kann man es bei der Fußball-WM erfahren. Gravierend wird es, wenn die FIFA meint, in redaktionelle Tätigkeiten eingreifen, d. h. vorschreiben zu können, wie bestimmte Begriffe präsentiert werden, mit dem Trademark-Zeichen noch hinten dran. Wenn auch nur eine Redaktion in dieser verblödeten Bundesrepublik diesem Dekret nachgibt, dürfen wir endlich unumwunden von einer kapitalgesteuerten Presse reden, die diesen ihren Status halt auch gar nicht mehr verhehlt. Also, ich bin gespannt, ob die Redaktionen, die Gewerkschaften, der Bundesverband deutscher Zeitungsverleger, der sich jetzt in Verhandlungen mit der FIFA begeben hat, einknicken. Dann ist Polen offen. Andererseits ist bis auf wenige Ausnahmen – ich könnte hier Teile der *Frankfurter Rundschau* nennen, die *Süddeutsche Zeitung* und auch einige Partien in der *FAZ* und der *jungen Welt* –, bis auf wenige Ausnahmen ist der Sportjournalismus, und da kommen wir auf den Anfang zurück, längst reiner PR-Journalismus geworden – Verlängerung des Marktes, Vermarktungsveredelung, ein Aufblasinstrumentarium. Nun muß man abwarten, ob das in eine semioffizielle Form gegossen wird und wir dann Sprachregelungen haben, die Orwellsche Dimensionen annehmen.

Ist der Journalismus per se nicht immer mehr zu einer Art Marktaufblasungsjournalismus geworden?

Insofern müßte man diese Maßnahmen gutheißen, weil der Journalismus dazu genötigt wird, sich als das zu erkennen zu geben, was er im Prinzip seit jeher oder zumindest in seinen größten Arealen ist: kaum anderes als ein Vermarktungsinstitut im Dienste der kapitalstarken Interessenten. Dialektik des Weltgeistes, List der Minervaeule – wir werden immer klüger, je dümmlicher sich die Welt zu bewegen und zu entwickeln scheint.

Ich würde ja gerne mal wissen, auf welches Recht sich die FIFA da beruft.

Auf keines, soviel ich weiß. Es ist ja fast ein billiges Argument zu sagen, ein Mitausrichter wie der Deutsche Fußball-Bund könnte sich doch wehren. Nur, es gibt natürlich Verträge darüber, wie welche Gelder wohin fließen. Und diese WM wird einen Rekordgewinn für die FIFA abwerfen, auch einen Rekordgewinn für den DFB, unabhängig davon, ob Deutschland ins Halbfinale kommt oder nicht. Das ist die gewaltigste Sportakkumulationsmaschine, die jemals in der Geschichte der Menschheit angeschmissen wurde. Die Anfänge haben wir 1998 in Frankreich beklagt, sie waren absurd, sie waren lächerlich, sie waren nahezu putzig – verglichen mit dem, was auf uns zurollt. Das Turnier in Südkorea/Japan hat erste Maßstäbe zu setzen versucht, die sind aber territorial weit in die Ferne gerückt gewesen und nicht so sehr in voller Konsequenz an uns herangetreten. Jetzt wird uns vor Augen geführt, was mit dem Geldschaufelfußball in Verbindung steht, und es geht um eine gnadenlose Ausbeutung des gewissermaßen virtualisierten Fans. Ich glaube, in den Stadien werden sich zwischen dreizehn und siebzehn Prozent wirkliche Fans aufhalten. Der Fan wird bei aller Eventkultur und Ummauschelung nur noch als Claqueur, und zwar als möglichst zivilisierter, befriedeter und in den moralischen Verhaltensformen der FIFA auftretender Fan, zur Kenntnis genommen bzw. überhaupt vorgelassen. Alles darüber hinaus bleibt eine Wertschöpfungsdynamik, die das Letzte, was an meinethalben emotivem Gebrauchswert da ist – nämlich daß noch immer Fußball gespielt wird –, aufsaugt und immer weiter inszeniert, bis wir hoffentlich, um eine Gedankenfigur von Adorno zu bemühen, eschatologisch ernüchtert erkennen, daß das alles ein großer Schmarren ist und wir damit nichts mehr zu tun haben wollen.

Ich weiß nicht, wieviel du von Olivenöl verstehst. Olivenöl hat im Kontext der kommenden WM aber an Bedeutung gewonnen. Die deutschen Fußballfunktionäre reagieren sehr dünnhäutig auf Kritik. Der Kaiser hat sich maßlos echauffiert über eine Untersuchung der Stiftung Warentest, die mangelnde Sicherheit in den Stadien diagnostizierte. Auch ein Ausdruck von Gesinnungsdiktatur, oder?

Das Phänomen Beckenbauer ist von vielerlei Seite durchleuchtet, ist von vielerlei Seite auf einen Begriff gezwungen worden. Ich renne offene Scheunentore ein, wenn ich sage, daß eigentlich niemand weiß, wer Franz Beckenbauer ist. Er ist einerseits Grantler, Krautkopf, Krauskopf, Schlammredner, andererseits in solchen Momenten, in denen er sich gegen ein – möglicherweise auch nur vermeintlich unabhängiges – Institut zur Wehr setzt, aus seiner Repräsentantenpflicht heraus, Sprachrohr von ganz planen Interessen. Und insofern ist dieser olivenölgeschmierte Mensch ein Paradebeispiel dafür, wie man einen an allen Fronten brachialisierten Kapitalismus mit einer kalmierenden und frustableitenden Strahlemannfigur in Verbindung bringen muß, mal volkstümlich, manchmal auch monarchistisch behaucht, manchmal auch zwirbelstubenartig abgefedert. Der Aufschrei gegen das Kratzen der Stiftung Warentest am Mythos der deutschen Ingenieurskunst ist ein sprechender Beleg dafür, wie Standortideologien bei jeder Gelegenheit gesinnungsdiktatorisch eingepaukt werden – und sei es eben, daß Franz Beckenbauer herausbölkt, das sei ein Angriff auf das Ansehen Deutschlands. Man könnte, sozialpsychologisch geschult, so man es denn wäre, hier ein soziologisches Lehrstück ausbreiten. Nur, wer will das wissen?

Du selbst bist Kurator der siebenteiligen Reihe »Fußball-Bar« an einem der größten deutschen Theater, dem schauspielfrankfurt. Das Motto dieser Veranstaltungsreihe, die vom 15. März bis zum 28. Juni dauert, stammt vom Kopfballungeheuer und Fliegenfischer Horst Hrubesch: »Wir müssen das alles noch mal Paroli laufen lassen.« In der »Fußball-Bar«, nehme ich an, sollen Alternativen zur Unter- bzw. Überhöhung der Fußballbetrachtung angeboten werden. Was ist geplant? Welche Aspekte des Fußballs werden da mit wem präsentiert und diskutiert?

Eine einfachere Frage hättest du nicht stellen können.

Das war aber die längste.

Die Idee, daß Fußball im weitesten Sinne etwas mit Kultur und damit auch im engeren Sinne mit einer im Grunde wohl abscheulichen Form von Sublimation zu tun hat, ist ja gleichfalls nicht ganz neu. Seit den achtziger Jahren setzen sich immer stärker gewisse ziselierte Analysen in Szene, die behaupten, Fußball sei nicht nur das, was auf dem Platz und auf den Tribünen passiert, sondern Fußball sei, im Nietzscheschen Sinne gebabbelt, eine Form von komprimiertem Lebenstheater, von Dramaturgie und Dramatik des Lebens. Zu all diesen Dingen möchte ich mich jetzt nicht dezidiert äußern, aber eine Veranstaltungsreihe wie jene, die ich kuratiere, möge im besten Falle, obwohl sie natürlich schwerst kulturell belastet und beladen sein wird und sein muß, möge das, altachtundsechzigerisch gesprochen, eben auch wiederum in Frage stellen. Der Auftakt ist mir eine Herzensangelegenheit – die Präsentation der Ror Wolfschen Hörspiele, die einen emphatischen und zugleich distanzierten, ironischen und hochsprachangereizten Zugang zum Thema gefunden haben. Im weiteren Verlauf soll es idealiter darum gehen, den Fußball wieder als Sport zur Sprache zu bringen und nicht als Gegenstand von Feuilletonismen, als Gegenstand von analogisierenden Deutungsmodellen, und gleichzeitig zu fragen: Was ist das eigentlich für ein Betrieb innerhalb des Gesamtbetriebs, innerhalb der Gesamtmechanik der Welt? Wenn so ein Spagat gelänge, wäre ich schon als zwangsläufig Verantwortlicher zufrieden.

Kurze Zwischenbemerkung: Der Spiegel *hat vor einiger Zeit gefordert, den Fußball »aus den Händen der Intellektuellen zu befreien«.*

Er hat nicht ganz unrecht.

Deine Reihe geht ja auch intellektuell, also lustvoll und kritisch mit dem Fußball um.

Das bleibt wahrscheinlich nicht aus. Aber wenn ich – entschuldige, wenn ich das sage –, wenn ich die Wörter »lustvoll« und »kritisch« höre, dann geht mir das Messer in der Tasche auf. Ich weiß, wie du das meinst. Wenn Marcel Reich-Ranicki sagt, daß es nichts Übersichtlicheres und Spannenderes gebe als ein Fußballspiel und daß es als solches erhebender und erregender sei als ein Shakespeare-Drama, hat er in gewisser Hinsicht recht. In anderer Hinsicht aber natürlich unrecht, weil er sich an den Fußball als kulturalisiertes und feuilletonisiertes Phänomen ranwanzt, ohne überhaupt einen Dunst, einen Annäherungsdunst von der Sache zu haben. Es ist eine heikle Angelegenheit. Natürlich möchte man über Fußball gerne anders reden, als es in den Medien getan wird, und man sollte sich gleichzeitig dessen bewußt sein, daß das, was den Fußball ausmacht, immer noch das ist, was auf den Tribünen und auf dem Platz passiert. Also müßte man gewissermaßen mit dem Messer von hinten durch die Brust wieder das freilegen, um was es eigentlich geht. Und dann muß man möglicherweise vom Schauspiel, wo diese Veranstaltungen mit hochkarätigen und vernünftigen Leuten, die ein distanziertes Verhältnis zur allgemeinen Bekrähung des Fußballs pflegen, über die Bühne gehen werden, zurückkehren in die Wirtschaften, in denen Fußball als das in Erscheinung tritt, was er offenbar nach wie vor ist: ein mitunter unkorrumpierbares Medium, in dem sich Lebensverhältnisse artikulieren.

Welche Aspekte sind dir noch wichtig, die du in diesen »Fußball-Bars« anreißen möchtest?

Es möge einem im klassischen Sinn, angeberisch gesprochen, um Mythenzertrümmerung oder wenigstens darum zu tun sein, Mythen in Frage zu stellen. Wir werden über Fußball und Modernisierung reden, an Hand eines großartigen Buches von Harald Irnberger, des Wälzers *Die Mannschaft ohne Eigenschaften*. Wir werden darüber handeln, was die Medien mit dem Fußball anstellen. Wir werden über Fußball als nationalhistorischen Entwurf plaudern. Und wir werden am Beispiel Brasilien zur Diskussion zu stellen versuchen, warum die Bilder der Utopie eines spielerisch leichten, im schillerschen Sinne befreienden Fußballs auch dort nicht zulässig sind, wo man ihn dauernd verortet. Im besten Fall werden wir also vor einem Trümmerhaufen von Fragen stehen und uns dann, evtl. etwas nüchterner gestimmt, in die nächste Kneipe verfügen, um uns ein Fußballspiel anzusehen. Mit einer solchen Mixtur aus aufklärerischer Gewißheit und narrischer Hingabe an das Spiel sollte die WM ganz gut zu absolvieren sein.

»Wir müssen gewinnen. Alles andere ist primär«, sagte der Austria-Krankl mal, von der Muße der Weisheit und Erkenntnis geküßt. Deine Favoriten auf den WM-Titel sind …

… in einer Form von eiserner Verblendung: a) Deutschland und b) möglicherweise Polen.

»Ein großer Scheißhaufen«

Im Gespräch mit Stefan Erhardt.

Stefan Erhardt: Jürgen, du bist seit 2004 Lehrbeauftragter für Sprachwissenschaft – sieht die Welt deshalb anders aus?

Jürgen Roth: Die Welt sieht insofern zunächst durchaus anders aus, als das mit meiner publizistischen Arbeit gar nichts zu tun hat. Das Schöne an dieser universitären Tätigkeit ist, daß es tatsächlich noch so etwas wie eine distanziert-würdevolle, von jeder Verwertung freie Beschäftigung mit Sprache gibt. Herausfinden, welche Rolle die sprachliche Verfaßtheit von Welt in unserer Wahrnehmung spielt, das kann man nur in einem solchen Rahmen. Die sprachphilosophische Reflexion ist aber nicht unbedingt ein Korrektiv, sondern eine Art Einpegelung angesichts der praktisch pausenlosen Auseinandersetzung mit dem omnilateralen Mediensermon. Der Blick auf die Welt verändert sich dadurch nicht prinzipiell, vielleicht wird er ein wenig geschärft.

Richtet er sich jetzt auch geschärft auf die anstehende WM mit all ihren Begleiterscheinungen?

Da regiert ja mittlerweile der schiere Wahnsinn! Ich bin immer wieder erstaunt darüber, daß in den wenigen verbliebenen unabhängigen Medien, sei es im öffentlich-rechtlichen Hörfunk, sei es in bestimmten Tageszeitungen, nicht eine regelrechte Kampfhaltung dagegen eingenommen wird. Man muß sich das vorstellen: Die FIFA stellt sich hin und will in die Texte hineinredigieren! Dann meldet sich der Präsident der Zeitungsverleger äußerst mutig zu Wort und sagt: Wir müssen mit der FIFA in dieser Sache erst mal verhandeln. Da kann ich als Journalist nur entgegnen: Sepp Blatter, leck mich am Arsch! Du kannst mir doch nicht vorschreiben, was in meinem Text zu stehen hat! Wenn der Journalismus noch tiefer in diesen Marketingsumpf hineingezogen wird, als es ohnehin schon die Tendenz auch bei den großen Tageszeitungen ist – ich weiß z. B. vom *Tagesspiegel*, daß im Feuilleton keine Bücher von Verlagen mehr besprochen werden, die nicht im nämlichen Blatt inserieren; wenn sich das jetzt auch in der Sportberichterstattung fortsetzt, dann heißt das, daß Grundrechte substantiell angegriffen und vorauseilend mehr oder weniger abgeschafft werden. Das ganze Gekrähe über die vierte Gewalt ist insofern ein Potemkinsches Dorf, als die sich als unabhängig gerierenden Großmeister der Meinungsbildung, auch im Fernsehen, im Prinzip nichts anderes mehr tun, als offiziöse Meinungen leicht variiert zu verbreiten. Es gibt niemanden mehr, der etwa an Hand von Hartz IV oder der Einwanderungsproblematik über die Verfassung dieser westlichen Welt redet und Fragen stellt wie: Wollen wir das? Dem Fetisch einer permanenten Beschleunigung und Maximierung von Profiten dienen? Darüber wird nicht mehr geredet. Du findest über die Wirklichkeit in jeder beliebigen Kneipe mehr ausgesagt als in jeder sich elaboriert liberal oder kritisch gebenden deutschen Tageszeitung. Das ist schlichtweg erbärmlich.

Der Fan, der in der Kneipe Fußball schaut, ist aber auch nicht kritischer …

Richtig – und deshalb wäre der Fußball ja auch ein hochinteressantes Forschungsfeld gerade für Leute, die von der Kritischen Theorie her kommen, weil man am Fußball beobachten kann, wie Herrschaft funktioniert. Der Fan, den wir in Verkennung der Lage immer noch romantisierend als unverdorbenen, begeisterten Bestandteil des Fußballs wahrnehmen, ist im Grunde der größte Trottel, weil er sich nicht nur zu einem Esel innerhalb dieser Maschinerie machen läßt, sondern weil er gewöhnlich gar nicht merkt, was mit ihm geschieht. Da könnte man mal die Frage stellen: Wie funktioniert das, daß Menschen zu Fans modelliert werden, daß Menschen trotz aller schamlosen, fast dirigistischen Vorgaben, wie sie sich zu verhalten haben, immer noch zum Fußball gehen? Warum sagt niemand nein? Von Spinoza stammt der großartige Satz, Herrschaft beginne dort, wo ich das Kreuz als Symbol anerkenne. Es braucht keine Polizei, keine Gewehre, um jemanden zu zwingen, ins Fußballstadion zu gehen – warum tut das dennoch jemand freiwillig? Das wäre die entscheidende Frage. Und dann käme man über den Fußball, der heute in einer zügellosen Art und Weise die Öffentlichkeit okkupiert, an derartige herrschaftstheoretische Überlegungen heran.

Wäre der umgekehrte Ansatz nicht auch denkbar: daß Individuen sich zusammenschließen, z. B. als Fans, als Fanklub, die Mechanismen durchschauen und in ihrer Masse dem Ganzen kritisch gegenübertreten?

Tun sie das? Haben die Aktionen gegen die Versitzplatzung, die Aktivitäten des BAFF, Pro 15:30, haben die irgend etwas bewirkt? Natürlich nicht. Das hat, sozialpsychologisch gesehen, nachvollziehbare Gründe, daß man das überhaupt noch tut, und ich bin ja auch froh darüber, daß es noch Leute gibt, die sich gegen die allerübelsten Erscheinungen dieses Fußballs stemmen; aber letzten Endes rennen sie nach wie vor wie die Ochsen zum Trog. Sie werden die Konsequenzen nicht ziehen, sie werden ihre Dauerkarten nicht zurückgeben, und sie werden auch nicht sagen, ich will mit diesem ganzen Theater nichts mehr zu tun haben. Und wir werden während der WM eine neuartige Dimension der Durchdringung jeglicher Alltagsregung mit Fußball erleben, die, spekulativ gedacht, möglicherweise zu einem Umschlag führt, sofern einem nämlich der Irrsinn nackt vor Augen geführt wird und die Leute dann zur Besinnung kommen angesichts der Verruchtheit dieser Veranstaltung. Na ja, ich glaub' ja nicht daran. Ich bin ja selber zu sehr infiziert von diesem immer noch nicht restlos kaputtgetretenen und kaputtvermarkteten seltsamen Faszinosum, das darin besteht, daß man a) für eine Mannschaft ist und b) hofft, daß sie gewinnt. Das ist das ganze Geheimnis, das da ausgebeutet wird. Was möglicherweise ein zutiefst religiöses Bedürfnis ist – die Geschicke des Daseins dadurch in die Hand zu nehmen, daß man etwas, mit dem man nichts zu tun hat, nämlich wenn elf Spieler gegen elf andere gewinnen, als gutes Omen für sich selbst interpretiert. Ich glaube, auf keiner anderen Grundlage funktioniert dieser Sport.

Als eine Art Psychodroge? Eine Ausnutzung von Abhängigen?

Man muß doch sehen, daß es heutzutage brutale Ausbeutungsstrategien der Vereine gibt. Das wird auch nicht mehr kaschiert. Natürlich stellt sich auch ein Herr Blatter hin und behauptet, die WM sei ein großes Fest der Völkerverständigung – aber den interessiert doch selbstverständlich nur die Kohle, die dabei herausspringt. Freilich gibt es die karitative Kosmetik, die von allen kapitalistischen Drecksäcken von alters her in Szene gesetzt wird, die Unterstützung von SOS-Kinderdörfern oder was weiß ich. Aber es gibt nachweislich Äußerungen von Funktionären der FIFA und Herrn Blatter selbst, wonach es nur darum geht, Profite zu maximieren – das wissen ja alle. Trotzdem machen alle mit. Das ist insofern Psychogift, als man das a) weiß, b) trotzdem mitmacht, c) sich hinterher darüber ärgert am Kneipentisch und d) wieder hingeht. Da muß man sagen: Wir sind alle nur schwache Menschen. Offenbar halten wir eine konsequente Aufklärung über das, was wir täglich vorgeführt bekommen und selber am Leben erhalten, nicht durch. Wir brauchen offenbar ein Refugium, das uns entlastet von unseren eigenen Fragen. Da erfüllt der Fußball exakt diese Funktion.

Das hieße ja, daß du von deiner Liebe oder Haßliebe zum FC Bayern sofort zurücktreten müßtest …

Es ist keine Haßliebe, es ist eine reine, unverbrauchte Liebe zu diesem Verein! Aber es könnte sein, daß ein Umschlag selbst bei mir eintritt. Ich bin ja ein Narr wie all die anderen, über die ich hier schimpfe; da muß ich die Waffen strecken. Es ist allerdings so, daß der FC Bayern wenn schon Geliebte, dann ferne Geliebte ist – ich muß mich mit ihr nicht über dies oder das streiten, sie spricht nicht zu mir. Ich ärgere mich vielleicht über sie, aber das wäre es dann schon. Zugleich ist durch diese Distanz die kaum zu brechende Nähe wiederum sichergestellt, und das ist das Vertrackte am Fantum. Deswegen würde ich's wahrscheinlich sogar verkraften, wenn der FC Bayern noch drei Rummenigges installieren würde – den ich übrigens, im Gegensatz zum mir immer sympathischeren, eigentlich ohnehin durch und durch lobenswerten Uli Hoeneß, für eine ausgeschamte Figur halte, die man mal exemplarisch auseinandernehmen müßte, weil es keinen kälteren, anpassungsfähigeren und durchsetzungswilligeren Fußballkapitalisten gibt als ihn, zumindest in Deutschland nicht. Was übrigens hieße, daß ich gegenüber Hoeneß, den ich wiederholt nicht gerade freundlich traktiert habe, Abbitte leisten müßte. Und will.

Dann könnte ich aber auch sagen: Mir geht es um das Fußballspiel als solches, die Bewegungsästhetik dieses Sports, und deshalb trage ich meine zehn oder zwanzig Euro lieber in die Bezirksoberliga ...

Die C-Klasse ist als Soziotop insofern gewissermaßen einleuchtend, als da noch reale Menschen agieren. Mittlerweile nehmen wir diese realen Menschen, die ihren Bauch über den Aschenplatz oder den Acker schleppen, als solche nicht mehr wahr – die wirken vollkommen irreal, weil man Fußball nur noch in diesem zurechtgeschnittenen, durchgestylten Format wahrnimmt, als Fernsehfußball. Wobei ja der schöne, der gelungene Spielzug in seiner Unerwartetheit und Unwiederholbarkeit die absolute Ausnahme ist. Ich habe mir ja viele Feinde gemacht, als ich die Ansicht vertreten habe, daß beispielsweise der phasenweise minimalistische, zweckorientierte Fußball des FC Bayern seine eigene

Schönheit hat – weil er ausstellt, welche Ziele er verfolgt. Er tut nicht so, als wolle er etwas anderes.

Dann ist eine Mannschaft wie Mainz fehl am und aufm Platz …

Im Grunde genommen ja. Es kann keinen Spaßfußball geben. Spaß und Fußball haben nichts miteinander zu tun. Wer nach einer Niederlage seines Teams nicht zu Tode betrübt mindestens zwei Stunden lang Trübsal bläst oder sich fünf oder sechs Bieren anvertraut, hat mit Fußball nichts am Hut. Der soll ins Theater gehen oder Eiskunstlauf anschauen, denn es geht hier nicht um den klassischen bürgerlichen Begriff von Schönheit, es geht darum, daß aus dem sinnlich banalen, zähen Gewürge eines Fußballspiels plötzlich etwas entsteht, das epiphanische Qualitäten hat. Es gibt keine Choreographie schönen Fußballs; Fußball ist ein Zustellungsspiel, ein Ablaufspiel, ein Verengungsspiel, ein Unterbindungsspiel – und dann erst ein Entfaltungsspiel. Insofern sollte man, wenn man Kunst haben will, auch zur Kunst gehen.

Hat sich der Fußball aber nicht auch in anderer Hinsicht völlig gewandelt? Ich denke an die Anfänge in England, als es zwei Dörfern darum ging, eine Schweinsblase mit allen verfügbaren Mitteln durch das Tor der jeweils anderen Ansiedlung zu treiben, um – wie symbolisch auch immer – die Oberhand zu behalten. Diese Instrumentalisierung besteht jetzt doch nicht mehr?

Diese Frühform, als über drei, vier Kilometer der Ball übers Feld getrieben wurde mit Schlägen und Verletzten und Toten am Wegesrand, ist keine freundliche Vorstellung vom Fußball. Wir sind mittlerweile weiter. Früher haben sich Oberdorf und Unterdorf bekriegt; jetzt gibt es Fußballvereine, da wird das ritualisiert, symbolisch überhöht, und danach geht man in die Kneipe. Ritualisierungen, Beengungen setzen ja auch wieder Freiheitsmöglichkeiten frei – das kann man an der Geschichte des Dribblings sehen. Das Dribbling war erst dann möglich, als die brutalen Fouls verboten wurden. Das ist die seltsame Dialektik von Zwang und Freiheit, die sich im Fußball auf einer recht hohen zivilisatorischen, ja sehr begrüßenswerten Ebene zeigt.

Könnte Fußball die Welt befrieden?

Nun, wenn man rein physisch jeden einzelnen immer länger fußballspielend herumrennen ließe, wäre das eine Möglichkeit, und man könnte die alte pathetische Losung »Alle Menschen werden Brüder« locker in »Alle Menschen werden müder« übersetzen. Insofern könnte der Fußball in seiner globalisierten Form eine zivilisierende Funktion übernehmen. Realiter sieht's natürlich so aus, daß z. B. eine WM wie diejenige 1978 in Argentinien nicht hätte stattfinden dürfen – vergegenwärtigt man sich etwa, daß ein betonartiger Dummkopf wie Berti Vogts auf die Frage, was er von den Foltergeschichten halte, die quasi um die Ecke stattfanden, antwortete, sie, also die deutschen Auswahlrecken, seien ordentlich behandelt worden. Das stimmt mich dann doch entschieden skeptisch. Andererseits zeichnet den Fußball nicht nur der physische Bestandteil aus, sondern auch so etwas wie soziale Koordination. Die findet auf dem Fußballplatz statt – das hat Theweleit sehr schön gesehen, daß auf dem Platz kein Krieg mehr stattfindet, sondern ein hochkomplexes Verfahren, um soziale Koordination zu erzeugen, zu beobachten ist.

Kann diese Botschaft nicht aber auch der Fußball selbst zu den Menschen tragen?

Das bedürfte eines Nachdenkens über Fußball, wie es heute auch gesellschaftlich nicht gegeben ist. Die Marktkretins, die heutzutage heranwachsen, unterhalten sich ja entweder über Fußballvereine oder über Handyhersteller. Deren Maxime lautet schlicht, daß jeder seines Glückes Schmied ist – von sozialer Wachheit keine Spur. Ein Nachdenken über andere politische Möglichkeiten – auch an Hand des Fußballs – fehlt vollends, wird auch gar nicht zugelassen durch die Eventisierung des Fußballs. Es wird ja heutzutage niemand mehr dazu ermuntert, nein zu sagen, sondern jeder wird permanent aufgefordert, sich einzugliedern, sich nützlich zu machen zum Wohle anderer, sei es im Dienste der Firma, sei es für den Verein. Insofern ist Fußball in diesem totalisierten Modell von neoliberaler Vereinnahmung des einzelnen ein äußerst ungünstiges Exempel für Emanzipationsmöglichkeiten.

Eine Refeudalisierung?

Eine Refeudalisierung, gekoppelt mit einem avancierten Modell des entfesselten Durchsetzungskapitalismus. Man kann das ja im kleinen erleben: Da sitzen Leute drei Jahre lang am Tresen ihrer Stammkneipe und reden darüber, wie wichtig die Firma ist, für die sie arbeiten. Dann werden sie auf die Straße gesetzt und erkennen in demjenigen, der nicht gefeuert wurde, nichts anderes als einen Gegner. Mit dieser perfiden Logik von Einbindung und Aufeinanderhetzen funktioniert das alles – und das ist im Fußball leider mittlerweile auch so. Ich will nicht das hohe Lied der Loyalität singen, aber eine soziale Verantwortlichkeit, die man nicht vor sich her trägt, sondern die aus dem selbstverständlichen Umgang der Menschen untereinander erwächst, die gibt es in diesem Gewerbe im Grunde nicht. Deshalb ist mir Jürgen Klinsmann ein solcher Dorn im Auge – weil er nichts davon verstanden hat, nichts davon wissen will, wie Menschen miteinander umgehen, daß sie schutzbedürftig sind, denn über Wettbewerb allein hast du noch nie eine große Mannschaft geschaffen.

Weshalb dann die Annäherung der Politik an den Fußball? Die zum Teil ideologisch hinauszulaufen scheint auf »Ein Volk, ein Fußball«?

Abgesehen von den banalen Anwanzereien von Politikern hat es immer wieder Versuche gegeben, den Fußball politisch zu instrumentalisieren. Schröder hatte vor, eine Wahl über den Fußball zu gewinnen, das war ein klares Kalkül seiner Wahlkampfzentrale, und ich bin ausgesprochen froh, daß wir diesen Fußballwahlkampf 2006 nicht erleben müssen.

Begleitend zur WM haben wir nun aber auch solche Kampagnen wie »Du bist Deutschland« oder wortkräftige Unterstützung von öffentlichen Personen wie Dieter Bohlen …

Da steckt ja nun nichts mehr dahinter. Das ist der entfesselte Schwachsinn, die reine Nichtigkeit, da gibt es nichts mehr zu interpretieren. Es ist auch jedem Fußballfan klar, daß hier der letzte Versuch unternommen wird, Prominenz in ein Thema hineinzudrängen, das ohnehin mit einer ihm eigenen Bedeutsamkeit aufgeladen ist.

In Sachen Bohlen und der jungen deutschen Nationalmannschaft könnte man aber doch auch sagen: Das ist eine Variante von DSDS – Deutschland sucht den Fußballstar.

Die semantisch-symbolischen Engführungen sind da, das stimmt, das ist beabsichtigt, damit wird gespielt, und das kommt möglicherweise bei bestimmten Leuten auch genau mit dieser suggestiven Kraft an. Da kann ich nur sagen: Wenn das der deutsche Fußball ist, dann ist die ganze Veranstaltung nur noch ein großer Scheißhaufen, mit dem ich nichts mehr zu tun haben will. Da hilft auch keine Polemik mehr. Und daß sie es geschafft haben, daß jeglicher Versuch, sich polemisch, analytisch, kritisch daran abzuarbeiten, von vornherein zum Scheitern verurteilt ist, ist wahrlich ein Triumph des alles durchpestenden Marketinggedankens.

Vorbereitung

Früher war die beinahe schönste Zeit die der Vorbereitung. Man kaufte sich das *kicker*-WM-Sonderheft, lernte die Hauptkräfte der deutschen Gruppengegner samt Körpergrößen und Geburtsdaten auswendig und dämmerte dem anmutig sinnlosen Spitzenereignis Fußballweltmeisterschaft selig meditativ entgegen. Das war eine Art klösterliches, gleichwohl wohlig säkulares Einstimmungseinschwingen, das wahre Vorfreude erzeugte.

Diesmal ist man zu nichts gekommen – erst das vor Bedeutungshuberei berstende Kulturprogramm, an dem man hie und da selbst partizipierte und das den Literaturwissenschaftler Klaus Ramm dazu veranlaßte, im *RadioClub* (SWR2) grimmig zu fordern, der »großmäuligen« Belästigung des Spiels durch die sog. Kultur ein Ende zu bereiten; und dann die spätestens in der letzten Vorlaufwoche nicht mehr aufzuhaltende Fußballfernsehwalze, die jeden Anflug von gespannter Erwartung und freudiger Besinnung plattmachte.

Der medial in die Mangel genommene Fußball ist ein »irres Bezugssystem« (Harald Braun), das war einem vorher bewußt gewesen, und doch wünschte man sich eine neue julianische Kalenderreform, um ein paar Tage zum Durchschnaufen zu gewinnen. Die allerdings wären mit weiteren – zugegeben: teilweise beachtenswerten – Dokumentationen und Reportagen zugekleistert worden, dann wahrscheinlich über den Stellenwert des Fußballs in den Nichtteilnehmerländern.

Bereits am Pfingstsonntag startete der auch bis dahin nicht faul gewesene »Ereigniskanal« Phoenix, aufgestiegen zum »Medienpartner des Deutschen Bundestages«, seine tägliche, never ending Sondersendung *WM-Fieber*, mit Ersatzexperte Steffen Freund, zur Not mit Liveschalten zum leeren Trainingsgelände der Brasilianer in Königstein oder in J. Klinsmanns Berliner Pressehauptquartier im ICC. Da bekam man immerhin zu Gehör, daß die Kollegen der *Süddeutschen Zeitung* und des sid den Jürgen duzen dürfen, während all die anderen gewichtigen Pressevertreter angesichts der Nahaufnahmen von ihren in Bälde berühmten Gesichtern jubilieren konnten.

Die ARD bereicherte die PK-Premiere durch einen ungeheuer investigativen Einblick in den Wellness-Bereich für Journalisten, derweil RTL in der Folge in *Punkt 6* Ulli Potofski und Olaf Thon über zwickende Waden plaudern und das Sat.1-*Frühstücksfernsehen* Schnatterhans Uli Köhler flüstern ließ: »Jede kleinste Wasserstandsmeldung wird als große News verkauft.«

Bei soviel hitziger (Selbst-)Reflexion rund um Ronaldos Blasen und Ballacks »Achillesferse der Nation« (ZDF-*Morgenmagazin*) gingen sogar die BR-Anheizer *Bayern vor dem Anpfiff* und *KickerMania* durch. »Lieber Sofa als Stadion«, lautet ja der Sponsorslogan des Kulturverwaltungskanals arte, und man darf schon heute, nach einem nie dagewesenen Countdown- resp. imbezilen Fußballpartygedröhne sowie den ersten WM-Offenbarungen des hehren Joh. B. Kerner (»Es hilft ja auch, wenn das Herz in einem Fußballer auch mit dabei ist«), sicher sein: Die deutschen Medien werden Weltmeister. Denn sie haben uns bis zur Erschöpfung aller Urteilskräfte vorbereitet.

Der Kerner der Woche (1) – Ein Bus wird kommen

»Hier im ZDF entgeht Ihnen nichts«, schmettert Johannes B. Kerner ins Rund, »der Mann für alle Bälle« (*stern TV magazin*, 8. Juni 2006), wie bedröhnt von der eigenen, wieder mal zweieinhalb Stunden beinahe ununterbrochen währenden Bildschirmpräsenz zwanzig Minuten vor Beginn der neuen Zeitrechnung, München, 9. Juni 2006, 18 Uhr. Und bevor Reporter Béla Réthy eine weitere seiner sehnlich erwarteten, pfundigen Sprachraketen zünden, nämlich uns verklickern kann, Costa Ricas Defenseabteilung sei »ein Bollwerk wie eine Bienenwabe«, bestätigt er, Kerner, uns, den auf Grund des eigenen Durchhaltewillens und wohl auch der notgedrungen frühzeitig reingetrichterten kühlen WM-Sponsorbiere wie berauscht vor sich hin stierenden Konsumenten des ganzen TV-Salats: »Wir sind schon in Berlin.«

Wir sind schon am Ende. Und wissen nicht recht, worüber wir am inständigsten staunen sollen. Über Kerners unvergleichliche, unverwüstliche Affirmationsattitüde, dergestalt sich dieses Ausnahmemodell der Moderatorenriege ausnahmslos über alles freut, und sei's über die »deutsche Lebensfreude« (Herbert Grönemeyer), über die »Umrisse unseres wunderschönen Landes«, die er auf einer Graphik entdeckt, über den Hunger in Afrika oder halt vor allem über Miroslav Kloses brandaktuelle Frisur, die »Basti-Bürste«?

Oder über die inkommensurabel zerzausten Gedanken, die er sich am Babbeltresen in der ZDF-Arena am Potsdamer Platz pausenlos macht? Über einen sagenhaften Satz wie »So ein Eröffnungsspiel ist relativ sinngebend für die kommenden Partien« z. B.? Oder über die bei der »Kommission für die Vorauswahl der am Tag des Jüngsten Gerichts zu verhandelnden geistigen Entgleisungen« einzureichende Frage an den nun von der täglichen Fron befreiten OK-Boß Bekkenbauer: »Ist jetzt die kindliche Naivität eingekehrt in den Körper von Franz Beckenbauer?«

»Daß es um journalistische Dinge geht«, hatte Jo. Kerner zu Beginn der Premiere der WM-Vorberichtmarathonstrecken betont. »Wir versuchen, journalistisch runde Sendungen zu machen, die dann in Ihren eckigen Kasten passen.« Aus welchem schließlich, zu Livebildern aus der Helikopterperspektive, herauspurzelte: »Ein Bus bewegt sich durch Deutschland«, derjenige von Klinsmanns Team mithin, »da vergißt man, daß man schon zum Mond geflogen ist. Das sind bewegende Momente.«

Ein Bus wird kommen, das war zu sehen und zu hören, und wenige Minuten später rief Johannes Bus Kerner erneut so entzückt wie verrückt in die Guckkästen von zirka vier Milliarden Deutschen hinein: »Ein Bus, geleitet mit Polizeischutz durch Deutschland, für Deutschland!«

Selbst Deutschland hat mehr verdient als (nur) einen Bus. Das begriff sodann auch, nach ein paar weiteren Minuten, Johannes Bussi Kerner. Denn jetzt war obendrein der Bus des Teams Costa Rica zu sehen. »Zwei Busse« – zwei! Busse! –, »zwei Busse, die rollen, es ist ja nicht auszuhalten!« verlor Johannes Besinnung Kerner endgültig den Verstand, und erst unmittelbar vor Anpfiff, als Experte Jürgen Klopp die brunzklugen Taktikeinwände seines Nebenmannes Johannes Ballabulli Kerner, dessen herausragende Eigenschaft laut *stern* sein »brennender Ehrgeiz« ist, sichtlich genervt widerlegte, verdampfte mählich jener Rumor im Hirn, den keiner so zuverlässig auszulösen vermag wie Johannes Buddha Kerner, wenn er etwa zur Diskussion stellt: »Wie wichtig ist es für einen Stürmer, im Auftaktspiel zu treffen?«

Da hatten wir also die überraschende Erkenntnis heim- und auf den Punkt gebracht: Kompetenz – Kerner: 18:0. Und rätseln aber nach wie vor darüber, wofür dieser Urs Meier, dieser zerebral tiefergelegte ZDF-Knausel aus dem ruhmreichen Schiedsrichterland Schweiz, eigentlich bezahlt wird. Für seine schlichte Grinserexistenz i. S. des Anchoraffen Kerner? Auf daß er, Urs aus den Bergen, am nächsten ZDF-Spieltag am besten gar nichts mehr von sich und seinen zerknüllt nichtigen Schweizer Schiedsrichtergedanken preisgibt?

Das entbehrte nicht einer »gewissen« Logik. Und für die sind wir immer zu haben.

»Keinerlei Tiefenerkenntnis für den Zuschauer«

Im Gespräch mit Holger Hettinger.

Holger Hettinger: Herr Roth, läßt sich nach den ersten drei WM-Tagen bereits so etwas wie ein Trend, ein roter Faden dieser WM erkennen?

Jürgen Roth: Ja gut, der rote Faden mag, um mit dieser Ja-gut-Floskel zu beginnen, der sein, daß ich schon vor der WM eigentlich erledigt war, denn die Vorberichterstattung hat schon alle Dimensionen gesprengt. Wir haben da ja etliche Countdown-Partyveranstaltungen über uns ergehen lassen müssen. Aber jetzt bei der WM, muß man sagen, hat das Fernsehen sich als maßlos expandierendes Medium unter Beweis gestellt.

Ich fand sehr eindrucksvoll vor dem Eröffnungsspiel, daß man da wirklich drei Stunden lang darüber geredet hat, daß es jetzt gleich losgeht. Und das muß man dem Fernsehen zugute halten, daß es diese drei Stunden tatsächlich mit einem auch äußerst gut aufgelegten Johannes B. Kerner gefüllt hat, der den wunderbaren Satz gesagt hat, vielleicht erinnern sich die Zuhörer, als der deutsche Bus, der Mannschaftsbus aus der Helikopterperspektive gezeigt wurde, sagte er, ein Bus bewegt sich durch Deutschland, da vergißt man, daß man schon zum Mond geflogen ist, das sind bewegende Momente. Also, in diesem Sinn bewegt uns die WM sehr, und das Fernsehen bewegt uns noch mehr als die WM selber.

Sie sprechen den medialen Overkill an. In welchem Verhältnis stehen denn nun Fußball und Inszenierung, wenn man die drei WM-Tage mal zugrunde legt?

Seltsamerweise in einem disparaten Verhältnis, denn die Weltregie, also die Fernsehweltregie der FIFA, ist sehr sparsam. Ich habe gestern eine einzige Netzkamera in Stellung gesehen. Man sieht meistens die Totale von der Führungskamera an der Seitenlinie bzw. auf dem Stadiondach, die allerdings viel zu hoch angebracht ist. Also, das ist das einzige Ärgernis an dieser TV-Regie, denn man kann keine Rückennummern erkennen und fühlt sich teilweise so, als würde man aus einem Zeppelin auf das Spielfeld schauen.

Und das bestimmt die FIFA?

Das bestimmt die FIFA. Ich habe mich extra kundig gemacht, denn ich muß gestehen, daß ich mich tatsächlich schon beim Eröffnungsspiel, das erstemal in meinem Leben, per Telephon beschwert habe beim ZDF, worauf mir die freundliche Dame beschied, sie könne da nichts machen, das sei die FIFA, die die Weltregie in den Händen halte. Wenn man den bekannten Pay-TV-Kanal guckt, hat man die Option, auf 16:9-Format umzuschalten, und da geht es dann. Aber die Regel ist halt, daß man auf den Öffentlich-Rechtlichen bzw. den Privaten schaut, und da geht eigentlich, obwohl man den Eindruck bekommt, das Spielfeld größer im Blick zu haben als zuvor, da geht eigentlich der Bezug zum Spiel ein bißchen verloren. Denn das sind dann irgendwie so Kleinstfiguren, die da rumrennen, das würde ich sozusagen mal negativ in Rede stellen wollen.

Trotzdem, die Kameraführung sonst ist sehr gut, ist unspektakulär, man hat kaum Prominente gesehen auf den Tribünen, man hat kaum übertriebene Untersichten usw. gesehen. Das andere ist natürlich das Drumherum. Da ist Sendezeit zu füllen, wir haben das schon angesprochen, und mit sehr zweifelhaften Formaten wird da teilweise gearbeitet. Wenn ich mir z. B. so eine Sendung wie *Waldis Club*, also Waldemar Hartmanns spaßig-humorige Nachklappsendung am späten Abend, anschaue, dann geht es da offensichtlich darum, die Tiefe des Niveaus noch weiter abzusenken. Da wird also, mit Jürgen Klinsmann gesprochen, in die Horizontale, in die Breite geredet, ohne daß wir sozusagen irgendeine Tiefenerkenntnis mit davontragen würden. Weniger wäre, um einen alten Satz zu sagen, da sicherlich mehr.

Die Expertitis ist ja auch ein Stichwort im Zusammenhang mit der Fußball-WM. So ziemlich jeder der übertragenden Kanäle, ARD, ZDF und RTL, verläßt sich auf ein Heer von mehr oder weniger qualitätvollen Experten, doch was die da so sagen, hm … Z. B. gestern Rudi Völler für RTL: »Wie es weitergeht, wird die zweite Halbzeit zeigen.« Dafür brauche ich ja wohl hochbezahlte Experten. Wie kommt es, daß sich die Deutschen gerne auf solch hochdekorierte Menschen verlassen, die dann im Prinzip nur Platitüden absondern?

Also, es sind nicht nur die Deutschen, muß man dazu sagen. Es gibt z. B. auf Eurosport eine halbstündige WM-Show mit Arsène Wenger, der sagt in der Tat ein wenig mehr, natürlich im analytischen Nachklapp. Das ist heutzutage offensichtlich unverzichtbar, weil man seitens der Sendeanstalten nicht mehr darauf vertraut, daß der Zuschauer sich selber ein Bild vom Spiel machen kann. Rudi Völler ist ein sehr schönes Stichwort, er schließt nahtlos an die früheren Zeiten eines Karl-Heinz Rummenigge an. Sie können sich vielleicht erinnern, daß er sehr gerne mit Heribert Faßbender zusammen Spiele auch live kommentiert hat – und dann sagte: »Ja gut, wir müssen abwarten, was die zweite Halbzeit bringen wird.« Es ist insofern eine sehr brauchbare Einrichtung, weil gezeigt wird, daß über Fußball eigentlich gar nicht so viel zu sagen ist, und dann kommt so eine Art meditativ entleertes Gerede heraus wie bei Rudi Völler, der ja schon als Interviewpartner bekanntlich, abgesehen von seiner Wutrede damals, nie etwas gesagt hat, das von Belang gewesen wäre.

Erstaunlicher finde ich noch Urs Meier, den Schiedsrichter aus der Schweiz, der für das ZDF neben Jürgen Klopp engagiert wurde. Da frage ich mich wirklich, wofür dieser Schweizer, der nun mutmaßlich genug Geld hat, da eigentlich bezahlt wird, denn der hat in diesen drei Stunden exakt gar nichts gesagt, aber möglicherweise liegt es an der Frisur oder woran auch immer. Eine Ausnahme ist Jürgen Klopp selber, der dem Johannes B. Kerner doch mehrfach in die Parade gefahren ist und dessen sozusagen gespielt kindische Taktiknachfragen zurückgewiesen hat und auf das Feld und auf das Geschehen auf dem Feld selber verwiesen und gesagt hat: Das liegt doch alles klar vor Augen. Also, das ist gewissermaßen ein Medienspiel, das sich da inszeniert und das man nur mit wachsendem Desinteresse oder Vergnügen an der reinen Nichtigkeit dieser Veranstaltung begleiten kann.

Und deswegen wollen wir das auch gar nicht künstlich hochsterilisieren, um mit Bruno Labbadia zu reden. Lassen Sie uns doch mal ein paar Fußballklischees hinterfragen, Jürgen Roth. Vor nicht allzu langer Zeit hat man ja jedem Team so eine Art persönliche Stilistik zugesprochen – die Deutschen: verbissene Kämpfer, die auf Arbeitssiege abzielen, die Engländer spielen Kick and Rush, also Ball fix nach vorne, aber Finesse hat das nicht. Und die südamerikanischen Fußballer, das sind technisch versierte, aber letztlich doch zu ballverliebte Straßenfußballer. Stimmen diese Klischees noch, wenn man den Befund der ersten drei WM-Tage zugrunde legt?

Also, um mit Horst Hrubesch zu reden, wenn man die ersten zweieinhalb Tage Paroli laufen läßt, dann wird man wenig Indizien dafür finden, daß diese Klischees so betonhart nach wie vor stimmen. Sie haben aber nie so gestimmt. Das Bild von Brasilien, wir werden ja sehen, wie sie morgen spielen, ist immer noch eins, das rein mythenbehaftet ist. In Brasilien selber wird ja viel härter, viel unnachgiebiger, viel zerstörerischer Fußball gespielt. Und Paraguay gegen England, da fühlte ich mich an die WM 2002 erinnert, als Deutschland gegen Paraguay spielte und praktisch keine Torchance herausgespielt wurde von beiden Mannschaften.

Sehr überrascht war ich, daß zum Beispiel Trinidad & Tobago mit einer sehr mutigen Darbietung den doch äußerst engagiert spielenden Schweden ein 0:0 abgetrotzt hat. Da hat die WM für mich angefangen, jenseits all dieser Klischees. Denn wir haben mittlerweile einen globalisierten Fußball, in dem sich überall dieselben und von Jürgen Klinsmann ja immer wiederholten Vorschriften abspiegeln auf dem Platz, d. h.: drauflaufen, zumachen, eng machen. Fußball ist ja auch ein Verhinderungsspiel, ein Verengungsspiel, und das sehen wir im Prinzip mit wenigen Ausnahmen bei allen Mannschaften. Einen typischen Nationalstil in dieser Art gibt es eigentlich seit den neunziger Jahren nicht mehr, würde ich behaupten.

Wie ist es mit dem Niveau des Fußballspiels? Also, beim Spiel Argentinien gegen Elfenbeinküste hatte ich immer den Eindruck: Um Himmels willen, wenn eine dieser beiden Mannschaften auf Deutschland trifft, dann sieht es schlecht für uns aus.

Ja, dann können wir den Laden zumachen, das ist zumindest der Eindruck. Andererseits würde ich darauf hinweisen, daß sich Spiele jeweils – auch das eine Binsenweisheit – am Gegner entwickeln. Und ich glaube, daß Jürgen Klinsmann so klug wäre, wenn wir denn beispielsweise auf Argentinien träfen, daß er die Mannschaft defensiver, kompakter einstellt, auf Ballsicherung stärker bedacht. Mannschaften wachsen ja tatsächlich im Verlauf solcher Turniere, und ich traue das den Deutschen, muß ich sagen, in der Tat zu, auch wenn ich gehört habe, daß z. B. Gerd Müller im Münchener WM-Stadion gesagt hat, daß Costa Rica mehr oder weniger eine Kneipenmannschaft gewesen sei. Ich glaube, sie hätten in der Tat dann eine Chance, wenn der Fußballverstand über die Ideologie des ständigen Nach-vorne-Spielens siegen würde. Und darauf setze ich mal.

Es fällt auf, daß die deutschen Verantwortlichen alles daran setzen, um eine möglichst reibungslose, skandalfreie, gewaltfreie WM durchzusetzen, um diesem Motto »Die Welt zu Gast bei Freunden« gerecht zu werden. Nun ist ja doch da einiger Sprengstoff drin, Thema Iran beispielsweise. Der bayerische Innenminister Beckstein befürchtet Provokationen iranischer Agenten. Oder auch ein Spiel wie gestern z. B., Portugal gegen Angola, das war eine Begegnung, vor fünf Jahren sind die schon mal aufeinander getroffen und haben sich regelrecht verkloppt auf dem Platz. Wie wichtig sind solche Bereiche, die im weitesten Sinne mit Harmonie zu tun haben?

Den Fußball als Stellvertreterkrieg zu begreifen ist ja seit Jahrzehnten Mode, und ich glaube, wir haben gestern gesehen, daß diese Dinge und diese Befürchtungen, daß ähnliche Vorgänge passieren könnten, relativ unbegründet sind. Mittlerweile ist der Profifußballer, auch der, der sich ins Nationaldreß steckt, so fixiert und orientiert auf das, was er da an Prämien und Geldern reinfahren kann, daß er sich gar nicht mehr hinreißen läßt zu solchen Aktionen. Ich glaube auch, daß vielen Auswahlspielern relativ egal ist, für welches Land sie da antreten. Hauptsache, sie agieren auf dieser Bühne, das ist eine große Marktbühne für die nächste Saison, und die wichtigsten Zuschauer in diesem Spektakel sind Spieleragenten aus Italien und Spanien, die da rumlaufen. Und insofern glaube ich, daß das eher heiße Luft ist, die da ventiliert wird. Ich würde das alles etwas tiefer hängen.

Vielen Dank für das Gespräch.

*

Das obige Interview wurde in aller Herrgottsfrühe, nämlich um kurz nach neun Uhr geführt. Das Innere meines Kopfes war noch damit beschäftigt, den Namen seines Besitzers neu zu erlernen, demzufolge fielen meine Antworten verwaschen, lasch, faselig und weitenteils brockdoof aus (abgesehen von der geradezu saumäßig hellsichtigen Vorahnung bzgl. einer Auseinandersetzung zwischen Deutschland und Argentinien, hehe).

Das Deutschlandradio stellte trotzdem eine Abschrift des Gestammels auf seine Website, flankiert von einer »Kulturnachricht«: »Der Buchautor und Fußballkenner Jürgen Roth hält die Medienberichterstattung über die Fußball-WM teilweise für großen Mist. Die Fernsehsendung *Waldis WM-Club* z. B. sei zweifelhaft, sagte er im Deutschlandradio Kultur. Es werde in die Breite geredet, ohne dem Zuschauer eine Tiefenerkenntnis zu liefern. Und was Ex-Bundestrainer Rudi Völler zu sagen habe, sei schlichtweg ›meditativ entleertes Gerede‹. Auch über die Bildregie der FIFA mokiert sich Roth. Die Kamera sei viel zu hoch angebracht; er fühle sich teilweise so, als würde er aus einem Zeppelin auf das Spielfeld schauen.«

Nun war die Sensation in der Welt, diverse Nachrichtenagenturen schnappten die exzeptionellen Erkenntnisse sofort auf. AP z. B. verbreitete folgendes:

Autor Roth kritisiert WM-TV-Sendungen als niveaulos

Montag, 12. Juni 2006, 13.21 Uhr Berlin (AP) Der Autor und Fußballkenner Jürgen Roth hat die WM-Berichterstattung im Fernsehen als teilweise niveaulos kritisiert. Sendungen wie *Waldis WM-Club* bezeichnete Roth am Montag im Deutschlandradio Kultur als zweifelhaft: »Da geht es offensichtlich darum, die Tiefe des Niveaus noch weiter herabzusenken.« Es werde »in die Breite geredet«, ohne dem Zuschauer eine Tiefenerkenntnis zu liefern, kritisierte der Philosoph.

Auch für die Fußballexperten der Fernsehsender hat Roth offenbar wenig übrig: Die Sendeanstalten vertrauten offenbar nicht mehr darauf, daß sich der Zuschauer ein eigenes Bild machen könne, sagte er. Als Beispiel nannte er Ex-Bundestrainer Rudi Völler und dessen »meditativ entleertes Gerede«. Immerhin zeige dies aber, daß über Fußball »eigentlich gar nicht so viel zu sagen ist«.

Wenig Gnade fand bei Roth auch die Weltbildregie der FIFA: Meist würden die Spiele aus der Totale an der Seitenlinie oder dem [sic!] Stadiondach gezeigt, kritisierte er. Die Kamera sei allerdings viel zu hoch angebracht: »Man kann keine Rückennummern erkennen und fühlt sich teilweise so, als würde man aus einem Zeppelin auf das Spielfeld schauen.« Der Bezug zum Spiel gehe damit etwas verloren. Generell begrüßte Roth aber die sparsame und unspektakuläre Kameraführung.

Na bitte. Jetzt war man auch noch »Philosoph«, weshalb Dutzende von Blättern diese Meldung oder ähnlich lautende Meldungen wegdruckten, als sei das Ei des Kolumbus vom Himmel gefallen – bis hin zur *Süddeutschen Zeitung*, die mich in ihre »Elf des Tages« berief, zwischen Diego Maradona und Erwin Rommel: »Der Autor und Fußballkenner hat die WM-Berichterstattung im Fernsehen als niveaulos kritisiert. Bei Sendungen wie *Waldis WM-Club* werde ›in die Breite geredet‹, ohne dem Zuschauer eine Tiefenerkenntnis zu liefern, kritisierte der Philosoph.«

Was wir daraus lernen? Wenn man am Abend zuvor breit gewesen ist, kommt man auch auf ein kopfschmerzverzerrtes Hochniveau- und Dummwort wie »Tiefenerkenntnis«. Und wird zur echt total uneitlen medialen Instanz.

Astrein.

Dementi

Schon gestern wollte ich die Flinte der Medienkritik ins goldgelbe Kornfeld der bedingungslosen Beschönigung pfeffern. Denn abgesehen davon, ob ein Satz wie der vorige nicht doch vor den Sprachrichter geschleppt gehört, hatte Rudi Gutendorf auf Phoenix, dessen am »Fußballplatz der Republik« plazierte Moderatoren seit eineinhalb Wochen allzeit unterwürfig den Begriffsbrocken »FIFA-WM 2006« im Munde wälzen (als ob sie gezwungen wären, einen, haha, Blatter vor den Mund zu nehmen), – hatte also Rudi Rast- und Haltlos die Parole ausgegeben: »Wer jetzt noch kritisiert, der ist dumm.«

Wenig später hatte Riegel-Rudi allerdings, in Erinnerung an Preußens Gloriole, erklärt, »daß wir Deutschen hinlangen können«. Der Preuße in mir befiehlt mir deshalb ab sofort: Keine Feigheit vor dem Feind! Immer feste druff! Ich widerrufe meine aus der Not, vor den Fußball-Fieber-Fernsehkanonaden kapitulieren zu müssen, geborene Sanftmut. Schluß mit der Mauertaktik! Es wird zurückgeschossen.

»Fußballspielen ist das eine. Das andere das Glotzen: der Dreck«, schreibt nämlich der große Schriftsteller Hermann Peter Piwitt in der aktuellen *konkret*. Das läßt sich cum grano salis zumal auf den Karnevalskanal RTL münzen, der bis 2003 die Champions League präsentiert hatte und seit mehreren Jahrhunderten die Formel 1 verunsendet.

Zwar mag Reporter Tom Bartels, der den Zuschauer womöglich ein bißchen zu ausgiebig beschallt und ein erkennbar nicht ausverkauftes Leipziger Stadion als »vollbesetzt« bezeichnet, grosso modo wenig anzulasten sein, weil ihm das vom Spielgeschehen abgleitende Parlando fremd ist. Aber der Rest der anläßlich des großen »Kick and drive«-Sonntages rund um »viele, viele Topstars« (Heiko Wasser) erstmals aufgetischten WM-Suppe mundete erwartbar übel.

RTL, »mein RTL«, wie's in einem Trailer heißt, ist Pein, ist gemein. RTL geht einem bereits nach zehn Minuten Rahmenprogramm, inszeniert auf einer Bühne am Brandenburger Tor, dem »Nabel der deutschen Fußballwelt«, schwer aufs Kleinhirn. RTL, das ist permanente Zwangspartyisierung, ist formatierte Freude in einer Mischung aus Campingplatzgelärm und Reichsparteitag für Kinder, ist Plastikdramatik, ist die endlose Feier der eigenen, der Bedeutung des genialen Kölner Sabbelsenders.

Ein »internationales Fußball-Superlativ-Fest« hatte Moderator Florian König annonciert, bevor er an Knautschbacke Günther Jauch und Rudi »Ich hab's ja vorhin schon ein paarmal gesagt« Völler übergab, der »wie kein einer« (Niki Lauda) noch weniger als meine Kaffeetasse zu erläutern vermag. Und dann gab's stundenlang auf die Ohren – zuvörderst von Co-Kommentator Pierre Littbarski, der, wahrscheinlich voll auf Pulver oder Sprite, Fußball-Newcomer Felix Görner, als werde er pro Sprechsekunde bezahlt, nach dem Motto niederquasselte: Wir sind alle irre! Irre gut! Irre gut drauf!

Bei der Berufung von RTL ins deutsche Übertragungsteam ist der FIFA ein gravierender »Aufstellungsfehler« (G. Jauch) unterlaufen. »Alles Theater, alles Dreck«, winkt Apollo, mein Stammwirt, ab und läßt die Luft raus. Aus der RTL-Blase und meinem Glas.

Totaltotale

»Die Berichterstattung von der WM im deutschen Fernsehen stellt alles bisher Dagewesene klar in den Schatten«, frohlockte der *kicker* im Vorfeld, und ARD-Teamchef Heribert Faßbender erklärte: »Diese WM wird weltweit das größte Sport- und Medienereignis aller Zeiten.«

Die Geschichte des Fernsehens verläuft größtenteils parallel zu jener der Fußballweltmeisterschaften, technische Innovationen wurden meist durch ein Championat popularisiert. Premiere bietet jetzt z. B. hochauflösende HDTV-Bilder an. Die lassen sich jedoch nur auf einem Plasma- oder LCD-Fernseher genießen.

Die Finger vom Mischpult lassen müssen glücklicherweise deutsche Fernsehregisseure, sobald die Hymnen erklingen. Seit 1998 ist die Firma HBS (HostBroadcastServices), eine Tochter der Rechteagentur Infront, verantwortlich für die weltweite Übertragung, und was man bis dato zu sehen bekam, erfüllte im großen und ganzen die Ansprüche an eine dem Sport verpflichtete Inszenierung – kaum Umschnitte auf die Tribünen, keine fetischistisch wiederholten Slomos, Bilder von der Tornetzkamera sind rar, und die Observation der Trainer erinnert an die achtziger Jahre, als etwa während der ersten Hälfte des WM-Finales 1982 die sportlichen Betreuer insgesamt exakt viermal eingefangen wurden.

Seit den Neunzigern stilisiert das Fernsehen den Fußball immer stärker zum »filmischen Fernsehereignis«, wie der Medienwissenschaftler Dietrich Leder in dem Band *Doppelpaß – Fußball und Film* (München 2006) darlegt. Schienen- und Krankameras erzeugen eine Dynamik und Effekte, die aus dem Fundus des Kinos stammen und dem Rhythmus des Spiels in keiner Weise angemessen sind. Insbesondere deutsche Fernsehregisseure sind fanatische Verfechter der »Kinematographisierung« (Leder) des Fernsehfußballs und setzen, wie Kay Sokolowsky in genannter Publikation en détail zeigt, obsessiv Close-Ups und weiche Überblendungen, Zeitlupen, die kleine Augenblicke à la Leni Riefenstahl zu großen überhöhen, »extreme Untersichten«, spektakuläre Weitwinkelperspektiven und Schuß-Gegenschuß-Montagen ein. Das ist ein »übles Theater« (Rudi Michel, 1982).

Dem »Drang des Fernsehens zur Segmentierung« (Sokolowsky), zur Betonung der narzißtischen »Dominanz des Bildermachers über das Bild« gibt die HBS-Weltregie erfreulicherweise nicht nach, die Potentiale der 25 Kameras in jedem Stadion werden behutsam genutzt. Allein, was die Fernsehfexe dazu bewogen hat, die Führungskameras für die Feldtotale auf den obersten Rängen bzw. auf dem Mars zu installieren, damit auch ja keine Rückennummern zu erkennen sind, bleibt das horrible bad secret von HBS.

»Das ist die größte Schau, die es je gegeben hat«, eröffnete Rudi Michel seine Reportage vom WM-Finale 1982. Bis zum 9. Juli wird die globale Optikerbranche bei geschätzten 33 Milliarden Zuschauern 78 Milliarden Operngläser abgesetzt haben, trotz Flutlicht am Tag und dank einer hochgradigen Ärger auslösenden Totaltotale. Das hat's auch noch nicht gegeben.

Phänomen

Was ist denn der Brasilianer an und für sich für einer? Ein Vertreter der »zivilisierten Kultur« (Günther Beckstein) soll er ja sein, zumindest auf dem Platz, soweit sind sich die Cracks der bodenlosesten aller publizistischen Disziplinen, des Fußballjournalismus, irgendwie einig. Denn »Brasilianer werden mit Kunst geboren«, wie es in der von Nike, dem noblen Sponsor der Seleçao, finanzierten Fernsehproduktion *Ginga – The Soul Of Brazilian Football* (Fernando Meirelles, 2005) heißt – und neigen daher zur Sublimation, zur Feinnervigkeit, zur Artistik.

Das Wort »Ginga«, dessen Bedeutung höchst schwammig ist, drückt eine Art Lebensgefühl aus, das Tänzerische des laut Roberto DaMatta, einem angesehenen brasilianischen Anthropologen, angeblich genetisch bedingten brasilianischen Wesens. Im Fußball meint »Ginga« die Fähigkeit zu tricksen, zu schwänzeln, zu dribbeln, ohne vom Gegner (und zuzeiten Mitspieler) Notiz zu nehmen. Die mitunter infantile Ichbezogenheit, die alle Welt ununterbrochen als brasilianische Genialität feiert, preist auch ein Berserker wie Roberto Carlos: »Ich wollte Fußball spielen, seit ich geboren wurde.«

Zeugnisse frühzeitiger Regression gibt es zuhauf. Falcão, Weltmeister im Futsal, jenem Kleinfeldspiel, das laut FIFA »der Fußball der Zukunft« ist, bekennt in *Ginga*, diesem degoutanten Präsentationsvideo an die Adresse der Menschenhändler in den europäischen Profiligen: »Bevor ich laufen gelernt habe, habe ich schon in der Wiege einen Ball getreten.« Die Leugnung der gesellschaftlichen Realitäten und Katastrophen geht in Brasilien mit der religionsgleichen Verehrung des »schönen Spiels« Hand in Hand, und deshalb ist der Brasilianer selbst dann, wenn er das widerwärtige System des Fußballersklavenhandels überlebt hat und als Star durch die Seiten der Weltgazetten knattert, in der Regel stupend naiv. Auf einen Sócrates, einen der herausragenden Fußballdenker, kommen 10.000 Ronaldos.

Ronaldo, Weltmeister im mobilen Telephonieren, nennt man übrigens »il Fenomeno«, »das Phänomen«. Der »Brasilianer mit dem robusten Körperbau eines Deutschen« (Wensley Clarkson) und dem Wurstbauch eines Bayern inkorporiert mithin jene »Mischung aus Verschlagenheit, raubtierhafter Wildheit, Virtuosität und Hinterlist, die den brasilianischen [...] Fußball zu einer lustvollen Show macht« und die, wie der 1980 verstorbene brasilianische Dramatiker Nelson Rodrigues in *Gooooooool! – Brasilianer zu sein ist das Größte* (Frankfurt/Main 2006) weiter unterstrich, auf dem Platz nicht selten »eine Schneise der Vernichtung« zur Folge hat.

Also, was denn nun ist der Brasilianer für einer? Ein Holzer? Ein fußballerisches Himmelsgeschenk? »Das Phänomen kann man nicht erklären, aber es ist da«, erläuterte am 12. Juni die »Society-Expertin« von N24, Nadja Chalabi, ziemlich verzweiflungswürdig dunkel und zugleich klar. Ein Phänomen ist ein Phänomen ist ein Problem? Oder eben doch bloß die – von Chalabi gemeinte – Gattin David Beckhams?

Ach, das ist mir jetzt egal.

Abendland

Man muß bei einer WM ja keinen Fußball zeigen. Zusammenfassungen der Begegnungen nach 23 Uhr? Ach was! Man hat ja eine entfesselt nichtige »Berlin-Reporterin« wie Sarah Kuttner. Und man hat einen Brummer called Waldi. An dem hat man zu tragen, schwer, schwer, schwer. Als Zuschauer. Als Anhänger des Spiels.

Der durch nichts zu bändigende stählerne Wille zu Fun und Entertainment hat die letzten journalistischen Reservate okkupiert. Bei der ARD z. B. denkt kein Mensch mehr daran, nach dem Schlußpfiff der letzten Partie vom Tage der Pflicht Genüge zu leisten, das sportliche Geschehen Revue passieren zu lassen. Party statt Partie. Es ist die Pest.

»Der Fußball hat längst die Öffentlichkeit erobert«, sagt Franz Beckenbauer, und ohne Fußball gäbe es die öffentliche Person Waldemar Hartmann nicht. Das allein wäre Grund genug, den Fußball jetzt endlich zu verbieten. Denn was dieser rare Schädel, dieser Inbegriff der Zumutung an ARD-Sendetagen resp. -abenden jeweils eine halbe Stunde lang in seinem, in *Waldis WM-Club*, dem Stammtisch »mit Promifaktor auf hohem Niveau« (Hartmann), anrichtet und -zettelt, ist nur noch in Kategorien der Geschichtsphilosophie zu fassen. Gute Nacht, Abendland.

Ein Jahrhundertmoderator lacht sich scheckig, über sich selbst. Über seinen bayerischen Bombenmutterwitz, über seinen brodelnden, fäulnisgleichen Esprit, mit dem er seine Gäste, sei's Heiner Lauterbach, sei's Winfried Schäfer, seien es die Klitschko-Brüder, um den Rest ihrer Reputation bringt.

Ein gewaltiges Lob auf seine ureigene Staatspartei, die CSU, stimmt dieser unfaßbare Mann an, gefolgt von einem flammenden Plädoyer für seinen krachintegeren Kumpel Ede Stoiber, den vorbildlich aufrechten Fußballfan, und zwischendrin findet dieses unglaubliche Genie, dieser Hartmann aus Augsburg, auch noch Gelegenheit, Oliver Neuvilles lustiges Franzmanndeutsch zu imitieren.

Es ist zum Verzweifeln. Daß Harald Schmidt, bisweilen trotz aller erstickenden Qualligkeit glänzend aufgelegt, einem derartigen Edelkopf nach wie vor die Ehre erweist, werde ich mit einer 43prozentigen Kürzung meiner GEZ-Zahlungen quittieren. Und Paul Breitner, dem ehedem phantastischen Verteidiger, entziehe ich meine bis dato nahezu unerschütterliche Gunst.

Waldemar Hartmann hebt die Tiefe des »Niveaus« (Gerhard Polt) wie niemand und nie zuvor. Fragen wie aus dem Kinder-*kicker*, Reden in die Horizontale, vulgo breiige Breite, ein Gespräch wie Schweizer Schimmelkäse, mit vielen richtig hohlen Löchern – das macht dem jovialen Vereinsmeier und Hansgrobwurst kein Mensch nach. So einen hat die Welt gebraucht. Glückwunsch, Gott!

Besoffen

Vorgestern saß ich mit Rudi Brückner zusammen. Brückner, der den ersten Fußballexpertentalk im deutschsprachigen Fernsehen, den sonntäglichen *Doppelpaß*, erfunden und in Begleitung des von ihm inthronisierten Phrasenschweins bis 2004, bis zu seinem unfreiwilligen Abschied vom DSF, souverän, mitunter sehr komisch und vor allem mit der ausgeprägten Gabe der Selbstironie moderiert hat, war in Fahrt. Er sei *nicht* Deutschland, quittierte er die nationalen Wallungen nach dem Polen-Spiel. Es sei Zufall, daß er in Deutschland geboren worden sei, fügte er eine schlichte, heute gern verdrängte Wahrheit an, das Nationalitätenprinzip gehe ihm auf den Senkel.

Er hat ja recht, trotzdem, sagte ich, sei ich fürs deutsche Team. Das sei ja nicht strafbar, meinte Brückner, aber müsse denn alles in diese Eventtunke getaucht werden? Event hier, Deutschland da, das sei langsam zum gepflegten Reihern.

Ich muß anmerken, daß ich zu Brückners neuer Talkshow *Dropkick* auf Eurosport (die während der WM pausiert) eine Art satirische Glosse beisteuere. Man mag daraus auf Befangenheit schließen. Das ist mir wurscht. Brückner hat sich, was unter Sportjournalisten nicht zu den verbreiteten Tugenden zählt, einen Blick auf die Welt bewahrt, der es ihm erlaubt, auf Distanz zu gehen zum zirzensischen Irrwitz unserer gloriosen Gegenwart und politisch Stellung zu nehmen, und zwar gegen den Mainstream der neoliberalen Plünderer und Räubereliten in Staat und Ökonomie.

Zwei Stunden vorher hatte sich Manfred Breuckmann, gleich Brückner ein tadelloser Journalist und als Radioreporter umwerfend gut, im – so heißt das jetzt – *Bahn-Talk zur FIFA-WM 2006* auf DSF dagegen verwahrt, im Dienste des herrschenden »ideologischen Überbaus« und i. S. der »schwarz-rot-goldenen Besoffenheit« ins Wir-Geschrei einzustimmen. »Ich kann mich doch für die deutsche Nationalmannschaft begeistern, ohne auch noch was mit Patriotismus zu tun zu haben«, wandte er gegen den Spektakelschwachsinn der »Eventkultur« ein und prophezeite: »Es wird noch soweit kommen, daß man sich entschuldigen muß, wenn man nicht in Schwarz-Rot-Gold ins Stadion kommt. Dann höre ich auf.«

Als Wolfgang Nadvornik vom Bayerischen Fernsehen, vermutlich der nächste Waldi, daraufhin einwarf, von der Bundesliga müsse man objektiv berichten, bei einer WM sei es indes im Grunde verboten, die deutsche Elf auch nur sachte zu tatzeln, platzte Breuckmann Gott sei Dank endgültig der Kragen: »Das ist ein echter Hammer! Da versteht man manche Kritik am Sportjournalismus, wenn man so was hört.«

Brückner und Breuckmann und ein paar Verstreute hier, Johannes B. Kerner und Nadvornik und all die anderen strammen Kameraden da. »Ein gutes Deutschlandgefühl überall« erspürte Jockel Kerner um 14.06 Uhr in jenem »Großdeutschland«, das Mario Basler im DSF ausgerufen hatte, dort, wo Experte Thomas Helmer wegen des neuerlich gewonnenen Polen-Feldzugs befand: »Gewinner war ganz Deutschland.«

Basler, Helmer, Kerner – das Grauen hat drei Namen. Und täglich werden es mehr. Ausgenommen Berti Vogts, der erkannte: »Die deutsche Mannschaft ist sehr, sehr linkslastig.«

PS: Drei Tage später, *Bild,* Seite eins, Rubrik »Verlierer«: »Böses Foul von Fußballreporter Manfred Breuckmann (55) in der *taz.* Der WDR-Mann macht unsere schöne WM mies. 1. Die Stimmung in den Stadien sei nicht immer euphorisch.

2. Das Programm mit 32 Mannschaften sei zu aufgebläht. 3. Patriotischer Habitus komme für ihn nicht in Frage. *Bild* meint: Dann bleib doch zu Hause, Manni!«

Oder geh halt nach drüben.

Postkarten

Niemand mag ihn, den Wolf-Dieter Poschmann. »Gelbe Karte für Poschmann«, titelte *Bild* schon nach seinem ersten Einsatz bei der Partie USA – Tschechische Republik, bloß weil Poschi à la Heribert Faßbender den einen oder anderen Spielernamen kreativ bearbeitet und z. B. aus Landon Donovan einen doch viel einleuchtenderen Donovan Landon gemacht hatte.

Auch sein prächtiger Doppeldreher »Verteidigungsminister Tiefensee gibt sich die Erde, äh, die Ehre – Verkehrsminister natürlich« fand keine Gnade vor den Springer-Schwachmaten, die ja nicht mal eine Headline wie »Poldi, putz die Polski!« zuwege gebracht haben und sich daher die Forderung »Bitte auswechseln!« künftig verkneifen mögen.

Alle hassen Poschi. Der *stern*, der zum WM-Auftakt seine reguläre Ausgabe komplett dem Fußball gewidmet und ein sagenhaft überflüssiges Heft mit 16seitiger Ballack-Werbestrecke zusammengeschraubt hatte, gab Poschmann unter elf inspizierten Reportern und gemeinsam mit Steffen Simon und Felix Görner die Tiefstnote, weil der ZDF-Schopf die »Philosophie« vertrete: »Fußball ist, wenn ich im Fernsehen bin.«

Deutscher Magazinjournalismus ist, wenn man keine Idee hat und den einzigen nennenswerten Einfall, besagtes *stern*-Reporterlexikon, von der *taz* klaut, auf deren Wahrheit-Seite bereits am 23. und 24. Mai ein ausführliches Reporterlexikon zu lesen gewesen war (Autor, ich muß es leider erwähnen: der Unterzeichnete), dessen Struktur und Diktion die Henri-Nannen-Mannen im Grunde eins zu eins abgekupfert haben.

Ich hatte Poschmann u. a. attestiert: »Schwächen: Manchmal doch etwas sehr kritisch, insbesondere gegenüber dt. Fußballern. Besondere Merkmale: Kritik- und Unterscheidungsfähigkeit (Blondinen vs. Brünette).« An der Stichhaltigkeit solcher Urteile gibt es bis heute nichts zu rütteln. Denn Poschmanns Scharfsicht sucht ihresgleichen. »Aber die Amerikaner lassen nicht locker, eine zähe Truppe«, bescheinigte er den Yankees in der 6. Minute, nachdem Koller das 1:0 erzielt hatte, um präzise und schneidig selbst nach dem 3:0 der Tschechen in der 77. Minute zu verkünden: »Aufgeben tun die Amerikaner, wenn überhaupt, nur Postkarten.«

Drei Tage später, im Zuge der Begegnung Ecuador – Costa Rica, lief Poschmann zu noch besserer Form auf. »Das ist der Spielmacher Costa Ricas, der auch schießen kann«, erläuterte er kohärent und stringent, lobte anschließend Costa Rica als Land mit vorbildlicher Bildungspolitik und rief angesichts eines Antritts des Stürmers Wanchope engagiert aus: »Der explodiert irgendwann, und dann kracht es!« Und bestätigte wenige Minuten danach seine Eindrücke: »Ich sag' ja, der kann aus der zweiten Reihe schießen. Kraftvoller Bursche.« Bzw.: »Der hat 'nen Schuß.«

Geht's klarer, rhetorisch kraftvoller? Bitte. Deshalb: Gerechtigkeit für Poschi! Wer fürderhin schlecht wider ihn redet, wird zum Schreiben von zwanzig Schmähpostkarten auf ukrainisch verdonnert. Adressat: Joh. »Schuß« Kerner, c/o Zeitlos Doofes Fänseh.

Hirnwechsel

Als vor knapp einer Woche ein Sprecher des Radiosenders hr-info mit glühender Begeisterung in den Äther ächzte, bei Tunesien gegen Saudi-Arabien sei »gerade der Schlußpfiff gefallen«, hielt ich das für einen singulären Lapsus linguae. Am zweiten und abermals folterverdächtigen RTL-WM-Sonntag belehrte mich jedoch Reporter Florian König eines Besseren, dergestalt er den Zuschauer darüber in Kenntnis setzte, »daß es noch mindestens eine Stunde ist, bis der Anpfiff vollzogen wird«.

Mit dem Wörtchen »Anpfiff« (bzw. »Abpfiff«) hat es ergo eine besondere Bewandtnis. Welches Verb fordert das Substantiv, welches Prädikat regiert es als Subjekt? Der Anpfiff »erfolgt«? Möglich. »Ertönt«? Wahrscheinlich. Der Anpfiff »wird gepfiffen«? Nah dran. Der Anpfiff »pfeift wie der Wind peitschend, schmetternd und schnatternd durchs gellende Rund«? So stimmt's.

Man erkennt unschwer: Die *Parole automatique*, die mehr oder minder unbewußte Äußerung des Reporters, der ununterbrochene und darob unreflektierte Redefluß in Echtzeit, birgt ihre Tücken in sich. Zuvörderst der unheilige Florian, der König unter den sprachlichen Brand- und Sinnstiftern, fackelt nicht lange und zündet einen Böller nach dem anderen. »Sie bestimmen die Partie und kontrollieren den Gegner dadurch«, analysiert er voller Feuereifer, und mitten im Wortgefecht, das er mit seinem eigenen Sprachzentrum austrägt, läßt er krachend fallen, ein Zuspiel von Thierry Henry sei »traumhaft temperiert«, also erstklassig erwärmt/erhitzt oder evtl. getimt und folglich unglaublich temporarisiert resp. temporasiert gewesen.

Königs Kollege Felix Görner ist eher ein Meister des konzisen Kurzschlusses. »Wie viele Fehler wollen die Japaner noch machen?« plappert es vollautomatisch aus ihm heraus. »Sie betteln ja geradezu um ein Gegentor. Das sollten sie nicht tun.« Nein, das sollten sie nicht tun, und vielleicht sollte sich Görner höchstselbst den Stecker rausziehen, bevor er noch mal so mutmaßlich benebelt wie besinnungslos herummutmaßt: »Vielleicht versuchen jetzt auch beide Mannschaften mit mehr Mut die Führung zu erzielen.«

Gewiß, es mag blasiert sein, sich über das frei gesprochene Wort zu mokieren und über die Fährnisse des Sprechens nonchalant hinwegzusetzen, über die Parole avec Pfiff, die Rede mit dem Reiz des, ha!, Ver-Sagens. Und deshalb lassen wir lieber *kicker*-Chef Rainer Holzschuh zu Wort kommen, jenen Giganten der Katachrese, der kürzlich in sein Amtsblatt den unsterblichen Stuß hineingeschrieben hat: »Ob sie [die WM] einen Erinnerungswert auf Ewigkeit einnimmt, wird sich jedoch herausstellen.«

Unterstellen wir, daß dem Schreiben, anders als dem Sprechen, konstitutiv ein Moment von Distanz, von Abwägen eignet, dann dürfen wir hier gleichwohl meinem Stammwirt Apollo, dem Gott des Lichts der Erkenntnis und der schönen Ordnung der menschlichen Rede, zustimmen, der anläßlich eines Kommentars von Felix Görner zu irgendeiner Auswechslung zu der Conclusio gelangte: »Hätte er das Hirn gewechselt!«

*

Diese Glosse zog einen kurzen Briefwechsel nach sich. Wer der Initiator der Korrespondenz war, dürfte zu erraten sein. Seine Schreiben wurden in orthographischer Hinsicht auf den Stand der Lesbarkeit gebracht.

»An:

Frankfurter Rundschau
Herrn Jürgen Roth

cc.: Chefredaktion
Herrn Stephan Hebel

Betr.: Fernsehkritik, Rubrik Hören und Sehen: ›Hirnwechsel‹ vom 20.6.06

Köln, 20.06.06

Sehr geehrter Herr Roth,

mit Interesse habe ich Ihre Fernsehkritik zu unseren WM-Übertragungen gelesen.

Wie schade, daß Ihnen nichts daran gefällt.

Noch bedauerlicher ist allerdings Ihre Wortwahl, Ihre Form der Kritik und anscheinend auch Ihr Bild von Menschen und dem Sender RTL. Eine Kritik fällt auch immer auf den Kritiker zurück.

Als aufmerksamer Leser Ihrer Zeitung kenne ich Ihre (vorgefaßte) Meinung zu unseren Sportübertragungen, z. B. haben Ihnen ja auch unsere erfolgreichen Skisprungübertragungen nicht sonderlich gefallen. Und auch dort war der Stil von Ihnen beachtlich unterhalb der Gürtellinie.

Ohne auf Ihre unsachliche, verletzende und unfaire Art näher einzugehen: Bleiben Sie bei Ihrer Meinung, ich teile sie nicht und würde mir niemals anmaßen, so über die Arbeit von Kollegen und Menschen zu urteilen.

Fair play sieht – weiß Gott – anders aus.

Sollten Sie sachlich-fachlich etwas Konstruktives an meiner Art der Kommentierung auszusetzen haben, können wir gerne darüber trefflich streiten.

Zu Ihrer Enttäuschung muß ich Ihnen jedoch sagen: Ich gedenke weder, mein ›Hirn zu wechseln‹, noch ›mir selbst den Stecker höchstselbst herauszuziehen‹, da ich ein zufriedener, glücklicher Mensch bin, der mit großem Spaß seiner Arbeit nachgeht.

Und trotzdem – weil der Stil der *FR* ansonsten ein anderer ist – werde ich weiterhin Leser Ihrer Zeitung bleiben.

Herzliche Grüße aus Köln

***** ******

RTL
Sport«

»26. Juni 2006

An
RTL
z. Hd. ***** ******

Betr.: Ihr Schreiben vom 20. Juni 2006, c/o *Frankfurter Rundschau*

Sehr geehrter Herr ******,

mit großer Freude habe ich Ihre Kritik zu meiner Kritik an der durch und durch journalistisch hochwertigen, weil distanzierten, sportpolitische und anderweitige Hintergründe ausleuchtenden und obendrein in Wort und Bild stilistisch versierten Sportberichterstattung gelesen. Etwaigen Kommentaren von Kollegen, etwa dergestalt, die FIFA möge einschreiten und Ihrem Kölner Haus schleunigst und für alle Zeiten die Rechte (wieder) entziehen, möchte ich mich nicht anschließen, genausowenig den alles andere als fundierten

Urteilen von Medienfachleuten und -wissenschaftlern, denen zufolge das journalistische Prinzip von resp. bei RTL mit Journalismus etwa so viel gemein habe wie das Prinzip der Schwerkraft mit der Lyrik des Surrealismus. Auch Stellungnahmen, die in Ihrem unvergleichlich sorgsam zubereiteten Bilder- und Kulissenzauber mehr Propaganda als alles andere ausmachen, sind mir fremd.

Seien Sie dessenungeachtet dessen gewiß: Ich neide Ihnen Ihren Job keine Sekunde, denn ich bin ein glücklicher, zufriedener Mensch, der weiß, was er daran hat, z. B. für die *Frankfurter Rundschau* zu schreiben und nicht in einem molochartigen Institut wie RTL, Sat.1 oder einem anderen Zentrum der geistigen Akrobatik arbeiten zu müssen.

Ich weiß es nicht, nehme es aber – zu meinen Ungunsten – stark an: daß Ihr Haus solche Briefe wie Ihren, solche vor schierer Gutmenschlichkeit triefenden Episteln auf den Computern Ihrer Mitarbeiter als Masken angelegt und sie, die Mitarbeiter, angehalten hat, bei »Kritik« eben flugs einen derart ungenießbaren Schwall aus deutscher Maßregelungswut und gezähmter Belehrungssucht in die Welt zu entlassen.

Glauben Sie's mir, sofern Sie das Lesen nicht eingestellt haben: Spätestens ab der dritten Zeile habe ich auf das selige Wort von der »konstruktiven Kritik« gewartet, und siehe da, hurra!, es ließ ja auch nicht mehr lange auf sich warten.

Mein »Bild von Menschen« ist im übrigen, falls es Sie interessieren sollte, eines, mit dem ich keine Menschen behellige. Und ich trage Ihre so stolze wie im allgemeinen Mediengelärm opportune Topgesinnung Gott sei Dank auch nicht vor mir her. Sonst wäre ich ja bei RTL gelandet.

Ich schätze »Menschen«, die das, was über ihrer »Gürtellinie« zu finden ist, noch dazu benutzen, wozu es da ist: zum Denken. Und deshalb halte ich es für so sinnvoll wie das Wässern der Sahara, mit Ihnen über einen Begriff von Kritik zu streiten, der, allzeit zuverlässig mit den pestilenzialisch ventilierten Vokabeln »verletzend« und »fair« in Verbindung gebracht (gerne gelesen hätte ich auch »zynisch« und »menschenverachtend«), auf nichts anderes hinausläuft als auf die Abschaffung von Kritik.

Nein, sehr geehrter Herr ******, es ist in Ihrem Brief leider kein einziger Satz zu finden, der nicht bigott und anmaßend wäre, bis hin zum Evergreen »Eine Kritik fällt auch immer auf den Kritiker zurück«. Das ist schon alles sehr recht und RTL-affin – bloß verwahren muß ich mich dagegen, daß ich Ihnen einen »Hirnwechsel« an den Hals gewünscht hätte. Hätten Sie richtig gelesen, dann hätten Sie zur Kenntnis genommen, daß nämlichen Wunsch mein Stammwirt Apollo ausgesprochen hat. Und wenn Sie wüßten, wie »ganz normale Menschen« in Cafés und Kneipen und sonstwo über die Fußball- und Sportübertragungen Ihres Senders reden, kämen Sie aus dem Briefeschreiben nicht mehr heraus.

Was sein durchaus Gutes hätte – Ihr Laden müßte dann dichtmachen.

Ihnen persönlich alles Gute wünscht mit freundlichen Grüßen (denn zwischen Ihnen als Person und Ihrem Arbeitgeber, für den Sie sich verdingen und von dem Sie sich offenbar Ihren Blick auf die Welt zurechtmodeln lassen, vermag ich noch zu unterscheiden):

Jürgen Roth«

»28. Juni 2006

Sehr geehrter Herr Roth,

vielen Dank für Ihren ausführlichen Brief, der mir einen Einblick in Ihre Sicht des Journalismus gibt, wahrscheinlich den einzigen und wahren, so, wie Sie ihn sehen und auch immer selbst ausüben. Diese Meinung lasse ich Ihnen gerne exklusiv.

In meinem Leben gibt es immer einen Platz und auch eine Berechtigung für Medien, die völlig unterschiedlich arbeiten, obwohl sie über dasselbe berichten. Ich lese eine *Süddeutsche Zeitung* oder *FR* genauso mit Wonne wie eine *Bild*-Zeitung, ohne mich auch nur ansatzweise so darüber aufzuregen wie Sie. Denn überall steckt HANDWERK und auch KÖNNEN dahinter, Herr Roth, auch wenn Sie das nicht glauben oder glauben wollen. Das nenne ich Respekt vor der Arbeit anderer. Und Fehler macht jeder, wahrscheinlich außer Ihnen. Was wissen Sie eigentlich über Fernsehen? Was wissen Sie über journalistische Fernsehfähigkeiten, die wir brauchen, Sie jedoch nicht? Urteile sind gut, aber wie viele Urteile haben Sie eigentlich? Was glauben Sie, was hier für Mitarbeiter arbeiten und welche Qualität die haben?

Kennen Sie das Phänomen von 82 Millionen Bundesbürgern und 82 Millionen Bundestrainern oder vielleicht 82 Millionen Meinungen, wie ein Fußballkommentar zu sein hätte?

Ich möchte Sie nicht mit meiner Ausbildung und meinem Werdegang langweilen, auch nicht damit, seit wie vielen Jahren ich mich in der Aus- und Fortbildung engagiere. Nur soviel: Sie sehen von oben herab auf viele Millionen Menschen, die täglich schauen oder lesen, die komischerweise eine differenziertere Meinung zu RTL, zu mancher Sendung und vielleicht auch zu mir haben als Sie.

Diese Arroganz lasse ich Ihnen gerne, werde sie mir aber nie zu eigen machen.

›Bilder- und Kulissenzauber‹, ›Propaganda‹, ›molochartiges Institut‹, ›Laden dichtmachen‹ usw., Sie haben ein schönes Vokabular. Wenn Ihnen das alles so körperliche und seelische Schmerzen bereitet, was wir machen oder wie Sie RTL sehen, so schalten Sie doch einfach aus.

Anscheinend haben Sie ein großes Problem mit vielen Fernsehkollegen, so wie Ihre Formulierungen immer wieder beweisen. Nicht, daß wir uns mißverstehen: Kritisieren Sie ruhig weiter. ES IST DIE FORM UND ART! Auch in meiner Umgebung gibt es tatsächlich ›ganz normale Menschen in Cafés und Kneipen‹, die komischerweise aber nicht immer Ihre Meinung teilen. Was tun? Oder kann es sein, daß wir von der RTL-Sportredaktion Sie vielleicht als Zuschauer nicht überzeugen können, aber vielleicht ein paar andere doch?!

Ein letzter Gedanke: Wir haben hier bei RTL weder Briefe noch sonstige Standards für solche Fernsehkritiken wie Ihre. Das ist mein persönlicher an Sie, komischerweise mußte ich auch noch nie einen in dieser Form schreiben. Und mein Arbeitgeber hat noch nie versucht, mir den ›Blick auf die Welt zurechtzumodeln‹.

Was mir bleibt: daß man es nicht allen Menschen recht machen kann, Ihnen im ganz besonderen. Damit muß und kann ich sehr gut leben.

Mit freundlichem Gruß

***** ******

Sport
RTL«

Reporter

»Nach dem Tod der Ideologien fiel die Welt praktischen Leuten in die Hände, die Gehirne unter Bergen von nichts begraben«, schreibt Jorge Valdano in *Über Fußball* (München 2006). Das Fernsehen verschütte die Wirklichkeit unter einer »Lawine von Informationen«, fährt er fort, und es bediene sich vornehmlich des Fußballs.

Dabei hat es neue Reportertypen hervorgebracht – etwa jenen, der, vor feiernden Fanhorden postiert, zuverlässig aufgeregt und -gedreht die immer gleichen Eindrücke von exaltierten Anhängern, vom »Public Jubeling« (RTL) übermittelt. Belangloseres ist kaum denkbar, aber sie haben Jobs, die Zausel an der Öffentlichkeitsfront.

RTL unterstreicht die Irrelevanz des kreglen Tuns, indem es auch noch Einspieler zeigt, die die Moderatoren und Kommentatoren des Hauses bei der Arbeit präsentieren. Wann ist es soweit, daß während einer Liveübertragung Impressionen vom Kaffeekochen in der Redaktionsküche dazwischengeschnitten werden?

Ein drittes unverzichtbares Element des Fußballfernsehens ist – als Simulation von Verständnisinnigkeit – der Steinbrecher. Michael Steinbrecher ist der offizielle »WM-Reporter« des ZDF und stellt Mitgliedern der deutschen FIFA-Nationalmannschaft mit einer unerreicht blasigen Modulation seine berühmten Psychoseich- und Kuschelfragen (»Bildet ihr in der Kabine einen Kreis?«), begleitet von einem unvergleichlichen Betongrinsen und Dauernicken. Informationsgehalt: null.

Man sollte wissen, daß Michael Steinbrecher, der Paul Sahner des Sports, eine Website betreibt (www.michaelsteinbrecher.de), auf der seine Abiturnote (»1,3«) und unter der Rubrik »Steinbrecher goes T-Online« in Erfahrung zu bringen ist: »Alles begann damit, daß man bei T-Online neu über die Werbung nachdachte. Schließlich wollte man den Kunden mitteilen, daß T-Online nicht nur den Zugang zum Internet anbietet, sondern auch jede Menge attraktive Internet-Inhalte. Um das zu vermitteln, suchte T-Online nach den passenden Darstellern. [...] Sie sollten authentisch sein, sympathisch und überzeugt von dem, was sie sagen und was sie bewerben. Oder mit anderen Worten: Sie sollten die neue Generation der Internet-User widerspiegeln. Wie da die Wahl auf Michael Steinbrecher fiel? Ganz einfach, Steinbrecher bringt in Sachen Fußball genau die richtige Kombi aus News und Spaß über den Bildschirm. Besonders sympathisch macht den Insider der deutschen Bundesliga dabei, daß er auch privat alles daran legt, immer die neuesten Fußballnews zu bekommen.«

»Mit 26 Jahren wurde ich zum jüngsten Moderator des Sportstudios«, teilt Michael Steinbrechers Website außerdem mit. Das ist eine Information. Es war das Jahr 1992, als der Fernsehfußballjournalismus zu Grabe getragen wurde, verscharrt unter einem Berg von Dreistigkeit und Schamlosigkeit.

Der Kerner der Woche (2) – Auswurf im Ohr

»Die ZDF-Umsetzung aus der großen Halle des Volkes ist einem Großereignis angemessener als die sterile virtuelle Optik bei der ARD«, nuschelt Friedrich Küppersbusch in den routiniert wortspielstelzigen E-Mail-Interviewbogen der *taz* hinein. Er meint es bestimmt »ironisch«, findet es »eigentlich« ja »gar nicht so«, wie er's formuliert. »Diskursguerilla«, huhu!

Fuck off. Diese, mit Pardonverlaub, Kerner-Scheiße, diese an ZDF-Sendetagen angerührte Sabbelsoße verlangt, mit neuerlich feierlichem Verlaub und großem, großem Sorry, nach paramilitärischen Maßnahmen. Mindestens.

Rund um den unterdessen bekannten Plattformtisch in der ZDF-Arena – samt angeberischem Touchboard – versammeln sich Kloppo und Ursi und der Bubi. Bobbele sinniert über »die schwer zu verstehenden Schwächen« der Schweizer, »mitten in der deutschen Hauptstadt, die Stimmung ist glänzend« (Bobbel II.), und Kloppo, zu Recht, kriegt gleich die Krätze.

Blubberle, das hat die *FAZ* frühzeitig richtig gesehen, macht gern in Ironie und dünstet seine gnadenlosen Einfälle Minimum jeweils dreimal aus. Ironie dieser Art, auch da hat uns die *FAZ* dankenswerterweise die Begriffsfindungsarbeit abgenommen, ist »Selbstdenkertechnik«, ist eine »Technik der gehobenen Redundanzpflege«, ist Ich-Onanie.

Ich bestelle, gegen meine gesamtpsychosomatische Gewohnheit, um 17.23 Uhr ein Bier, um Das Kerner durchzustehen. Das Kerner ist eine Art Wadenkrampf im Kopf, kombiniert mit viskosem Auswurf im Ohr.

Klopp grätscht Kerner ab. Wieder und wieder. Er ist ein Guter, sieht aber kein Land – gegen die selbstreferentielle Sumpfkopffreude Des Kerners, einfach hier zu sein; gegen die Gespreiztheit eines Mikrophonmummels, dessen klügste Frage lautet: »Nach einem Ausgleich kann's ganz anders laufen, oder?«

Kerner ist »an und für sich« (Franz Beckenbauer) »ein fürchterlicher Krampf« (Beckenbauer). Ist das zur Ader gelassene Wort. Ist, »hundertzehnprozentig« (Kerner) bzw. »zweihundertprozentig« (Sami Al-Jaber) gesehen, ein Tafelwasserwerbeträger, der per TV-Spot Frings und W. Schäfer und Toni Schumacher mimt und, so er Gelegenheit hat, seinen Freund Pelé bebusselt.

Johannes B. K. ist, god damn me, zum Erbrechen. »Das weiß ich nicht, ich habe Ihnen nicht zugehört«, hat Jürgen Klopp eine seiner »sinn- und endlosen Fragen« *(FAZ)* beantwortet. »Das ist ja eine Unverschämtheit«, hieß es danach von Kerners Seite.

»Kerner liest jede einzelne dieser Kritiken – er kann sie zitieren – und merkt sich die Namen seiner ärgsten Freunde«, stand im *stern TV magazin*. Bitte sehr: Jürgen Roth.

17.53 Uhr. Zweites Bier. I survived Kerner. Wir sind auf einem sehr, sehr guten Weg.

Kopffüllung

In Abwandlung eines Bonmots von Martin Walser ließe sich füglich behaupten: Sinnvoller als Fußball ist nur noch das Nachdenken über Fußball.

Als Vorturner in der Disziplin elaborierte Fußballreflexion beschäftigt die ARD bekanntlich den Vordenker Günter Netzer, vermutlich weil der ehemalige Trotzkist und Spanienurlauber auch als *Bild*-Kolumnist »sagt, was Sache ist«, z. B.: »Ein überragender Ballack macht Deutschland besser.« Oder: »Natürlich ist es nicht sein Naturell, die Mannschaft zu führen.« Darauf wären wir ohne Netzer nicht gekommen.

»Unser Star ist da: Günter Netzer!« begrüßt Gerhard Delling seinen Kompagnon an einem Tisch, der, dafür wird es Gründe geben, aussieht wie eine Pfeife. Anschließend initiieren sie jenes kecke gegenseitige Gefrotzel, jenes vor Originalitätssucht sprühende Spielchen, das höchstens zwei Tage auszuhalten ist. Spätestens dann wünscht man den beiden verschärfte Schweigehaft in exakt dem Kölner WDR-Keller, in dem sie, verdientermaßen abgeschlossen von Luft und Licht, ihren Muff zusammenbabbeln.

Netzer schätzt Reinhold Beckmann, der durch fundierte Meinungsfreude überzeugt, nicht, denn Beckmann hat das Netzer-Diktat, ausnahmslos formatierte, volksopportune Sprüche abzusondern, bis dato nicht beherzigt. »Ohne Stürmer kann man hier nichts machen bei der WM« – einen derart erwartbar leeren Seim bekäme man von Reinhold »Toremacher« Beckmann, der Überraschung des Turniers, nicht serviert. Dafür behelligt uns der hehre Fußballfernsehrechtehändler Netzer mit Beschwerden über »unmoralische Beträge«, die für Spieler ausgegeben würden, und sagenhaft zupackenden Urteilen: »Die Ukrainer müssen über sich nachdenken.« Und die Afrikaner? »In höchster Instanz scheitern sie einfach immer wieder«, in letzter, sozusagen.

»Ich hab' versucht nachzudenken für Günter Netzer«, neckt der vorsätzlich einfältige, zuzeiten ecuadorianische Hüte verteilende Delling seinen Co-Denker, weil »dat lange Arschloch« (Hennes Weisweiler) mal wieder im Wegdösen begriffen ist, bevor es im kurrenten Fußballdeutungsgewäsch plötzlich »ein bewegtes, praktiziertes Wort« entdeckt, das – tja, hier weiß ich jetzt auch nicht mehr weiter.

»Netzers Kommentare sind wie sein Haarschnitt: langweilig«, meinte jedenfalls vor längerer Zeit Stefan Effenberg. Das ist das größte Lob, das man dem »allhaft unermeßlichen, den allgemeinen Sprach- und Geistverlust vorbildhaft zelebrierenden Depperlduo Delling/Netzer« (Stefan Gärtner, *Titanic* 4/2006) aussprechen kann. In Abwandlung einer noch nicht gänzlich kanonisierten Sentenz des *SZ*-Korrespondenten Christoph Biermann dürfen wir deshalb festhalten: Fußball füllt den Kopf. Radikal. Mit Wortschotter, Begriffsschrott und Phrasen aus dem hohlen Bauchladen des Günter Netzer.

Und »das geht«, mit G. Netzer diese Glosse endlich einzunetzen, schlichtweg »nicht in mein Hirn hinein« – daß das im Fernsehen nach wie vor unverdrossen geht.

Die Welt

Die Welt ist nicht zu retten. Es ist vorbei, die Sache ist durch.

Die Welt, sie gehört zersägt, gehört in den Schredder, zu Granulat verarbeitet gehört sie. Nur so ist sie noch vor sich selbst zu retten.

Aus. Vorbei. Es reicht. Es geht nicht mehr. Es muß ein Ende haben.

»Und wenn die Erde erst ahnte, wie sich der Komet vor der Berührung mit ihr fürchtet!« schrieb vor fast hundert Jahren Karl Kraus. Ob er spürte, was da auf uns, was auf die Welt im Jahr 2006 zukommen würde?

Stefan Niggemeier von der *FAZ* hat schon vor zwei Wochen der Wahrheit ins Auge gesehen. Er habe sich all die Namen notiert und werde sie sich merken, ganz – genau – merken, schrieb er. Ingolf Lück. Oliver Welke. Guido Cantz. Gabi Decker. Kim Fischer. Eckart von Hirschhausen.

Und: Johann König. Matze Knop.

Und: Mike Krüger. Janine Kunze. Hans Werner Olm. Ingo Oschmann.

Nicht zu vergessen: Maddin Schneider. Bernd Stelter.

Es ist nichts mehr zu machen. Weg! Weg mit der Welt! In die Tonne! Hinfort mit diesem unheilvoll durchs All kreiselnden Klumpen aus Dreck und Schleim und Niedertracht, aus Verworfenheit und Gift und namenloser Erniedrigung!

Die haben Einschaltquoten, meßbare Einschaltquoten, hohe Einschaltquoten vermutlich. Es gibt Menschen, die sich das ansehen. Ohne Androhung polizeilicher Gewalt. Die einschalten und dranbleiben und nicht ihre Existenz verfluchen. Die, ist anzunehmen, lachen.

Weg! Weg! Weg mit der Welt! Weg mit dieser Seuche, diesem Unflat, diesem Hohn. Weg damit, weg! Nehme, Allmächtiger, diesen Fluch von uns! Reiß sie hinfort, die Welt, in den Orkus, in den Schlund des Nichts! Hau sie in Stücke! Mach sie nieder und klein und zur Minna, diesen Mist von Welt, diesen Planeten.

Wir leben im Schlamm, im Schlick, im Sumpf. Es gibt kein Entrinnen. Wir, wir alle, sind das Verderben, weil wir nichts tun. Weil wir uns nicht wehren. Weil das gesendet wird. Weil das bezahlt wird. Weil es das gibt. Weil das IST.

Weg, weg, weg mit der Welt! Entschlummern möge sie, sanft dahinsiechen, vergehen, zäglich, beschämt. Leise pfeifend entweicht die letzte Luft, und vielleicht ist noch ein leichtes, ein kaum merkliches »Plopp!« zu hören.

Nachgetreten! – Die Comedy-Show zur WM. Im ZDF.

Abbitte, bitte

Dem unanfechtbaren Höhepunkt »des bisherigen WM-Verlaufs« (Jörg Wontorra) konnte beiwohnen, wer vergangenen Mittwoch um 18.45 Uhr vor der Gastwirtschaft *Klabunt* in Frankfurt-Bornheim auf einer Bierbank saß und die Zeit bis zu den bedeutungslosen letzten Begegnungen der Gruppe C unter kommoden klimatischen und sozialen Bedingungen bei einigen Überbrückungsgetränken verbaselte.

Wie Ronaldo oder Gerd Müller tauchte da aus dem Nichts ein Männlein auf, dessen Erscheinungsbild gemäß den kollektiv eingeschliffenen Assoziationsschemata an den Alm-Öhi gemahnte; ein hutzelig', obschon seltsam stabil wirkender Greis mit Gamsbarthut, mausschmalem Gesicht, weißem Bart und Skistock – wohl zwecks Nordic Walking oder sonst einem Mist –, der jeden sich womöglich aufdrängenden Gedanken an dessen Zerbrechlichkeit stante pede zerstäubte, indem er im strammen Marschgang, die Phalanx der Fernsehgeräte abschreitend, ansatzlos herausbölkte: »Die Schwede, die mache mer am Samstach fäddisch!« Und weg war er.

Das ist der richtige Ton, sagte ich, so muß das Unterfangen Titelgewinn angepackt werden, Schluß mit dem flächendeckenden Kerner-Gewäsch, und Kollege Martin pflichtete mir implizit bei: »War das der Vater von Heribert Faßbender?«

Womit ich hic et nunc die Gelegenheit ergreife, Abbitte zu leisten. Jahrelang habe ich die Narreteien meines Lieblingstors Heribert Faßbender unnachgiebig, vielleicht sogar pathologisch passioniert verfolgt. Das stattliche Gekrähe des Alten aus Bornheim öffnete mir die Augen. Ich hab' Scheiße gebaut.

Faßbenders allzeit bedingungslos parteiische Haltung war angemessen, und wer sich das Vergnügen bereitet, das legendäre Achtelfinale Deutschland – Niederlande vom 24. Juni 1990 noch mal anzuschauen, wird mir zustimmen. Faßbender? »Ganz großes Tennis!« (Jürgen Klopp)

»Selten ist ein Fernsehreporter so außer sich geraten wie der sonst so abgewogene Jurist Faßbender«, tadelt das Beiheft der *BamS*-DVD-Edition *Deutsche Triumphe, deutsche Tragödien* Heriberts gnadenlose Raserei, seinen unwiederbringlichen Furor, der sich in Kombination mit dem offenkundig wahnsinnigen Co-Kommentator Karl-Heinz Rummenigge zu einem irisierend komischen Amoklauf steigerte.

Damals machte niemand einen Hehl aus Anti- und Sympathien. Als der ebenfalls weggetretene argentinische Referee Loustau (Beckenbauer: »Der hat Schafkopf gespielt«) in der 22. Minute Frank Rijkaard und Rudi Völler wegen diverser Rempeleien und Rotzeinlagen des Feldes verwies, brüllten Faßbender und »Rummelfliege« (U. Lattek) minutenlang »Das ist ein Skandal!« und »Ein Skandal!« um die Wette, »Es ist ein Skandal, diese rote Karte!«, bei den deutschen Treffern schrien sie außer Rand und Band einfach bloß noch »Jaaaaaa!« und »Jaaaaaaaaa!«, und nachdem die südamerikanische Flachpfeife in der 77. Minute Matthäus verwarnt hatte, fiel der phantastische Satz: »Schickt ihn ganz schnell in die Pampas, diesen Mann!«

So und nicht anders werden K.-o.-Spiele übertragen. »Das Spiel ist an Dramatik nicht mehr zu überschätzen«, entfuhr es dem entfesselten Rumpelnickel, weshalb sich Faßbender nicht lumpen ließ und klarstellte: »Das war Herr Koeman, meine Damen und Herren, der heißt schon so, dem würd' ich auch nicht übern Weg trau'n.«

Einen Satz jedoch vermisse ich bis heute schmerzlich: »Auge hat ein Auge.« Allein, dazu hätte es einer Gelassenheit bedurft, die angesichts des unglaublichen Drives von

Heribert Faßbenders Jahrhundertreportage fehl am Platz gewesen wäre.

Meine Güte, wie gut war das. »Und Lothar Matthäus!« verlor Faßbender bereits nach etwa dreißig Sekunden, bei des Kapitäns erstem Ballkontakt an der Mittellinie, die Fassung. Sehr geehrter Herr Faßbender, ich wiederhole: Ich leiste Abbitte.

Real egal

Was macht man am Tag nach einem Spiel, nach dem Achtelfinale Deutschland – Schweden, das nahezu alles eingelöst hat, was ein K.-o.-Match zu versprechen und auszulösen vermag?

Wolfram Eilenberger, dessen Traktat *Lob des Tores – 40 Flanken in Fußballphilosophie* (Berlin 2006) aus dem Schmodder der aktuellen Fußballbücher weit, weit herausragt, hat den Charakter der Knock-out-Begegnungen treffend beschrieben: »Je tiefer man als Betrachter in solch eine Partie, in der das Spiel gleichsam auf dem Spiel steht, versinkt, desto intensiver sind auch die unwiederholbare Einmaligkeit und die fundamentale Offenheit des Verlaufs zu erfahren. Es ist dann, als ob dieses wundervolle Spiel tatsächlich zu nichts anderem geschaffen wäre, als uns die ganze Möglichkeitsfülle unserer Wirklichkeit vor Augen zu führen.«

Was macht man also nach so einem Samstagabend, nach »so einem Tag, so wunderschön wie gestern« (Günther Jauch), am Morgen nach dem »heißen Tanz« (Phoenix), nach einer so wundervoll beschwingten Darbietung, die ja vor kurzem noch gänzlich im Bereich des Unmöglichen zu liegen schien?

Man guckt – auf N24 – eine Talksendung namens *Was erlauben Strunz?*, und zwar die Ausgabe vom 19. Juni, in der sich Michael Preetz und die Knallschote Desirée Nick unter Anleitung des *BamS*-Chefredakteurs Claus Strunz um »diese Latinospieler«, den »1. FC Barcelona« (Nick) und Beckhams Parfüm kümmern. Irgendwann merkt man, daß nichts unwichtiger ist als das Fernsehen von vorvorvorvorvorgestern, und erinnert sich des Verdikts von Wolfram Eilenberger, die »Vulgär-Ikone« (Harald Irnberger) David Beckham sei »so etwas wie ein Schlüsselexperiment, an dem sich die düsteren Prophetien der guten alten Frankfurter Schule um Theodor Wiesengrund Adorno, Max Horkheimer und [...] Herbert Marcuse einmal mehr bewähren«, dergestalt der monströse Reklamekasper »in jenem unguten Verblendungszusammenhang falscher Bedürfnisse befangen« ist, der das Leben auf die perversen Imperative der omnipräsenten PR abrichtet.

Aber das lenkt ab, man will den Morgen danach ja würdig begehen, die Rückschau teilen, und sei's im imaginären Gespräch mit Rudi Völler und G. Jauch, die im Vorfeld der auch auf dem Pluto live übertragenen DFB-PK durch die Journalisten-Lounge des Berliner Pressezentrums wandeln. Oder mit Pelé und Geldkofferträger Reiner Calmund. Oder mit Hölzenbein, Udo Lattek und Gerd Rubenbauer, der im DSF-*Bahn-Talk* wiederaufgetaucht ist und aus dem Wasserglas die Vereinszukunft von Klose liest.

Oder mit »Bahn-Experte« Peter Lohmeyer, dessen Sketche derart witzig sind, daß man Abspülen geht? Und was läuft auf Phoenix? »Heute morgen gab es ein leichtes Frühstück für die Mannschaft«, heißt es da, es folgte »ein leichtes Stretchingprogramm«, und – halt! Stop! Das sind ja Mitteilungen vom Tag des Schwedenspiels, aufgespürt im endlosen »Widerstreit der Meinungen« (Jörg Wontorra) und »Mindermeinungen« (ders.), von dem man, nach zwei Wochen Medienobservation bestechlich außer Form, augenblicklich genug hat.

Doch bevor man medienfrei macht, gibt man dem Leser noch den Lattek der Woche mit auf den Weg, denn der Leser hat ein Anrecht auf Erkenntnis: »Der Trainer ist ja für den ganzen Scheiß verantwortlich«, und »das ist durchaus real«, wenngleich womöglich gleichfalls egal.

Dialektik

In der Fußballberichterstattung der überregionalen deutschen Tageszeitungen ist seit Jahren ein Trend zur analytischen Verfeinerung, zur Reportage, zur subjektiven Färbung, in summa: zu einer erstaunlichen Sorg- und Vielfalt zu beobachten. Sieht man davon ab, daß Herrn Klinsmanns restriktive Pressepolitik in Verbindung mit der TV-Ausstrahlung der Pressekonferenzen den Printjournalisten einen Gutteil ihrer früher exklusiven Quellen raubt, gibt es daher kaum Anlaß zum Meckern. Die schiere Quantität der Texte, geschuldet der Dominanz der WM im öffentlichen Raum, schlägt, List der Hegelschen Vernunft, immer öfter in Qualität um.

Allerdings bietet die Ausweitung des »Fußballdiskurses« (A. Merkel) einigen Unerträglichen die Möglichkeit, ihr High-Brow-Boulevard-Geschwafel und neoliberales Chefredakteursgeplapper unter die Leute zu schnattern. Auf den Sonderseiten der *taz* z. B. sind täglich unzumutbare Larifarikommentare zu lesen, die aber (noch) in der Minderheit bleiben. Also vergessen wir die dafür zuständigen Herren.

Denn aus den Reihen des hochtrabend titulierten »WM-Analyseteams der *taz*« gehen ab und an uneingeschränkt erwägenswerte Einschätzungen hervor. Vor einer Woche beschwor Klaus Theweleit einen »Hexer, der Maradonas Hemdenschwenken auf der Tribüne stoppt. Der Mann generiert von da Tore!«, und wem das »generiert« allzu professoral dünkt, lasse sich halt durch Theweleits jüngste Schlußfolgerung überzeugen: »Wir haben nicht nur zwei Sechser, Frings und Ballack [...], wir haben auch zwei Zehner, Ballack und Schneider.« Aus welcher Ballack-Verdoppelung zu ersehen sei: »Die Klinsmannschaft schlägt Argentinien, kein Zweifel für das Team.«

Zweifel am Gebaren der »sich überschlagenden, neopatriotischen Feuilletonisten« hegte zwei Tage zuvor Diedrich Diederichsen und unterbreitete die bislang einleuchtendste Lesart des gegenwärtigen Partytumults. Es sei »nur der Markt, dessen Allegorie wir aufführen. Wir alle müssen teilnehmen«, gab er zu bedenken. »Die neoliberalen Verhältnisse sind zu ernst, um ernst zu sein. Die WM zeigt sich vielmehr als inklusive Party, als Organisation von Partizipation ohne Zugangshindernisse. So machen das heute alle Ereignisse: Sie sind inklusiv, heiter, ohne Verpflichtung und Konsequenz – die WM verlängert diese Tendenz in die Totale.«

Das Diabolische der Fußballfesttotalität, des »stummen« (Marx), indes kreischend artikulierten Zwangs zur Affirmation, enthüllte Diederichsen zudem: »Die Leute nehmen generell den Fußball nicht mehr so ernst, wie man ihn eigentlich nehmen muß, um ihn aushalten und seine Tiefe auskosten zu können.«

Die WM liefere, schreibt Harald Irnberger in *Die Mannschaft ohne Eigenschaften*, untrügliche Hinweise darauf, »wo die Barbarei im Moment am konsequentesten praktiziert wird« – die Abschaffung des Subjekts im Rausch und Dienste des Ganzen, dessen Herrscher nicht länger jener »Abgekoppelten« (Diederichsen) bedürfen, die, kurzzeitig betäubt, die Fanmeilen bevölkern, nicht ahnend, was ihnen nach dem 9. Juli blüht.

Dialektik tut, oje, weh – und not.

Der Kerner der Woche (3) – Worte fassen

Ich hatte Dani (23) auf Seite eins der *Bild* erspäht, und da mehr von Daniela in der aktuellen *MATADOR* zu sehen sein sollte, kaufte ich mir tatsächlich die Julinummer des Granatenblattes aus dem Hause Kalte Bauern.

Ich kann die Seiten 62 ff. sehr empfehlen, muß mich hier aber leider etwas näher den Seiten 91 bis 95 widmen, auf denen ein gewisser Josef Nyary über die »Plauder-Taschen« Gericht hält, über den »Stußtruppenführer der Interview-Armee« beispielsweise, über Wolf-Dieter Poschmann, der mit »hausbackenem Humor für die Heizdecken-Fraktion« den »Top-Spieler im Terror-Team der TV-Tiradeure« abgebe.

Nun möge über die urdeutsche Krankheit der Alliteration nicht schon wieder geklagt werden, doch daß Herr Nyary den Fundus der Reportergerichtsbarkeit plündert, die von der *Titanic* und assoziierten Autoren entwickelt wurde, darf nicht unerwähnt bleiben und erschließt sich beim ersten Blick in die (vergriffene) Anthologie *Wieder keine Anspielstation*, die Klaus Bittermann und ich – soviel Selbstreferenz sei gestattet – vor zehn Jahren zusammengestellt haben.

Reinhold Beckmann also warte mit »zartfühlendem Zungen-Zauber« auf und überzeuge – da zitiert Nyary einmal die *Titanic* – durch »Viertelwissen und besternte Ahnungslosigkeit mit erfrischend fischiger Schmierigkeit«. W. Hartmann firmiert als »duzendes Dum-Dum-Geschoß«, dessen »Verbalunfälle« vom Feinsten seien, während Michael »Prinz Valium« Steinbrecher in seiner Rolle als »Schmalzkringel-Charmeur« obendrein »als philosophisch überhöhter Hinterfrager« brilliere.

Und unsere geschätzte Spezialschote Kerner? Die bekleide »den Frottee-Job des Frauenverstehers« und »kumpeligen Kuschel-Kommentators«: »Wenn rennende Rüpel einander mit den Ellenbogen die Rippen polieren, gießt der stets wohlgelaunte Gutmensch Harmonie-Öl auf die Wut-Wogen: ›Mensch, vertragt euch doch!‹«

Das alles klingt, von der Gespreiztheit abgesehen, soweit plausibel. Nur, weshalb lobt derselbe Josef Nyary Ende letzter Woche in seiner *Bild*-Rubrik »TV-Kritik« dann unser aller Blubberle für dessen gewitzte Sprüche? Weil es, wie die *FAZ* dafürhielt, nicht mehr lohnt, »darüber zu streiten, ob es gut, mittelmäßig oder schlecht ist«, was der Mainzer Knallfrosch veranstaltet? Und deshalb pappwurscht, was man so zusammenschreibt?

Unlängst wurde Franz Beckenbauer von den Zuschauern in der ZDF-Arena in einem Anfall von Klarsicht ausgepfiffen. Am Tag des ersten Achtelfinales malte Bubele seinen Kompagnons Ursi-Boy und Kloppo, der erfreulich unermüdlich die Schweizer Käsbacke verdrischt, schließ- und endlich die Deutschlandfahne auf die grazilen Wangen. Da grölte es wieder wie nicht gescheit, das blöde Volk.

Angesichts solcher Fernsehreichstage hilft auch »italienische Gelassenheit oder gar Ausgelassenheit« (Kerner) nicht mehr weiter, ebensowenig der Rat an diverse Korrespondenten, bitte auf Kindermädchen umzuschulen, wenn sie pausenlos meinen, unisono mitteilen zu müssen, die irgendwo auf der Welt ausgebrochene Fußballbegeisterung »nicht in Worte fassen« zu können.

Wenigstens das – Worte fassen – vermag ja selbst das Kerner. Und dem bescheinigt Lump Nyary: »Ein guter Spruch im Gedächtnis ist wie Geld im Kasten!«

Tränen

Das »Entscheiden, das Auftreten, das Vermitteln von Entschlußfähigkeit« präge, gesteht »Weltschiedsrichter« Markus Merk in seiner Autobiographie *BeWEGEnd – Merk & More* (München 2005), das Selbstbild genausosehr wie der unerschütterliche Wille, »das, was ich tue, gut zu präsentieren«.

Einem geläufigen Topos zufolge ist der Referee einerseits zwar »Luft«, andererseits aber und laut Merk ein Streber und Angeber (»Mein Produkt heißt Leistung«), ein Perfektionist, ein odiös-dubioser »Mittler zwischen Menschen und Mannschaften« – also zwischen zwei offenbar gänzlich verschiedenen Welten, hie den edlen einzelnen, da den vertierten Horden – und letztlich, renommiert Volker Roth herum, ein »Spielmacher«.

Trägt man den niederländischen oder australischen Paß in der Brusttasche über dem Herzen, dann ist besagter »Spielmacher« ein mindestens Spielverderber, ein Diktator, ein ewiger Saddam und im Grunde eine blöde Sau, die, ausgestattet mit jener »Tollheit, die Methode hat« (Shakespeare), nichts als Bockmist baut und einzig danach trachtet, WM-Kartenrekorde aufzustellen.

Sämtliche Zitate stammen aus Michael Quasthoffs und Dietrich zur Neddens phänomenologischer Studie *Pfeifen! – Vom Wesen des Fußballschiedsrichters* (Springe 2006), die sich zur Aufgabe macht, das »Rätsel Schiedsrichter« zu erhellen, und auch gleich eine profunde Definition liefert: »Der Schiedsrichter ist der hechelnde Beipackzettel zivilisatorischer Konstanten, die oft schmerzhaften Nebenwirkungen inbegriffen. Als da sind: Pedanterie, Eitelkeit, Größenwahn, Sehstörungen und der profane Wunsch, andere Menschen herumzukommandieren.«

All diese Charakteristika gewannen im bisherigen Auftreten von Urs Meier, dem ZDF-Regelhüter par excellence, vollumfänglich Gestalt. Des Schweizers starrköpfiges Beharren auf der Unfehlbarkeit seiner Zunft offenbarte den prototypisch machtfixiert-ehrgeizigen »Unsympathler« (Franzobel), dessen psychische Disposition vergessen läßt, daß die Ordnungsstiftung durch den Unparteiischen den Rahmen für ein Spiel schafft, in dessen Verlauf sich Freiheit und Schönheit entfalten können.

Dann jedoch verlor die Schweiz höchst tragisch ihr Achtelfinale gegen die Ukraine, und plötzlich sahen wir einen Mann vor den Kameras stehen, dem es die Kehle verschnürte und der mit den Tränen rang; der Mitleid weckte nicht im aristotelischen Sinn der Katharsis, sondern im unauflöslich erdenschwer-humanen Sinn der existentiellen Erschütterung, die mit dem Ausgang eines Spiels zusammenfiel.

Obgleich die Regie Meiers Qualen während des Elfmeterschießens scheinbar ohne dessen Wissen eingefangen hatte, drängte dieser tief melancholisch stimmende Anblick in den Hintergrund, wie degoutant sich das Fernsehen einmal mehr gebärdete. Aus Schiedsrichter Meier war ein Fan, ein Mensch geworden, und da klärte sich »das Mysterium der Schiedsrichterei – die Vergeblichkeit allen menschlichen Strebens« (Quasthoff/zur Nedden).

Könige

Das Radio ist vielleicht ein vergilbendes Medium. Selbst die seriöse Medienkritik ignoriert weitenteils die abenteuerlichen Formen und akustischen Sensationen des Hörfunks, hat sie doch genug damit zu tun, die kurrenten Frech- und Dummheiten des Fernsehens zu protokollieren.

Unsere Zeit glaubt dem Auge, nicht dem Ohr, dem Bild, nicht dem Wort. Das Fernsehen hat sich vom »Leitmedium« (Hans Magnus Enzensberger) zum Strukturmedium weiterentwickelt, zu einem allgegenwärtigen Apparat der Präformation von Wahrnehmung, zu einem Kodierungskoloß, der Sprechweisen und Denkstile diktiert, Stichwort: Kernerisierung. Bzw. Christiansenisierung und Jauchisierung.

Hätte sich die Leberwurst »Prinz Peng« *(Bild)* nicht über ein Poldi-Tagebuch auf Eins Live (WDR) echauffiert, das Königsmedium Hörfunk wäre der Presse zumal während der WM kein Wort wert gewesen. Der warenförmig finalisierte Fußball im Zeitalter des real existierenden Blatterismus bedarf der bewegt-spektakulären Bilder nötiger denn je, um immer höhere Geldwerte zu akkumulieren.

Ungeachtet der Pariasituation des Radios hat die ARD für die Ätherrechte 1,45 Millionen Euro berappt und in Köln unter der Federführung des WDR die größte WM-Hörfunkzentrale ihrer Geschichte eingerichtet. Von dort aus wird ein einmaliges Programmangebot vom klassischen Bericht bis zur politischen Reportage koordiniert.

»Keine Welle ohne Bälle« *(Westdeutsche Zeitung)*: Features, Hörspiele, Gesprächsrunden und Glossen in den Kulturabteilungen, Comedies und Höreraktionen bei den juvenilen Dampfmachern, Vor-Ort-Reporter allenthalben, Interviews und Reflexionen von Hamburg bis Baden-Baden – bloß, wer hört's?

Und wer schaltet ein, wenn auf den Wortkanälen, auf hr-info, mdr-info, B5 aktuell etc., die Königsdisziplin der Vollreportage zum Leben erweckt wird? Von Armin Lehmann und Henry Vogt z. B., die »König Zidane« huldigen, wie es nur das rasante *und* wägende Wort vermag?

Radioreporter müssen mehr reden, deshalb dürfen sie mehr denken. Sie schildern genauer, sie wissen mehr, sie sind die Könige des Journalismus. Der Torwart »hat den Ball schon am Fuß und kann ihn gleich weitertransportieren«, teilen sie bedächtig mit, um im nächsten Augenblick unerwartet in Aufregung zu geraten, die Sätze springen und zerschellen nun, Töne und Geräusche fliegen durcheinander, bis sich alles wieder in holder Umständlichkeit beruhigt.

Und wo sonst hört man noch einen Satz wie: »Sie spielen ganz traditionell in blauen Hosen und in blauen Stutzen«?

»Daß Ende der siebziger Jahre eine Sportreportage im Radio alle großen Fernsehübertragungen übertrumpfen konnte, hat auch die deutschen Kollegen überrascht«, blickte Edi Finger jr. vor acht Jahren auf die unsterbliche Aufführung seines Vaters beim 3:2 von Córdoba zurück. Schon damals, 1978, habe das Radio »nicht mehr so im Mittelpunkt« gestanden.

Heute steht es am Rand, dort, wo die Dignität ihr Zuhause findet.

Fußball ist das Phänomen, das den meisten Gesprächsstoff auf der Welt erzeugt.
Jorge Valdano, 2006

Erschöpft

Zuzeiten muß man ein drittes Mal ran, um richtig aufzuräumen: mit den sog. lustigen Fußballbüchern, die ich kürzlich in Bausch und Bogen und aber mit einem allzu luschigen Punch abgefertigt hatte. Es ist nämlich alles viel, viel schlimmer. Es ist die Pest, es ist die Seuche, es ist das beinahe reine verschweinte Treiben, das ich da beobachten muß, ich, der ich seit Wochen eingedeckt werde mit palettenweise auf den Markt gekippten Kompendien zum Fußball und seiner »Welt«, in deren sprachlichen Manifestationen sich nichts anderes mehr auszudrücken scheint als die schiere wiederkäuende Wiederholung des sackdumm »Immergleichen« (Adorno).

Den ekelhaften Anfang machte die *Süddeutsche Zeitung* mit ihrer skandalös gut verkauften Listensammlung *Fußball Unser* (München 2005), die ausstatterisch als Bibel daherkommt und für deren Hörbuchversion, man faßt es nicht, Jan Josef Liefers und Günther Koch geradestehen. Den exakt gleichen Gedanken wie die *SZ* hatte deren Sportkorrespondent Christoph Biermann, einer unserer besten Fußballjournalisten, und stellte im beinahe identischen spielerischen Layout – d. h. Schrifttypensalat – das Kuriositätenkabinett *Fast alles über Fußball* (Köln 2005) zusammen. Den koketten Gestus, völlig unnützes und daher offenbar witziges Wissen in Zahlen- und Namenkolonnen zu präsentieren, soll das dazugehörige Hörbuch mit Prollsimulant Peter Lohmeyer und Charlotte Roche unterstreichen. Letztere hat halt nicht mal einen Dunst von Modulation und Artikulation, aber das hebt bestimmt den spaßigen Trashcharakter des steinermüdenden Geplappers hervor.

Die beiden schäbigen Pioniertaten zogen nun jedoch eine ganze Reihe von wahrhaftigen Kotzbrocken nach sich. Der *stern*-Redakteur Christian Ewers (*Lattenschuß – Das beste unnütze Wissen aus der Welt des Fußballs*, Berlin 2006) kümmert sich um »herrlich komische Abseitigkeiten« und bringt mit seiner dreisten Doublette »die wirklich wichtigen Fragen aus der Welt der Fußballs« aufs Tableau, etwa wie Kinder von Fußballern heißen (hihi). Um seinen dämlichen Buchprügel vollzukriegen, zitiert er, quelle idée!, Rudi Völlers TV-Attacke auf W. Hartmann, G. Delling und G. Netzer komplett. Dafür gibt's die offizielle Empfehlung des, by the way, immer belangloseren und schlampigeren Magazins *11 Freunde*, dessen Chef, Philipp Köster, auch nicht pennt und in sein rororo-Pamphlet *Fast jedes Tor ein Treffer – Wahrheiten aus der Welt des Fußballs* (Reinbek 2006) unter Rubriken wie »Gesundheitswesen«, »Beruf und Karriere« und »Bildung und Erziehung« die seit zirka 1997 durchs WWW flatternden und sattsamst bekannten Trainer-, Spieler- und Reportersprüche stopft – zzgl., tja: Völlers Rede und Giovanni Trapattonis »Ich habe fertig«-Improvisation.

Köster besitzt obendrein die Frechheit, seinen Schmutz als Ergebnis »gründlicher Quellenforschung« und erste »seriöse Beschäftigung mit den Philosophen am Ball« anzupreisen. Deshalb rutschen ihm diverse käsige Sentenzen gleich mehrfach rein. Weshalb sich Stefan Mayr (*»Es steht 0:0. Oder umgekehrt?« – Kurioser Fußball in Zahlen*, Frankfurt/Main 2006) wieder stärker auf das Verfahren Chr. Biermanns verlegt (und bei dem einfach abschreibt) und zwischendurch sehr gewieft in eine Art Imitation des Trap-Deutsch verfällt.

Zum Schreien, das. Gleich den zahllosen sachlichen Fehlern (Erfinder des Fallrückziehers, WM-Aus der Deutschen 1994 im Achtelfinale usw.).

Also denkt sich der gemeinhin untadelige Fachverlag Die Werkstatt: Können wir auch! Und brummt, um nicht rot anzulaufen, unter dem mutmaßlichen Pseudonym Ben Redelings mit *Ein Tor würde dem Spiel guttun – Das ultimative Buch der Fußball-Wahrheiten* (Göttingen 2006) den dann evtl. definitiven Oberkracher des Genres »Ick schmeiß' mir weg! War dat wieder lustig!«-Fußballbuches zusammen. Auf fast vierhundert augenschädigend kleinbedruckten Seiten finden wir die Pretiosen »Ich hasse Schiedsrichter, ich könnte sie manchmal sogar umbringen« (U. Lattek) und »Da steckste nich' drin« (J. Derwall) sowie: Völler, Trap und Günther Jauchs und Marcel Reifs RTL-Reportage rund um das im April 1998 (und nicht »1988«) in Madrid vor dem Anpfiff umgefallene Tor. (Dieselbe, notabene, offeriert Kein & Aber auszugsweise auf CD.)

Reicht es damit? Natürlich nicht. Nochmals der Verlag Die Werkstatt läßt den Magdeburger Linguistikprofessor Armin Burkhardt antreten, der in seinem pfundschweren *Wörterbuch der Fußballsprache* (Göttingen 2006) à la Gerhard Delling über zweitausend Termini (von »abblocken« bis »Zweitligist«) sturheil durch die »Ist nicht …, sondern«-Methode zu erklären meint und dieses erschütternd nichtige, nach einer Spalte todbringend öde Unterfangen sogar selbst als »spaßig« tituliert. Doch während unser Sprachwissenschaftler an den verschnarchten Metaphern und Metonymien der Fußballsprache ohne jeden Erkenntnisgewinn herumpusselt, ballert sich Ulf Geyersbach mit dem aufdringlich an Henscheids *Dummdeutsch* angelehnten Lexikon *Fußballdeutsch* (Berlin 2006) schließlich unschlagbar grenzdebil die Ganglien weg. Diffus an Klemperer, Karl Korn und Dolf Sternberger orientiert, geht Geyersbach gegen »die voranschreitende Enthemmung des sprechenden Menschen« vor, gegen ein »Pluderwort« hier, einen »Wortlappen« da, gegen »Fanzwörter« wieder hier, gegen die »Debilensprache« und die »Prahlgewaltigkeit von Wortbrocken« und das »saumäßige Fußballdeutsch«. Und schreibt selber ein derartiges Deutsch: »Angefressen – Hinter diesem betulichen Psychoseich verbirgt sich ein von Reinhold Beckmann und Jörg Wontorra in den neunziger Jahren eingeführtes Softwort kuschelelastischer Bauchheimeligkeit, das im Zuge der Auswärtsstülpung innerer Vorgänge eine gelinde Form exhibitionistischer Fremdkaffeesatzleserei in die Kommentierung ballsportlicher Ereignisse einzuführen sich erschuftete.«

Ich Schuft gehe davon aus, daß die »Schwätz-Experten« (S. Gärtner) Th. Gsella, H. Lenz und J. Roth schuld an der Malaise und dem ganzen »Dreckscheiß« (Lukas Podolski) namens Buch in Sachen Fußballsprache sind, insofern sie 1995 mit *So werde ich Heribert Faßbender* den so nahezu unerreicht denkfaulen wie ganglienfrei verquasselten »Klassiker« (Presse) des vergammelten Genres verbrochen haben. Dafür gehören sie spätestens heute im Grunde abgeschoben – wenn ich mir das alles ansehe und -tue.

Aber dann bin ich auch wieder milder gestimmt, sobald ich aus meinem Müllberg ein Radiofeature wie dasjenige von Ulrich Sonnenschein und Martin Maria Schwarz herauswühle, das sich der seit einem Jahrzehnt immer weiter angereizten Aufmerksamkeit für die mediale Verwurstung des schönen Spiels verdankt. Die beiden hr2-Mitarbeiter legen unter dem leider sorglos billigen Titel *»Ich habe fertig« – Die besten Sprüche des Fußballs im O-Ton* (der hörverlag 2006) einen rasanten, großartig rhythmisierten Reigen aus Tautologien, logischen Krüppeln, Vogts-Englisch und omnilateralen Schwachsinnigkeiten vor, dessen Vorzug nicht nur in den nobel herablassenden Kommentaren der Sprecher besteht, sondern auch in seinem dokumentarischen Wert. Denn viele der durchs Internet und durch die angeschlossenen Sammelsuriumbücher ramenternden Statements hört man hier endlich mal im Original – beispielsweise, neben Jürgen Klopps Lamento über ein »Dreckstor« und L. Matthäus' unübertrefflichem Ausraster nach irgendeinem Bundesligamatch, diverse Partikel des kulturarchäologisch ja nicht zu unterschätzenden Völler-Gebrülls und des selbst für den Hegel-Experten kaum zu entwirrenden Erich-Ribbeck-Spontantraktats folgenden Wortlauts: »Grundsätzlich werd' ich versuchen zu erkennen, ob die subjektiv geäußerten Meinungen subjektiv sind oder objektiv. Wenn sie subjektiv sind, dann werde ich an meiner objektiven Linie festhalten. Wenn die objektiv sind, werde ich überlegen und vielleicht die objektiven, subjektiv geäußerten Meinungen der Spieler mit in meine objektiven einfließen lassen.«

Daß sich Sonnenschein und Schwarz zum Ausklang ausführlich aus den Trapattoni-Tapes bedienen, sei ihnen angesichts ihrer motivisch elegant gebauten Montage verziehen. Ihre 45minütige CD allein, um den Fall erschöpft abzuschließen, hätte gelangt. Ohne den Buch- und Hörbuchkleister drum herum wäre sie vielleicht sogar schon heute ein Klassiker. Und als solcher sei sie empfohlen, es »tut mir leid für den Rest der Welt« (Fr. Beckenbauer).

Sehr gern

Das DB-Kundenblatt *mobil* kürte Monica Lierhaus zur »Frontfrau des deutschen Teams« und pries ihre »sachliche Kompetenz« und ihren unaufdringlichen Stil. Zu Recht sei sie als Berichterstatterin im deutschen Quartier »ganz oben« angekommen.

Marcel Reif machte ihr das Kompliment: »Der beste Schiedsrichter ist der, über den man nichts sagen kann, weil man ihn im Spiel nicht sieht, genauso ist das mit ihr.« Im Umkehrschluß stimmt's ebenfalls. Premiere, Reifs Arbeitgeber, läßt sich leiten von Prinzipien wie Fachwissen und Präzision, Nüchternheit und schlanken Bildern. Reifs Kollege Wolff-Christoph Fuss ist eine Wohltat (einschließlich seines kalkulierten Hangs zur dosiert drolligen, unabgenutzten Formulierung – ein Paß sei »zu verklausuliert«, bei einer üblen Grätsche »kommt der Bus«, mit einem Klassetrick werden »gleich zwei Mann ins Kino geschickt«, und in der Nachspielzeit »gibt es nur noch langen Hafer«), und die Sendung *Talk und Tore* enträt guten Grundes aufgehetzter Claqueure. Premiere produziert ein Fernsehen, das man gewissermaßen nicht sieht, d. h. das die Inszenierung, die Effekte nicht über die Sache stülpt. In diese noble Schule ist Monica Lierhaus von 2001 bis 2004 gegangen. Deshalb sieht man sie nicht, nein: sehr gern.

Natürlich ist Monica Lierhaus auch die »Frau mit dem schönen Exklusivgesicht« (Günter Struve), von vielerlei Mißgunstbezeugungen weiß sie trotzdem zu berichten, etwa in einem Gespräch mit *GALORE*: »Ich bekomme oft zu hören, daß ich so wenige Fehler mache, und dann fallen schnell Ausdrücke wie ›maschinenhaft‹ oder ›computergesteuert‹.

Ich schwöre Ihnen, das sind genau die Kollegen, die als erstes schreien, wenn ich Fehler mache!«

Freunde des guten Fußballfernsehens sind das eine; die posten in einem Blog: »Keine dämlichen Wortspielchen wie bei Delling, kein pastoral-zynisches Dramatisieren wie bei Beckmann.« Ein durch und durch mieser Typ wie Franz Josef Wagner ist das andere. Der schmiert in sein Schwabbelblatt *Bild* hinein, Monica Lierhaus sei »eine Fehlbesetzung. In Serien wie ›Die Augenchirurgin‹ oder ›Die Gletscherforscherin‹ wären Sie wunderbar. Auch als Expertin für die Bauchspeicheldrüse würden Sie eine gute Figur abgeben.« Langsam gehört er wirklich weggesperrt.

Nun harrt Monica Lierhaus, das mit weitem Abstand Beste, was die Öffentlich-Rechtlichen zu bieten haben, seit Wochen in Berlin aus und darf dürftige PK-Zusammenschnitte und poppige Einspieler anmoderieren, aus Interviewschnipseln gebastelte Filmchen, die Einblicke und Durchblick suggerieren und lediglich um den Nullpunkt der Erkenntnis kreiseln.

Oder die Fabelhafte, die Aufmerksame muß sich vor Hoteleinfahrten postieren und ankommende Autos betexten oder eine frühvergreiste HipHop-Truppe ankündigen, einen müden Fußballclip der Band Blumentopf oder Sauertopf oder weiß der Pleitgen.

Ach, sie sagt's ja selber. »Ich bin ein Mensch, der grundsätzlich eher pessimistisch eingestellt ist«, sagt Monica Lierhaus, und sie sagt nach einer weiteren entwürdigenden Sendestrecke: »Damit sehr gerne zurück nach Köln.«

Spiritus sanctus

Vorgestern zitierten Zeitungen einen Wirt aus dem Fränkischen, der erschüttert darüber sei, daß Fußballtouristen vom britischen Eiland innerhalb kürzester Zeit durchschnittlich siebzehn Pints in sich hineinverfrachteten, was ungefähr neun Litern Bier entspricht. Die Kameraden hätten seinen Keller praktisch trockengetrunken, klagte er, statt sich über die Entspannung seiner eigenen Leberwerte und der Haushaltslage zu freuen.

Auch wenn die englischen Teamärzte »David Brechham« *(Bild)* die Einnahme alkoholischer Substanzen untersagten, lebt eine ehrwürdige Tradition also ungeachtet des grassierenden Gesundheitsterrors munter fort. Zwar wabern, wie man hört, beim morgendlichen Training britischer Mannschaften nicht mehr stets dichte Schnapsfahnenschwaden über dem Rasen, doch der Tommy-Supporter tankt unverdrossen weiter.

Vor drei Wochen fuhr ich um acht Uhr morgens mit dem Zug nach Köln. Am Ausschank des Bistroabteils tauchte alle zehn Minuten ein England-Anhänger auf und orderte, durchaus noch wacker beieinander, »ten beers!« Ungelogen: zehn Bier alle zehn Minuten. Nach einer Stunde wandte sich der Kellner an mich, den einzigen Kaffeetrinker im Zug, und sagte, wohl um sich zu vergewissern, daß er nicht träume: »Haben Sie's gesehen? Ich hab' kein Bier mehr! Der Zug ist leer!«

Längst fühlte ich mich da an eine vorbildliche Szene aus Joachim Krecks Dokumentarfilm *The Big Clubs* erinnert, in der Glasgow-Rangers-Fans in einem Pub, gestapelt wie in der Stehkurve, nicht bloß wüste Gesänge anstimmen, sondern vor allem das Aufsetzen des Bierhumpens auf der Rübe des nächstbesten Kollegen zelebrieren.

»Ich will nur noch an der Theke stehen und saufen«, hat Erwin Kostedde mal fallengelassen. Sein Bruder im Geiste des Weinbrands, George Best, entwickelte einen Spielstil, der seiner Dauerbedröhntheit volens oder eher nolens angepaßt war. Der heilige Milleniumstrinker, das zeigt Hellmuth Costards bei Zweitausendeins auf einer vorzüglichen DVD wiederveröffentlichter Experimentalfilm *Fußball wie noch nie*, trabte zirka alle zehn Minuten zirka zehn Meter weit, stoppte, stemmte die Arme in die Hüften und verschnaufte. Ein verzogener Waschlappen wie Brechham war er allerdings nicht. Den Rasen hat er nie gedüngt.

Costards »einzigartiges Dokument« *(Tagesspiegel)* gewinnt unter Drogeneinfluß übrigens noch mal an Überzeugungskraft – während der stille zweite Bistrogast, ein Engländer mit 0,33 l Treibstoff in der Hand, die immerhin eine halbe Stunde reichen, jetzt seinen Reiseführer beiseite legt und mich höflich fragt, wann man den Kölner Dom sehen könne.

Ich erkläre ihm, daß er meinen Platz einnehmen müsse und den gotischen Wunderbau nur recht kurz zu Gesicht bekäme. Er kommt herüber, lehnt sich ans Fenster und spricht be- und andächtig vor sich hin: »What a cathedral! What a cathedral! What a cathedral!«

Ob die spirituelle Stärkung gegen das katholische Portugal hilft?

Alles falsch

Siebzig Jahre hat die Menschheit gebraucht, um uns nicht bloß den Fußballreporter Felix Görner zu schenken (der mir bitte keine weiteren Briefe schreiben möge), sondern auch einen Thomas Wark und einen Béla Réthy.

1936, anläßlich der olympischen Spiele, berichtete das Fernsehen der Deutschen Reichspost erstmals umfänglicher und live von sportlichen Wettkämpfen. Bereits elf Jahre zuvor war im Rundfunk ein Fußballspiel übertragen worden. Der Frankfurter Reporter Paul Laven, »ein deklamierender Theaterschauspieler« (Schwarz/Sonnenschein), wurde rasch zum Star. Ihm folgten unvergeßliche Genies wie Rolf Wernicke, der sein animalisches Torgebrüll mit syntaktischer Strenge zu verbinden verstand, die von ihm entdeckten Herbert Zimmermann und Rudi Michel sowie Oskar Klose und Kurt »Wucht« Brumme.

In den neunziger Jahren entwickelte sich die Fußballreporterschelte angesichts der permanent gebotenen Inferioritäten zur außerordentlich gebotenen erkenntniskritischen Disziplin. Doch irgendwann verlassen sogar die Unermüdlichsten die Kräfte, so daß ich vor der WM beschlossen hatte, bevorzugt nach Sprachschönheiten Ausschau zu halten.

Das schloß die Conditio sine qua non ein, den Allerunerträglichsten, Steffen Simon (»Das 1:0 ist gefühlt immer dünner, immer enger«), nicht mal zu erwähnen und an Thomas Warks Darbietung nur die gelungene Bemerkung wahrzunehmen (Fanchoräle erfüllten gerade das Stadion): »Der Rest des Spiels, liebe Zuschauer, ist ein Hörspiel.«

Aber im Verlauf der Viertelfinalspiele am Samstag war Sense mit Zurückhaltung. Zunächst sah Wark komplett alles komplett falsch und mäkelte inbrünstig an einer erstklassigen Begegnung herum, dann moserte Béla Réthy ununterbrochen über »das Spiel der alten Männer«, der Franzosen und der Brasilianer, und lamentierte darüber, »was die beiden Mannschaften eigentlich leisten müßten«.

»Kannst du den mal richtig fertigmachen, damit die den endlich vom Sender nehmen?« flehte mich Anne am Tisch eines griechischen Biergartens an, und der Kantianer Horst M. A. Martin forderte von mir eine Glosse unter dem Titel »In Bleigewittern« ein.

Ja, Réthy sah alles, zuverlässig alles falsch – bzw. »eine umgekehrte Situation zur Realität« –, und ich schrieb mit. »›Béla Réthy entfällt‹, stand da eben«, machte uns Uwe vor der zweiten Halbzeit Mut, Maren entschied, sich »Réthys Geseich schönzutrinken«, und als Brasilienfreund Béla zum wiederholten Mal eine fesselnde Partie zur »schlechten Botschaft« herabwürdigte, übernahm Horst endgültig meinen Job: »Schreib, daß der Réthy ein Braziljubelperser ist, ein Fußballsachverstandtotalverweigerer und ein Riesendepp, verblödet am eigenen Kommentar!«

Man wird ja noch zitieren und das eine oder andere »in Schutt und Asche reden« (Udo Lattek) dürfen. Fußball ist »ja schließlich kein Klickerspiel« (Paul Laven).

Partybremse

Es werde kein Entrinnen geben vor der »lähmenden Penetranz der Simulanten, Pseudos und Blender«, seufzte Wolfram Eilenberger einige Monate vor der WM, »überall« würden sie uns »verfolgen. In der Straßenbahn, in den Kantinen und Mensen, bis in unsere Kneipen und Zimmer werden sie sich wagen, gar kommentierend in den Medien.«

Wer jemals unter »Weltmeisterschaftspseudos« gelitten hat, unter den lieblosen Desinteressierten, für die ein Championat lediglich Anlaß ist, um sich vor dem Gemeinschaftsfernseher oder der Großleinwand als ekelhaft lokkere Durchblicker aufzuführen, denen es um ihr mieses Event geht und die einem noch meinen aufhalsen zu müssen, Fußball sei »doch bloß ein Spiel«, der teilt Eilenbergers Haß auf den »klassischen WM-Blender«. »Da steht er, wakkelt ungeschickt mit den Hüften, läßt sich bereitwillig von läppischen wie ineffektiven Übersteigern berauschen und« – schürt weiter meinen Abscheu. »Denn Fußball ist kein Freizeitvergnügen, sondern eine Lebensform.«

Ich bin zu alt dafür, ich halt' das nicht mehr aus, dachte ich wenige Minuten nach dem vierten Elfmeter der Argentinier, gurgelte das x-te Kalmierungsweizenbier runter und rief meinen bewährten fußballerischen Leidenskameraden Nummer eins an, meinen Bruder Thomas. Seine Freundin war dran: »Thomas ist vorm Elfmeterschießen rausgegangen, aber da kommt er grad zurück.«

Thomas hatte »einige Eimer Wasser unterm Arm« (R. Beckmann), hatte Angst gehabt. Wie ich. Er war vor die Tür geflüchtet, und in seiner Not, in diesem furchtbaren Gefühl des Ausgeliefertseins, war er, gestand er, einkaufen gegangen. »Im Supermarkt war viel Platz«, sagte er.

Wir wünschten uns zum Beschluß des Telephonats ein Halbfinale wie gegen Südkorea am 25. Juni 2002, als Reporter Faßbender gedämpft-sediert zum besten geben konnte: »So einfach ist dann Ramelow auch nicht vom Ball zu trennen.« Oder: »Druck erhöhen und dann treffen.« Bumsti.

Ein solcherart selbstsicher vorgetragenes Spiel wünschen wir uns, in dem keine Rede sein wird von »einem italienischen Tor« (Armin Hauffe, 1990), in dem Manni Breuckmann nicht wird ausrufen müssen: »Was wir hier alles wieder schildern müssen!« (Viertelfinale 2002 gegen die USA), das uns nicht erinnert an Heribert Meisels Menetekel: »Mein Gott, alles ist durcheinander!«

Natürlich wird der wahre Fußballfan, der es selbstverständlich ablehnt, sich auf einem faschistischen Public-Viewing-Areal einzufinden, heute – und bisweilen sogar von Freunden – bezichtigt, »Partybremse« und »Spaßverderber« zu sein. Leckt mich! »Fun ist Stahlbad«, dekretierte Adorno. Nicht allein deshalb gucke ich das Halbfinale, halbwegs abgeschieden in würdiger semiprivater Atmosphäre und hoffentlich »nur leicht mit den Füßen hin und her vibrierend« (Herbert Zimmermann, 1958), mit meinem Bruder und ein paar wenigen Freunden, denen es um Fußball geht. Auch wenn es darum offenbar nicht mehr geht.

Der Kerner der Woche (4) – Wurst und Membran

»Die Kommerzialisierung der Fußballberichterstattung hat es mit sich gebracht«, ist in Rainer Moritz' saugutem Buch *Abseits – Das letzte Geheimnis des Fußballs* (München 2006) nachzulesen, »daß über Schiedsrichterentscheidungen mehr und mehr auf der Basis von Fernsehbildern diskutiert wird. Eine Armada von Kameras hält jeden Spielmoment fest, legt sich auf die Gesichter aller Akteure und zerstört, was Schiedsrichter Lutz Michael Fröhlich die ›Membran‹ nennt, die früher das Stadionrund von der Außenwelt abschirmte.«

Diejenigen, die sich gegenüber dem Fußball äußerlich verhalten und in den Außenterritorien der Public-Studios herumlungern, haben das Zentrum des Fußballs kolonisiert und verderben ihn von dort aus. Moritz konnte nicht wissen, welch apokalyptisches Szenario »Überall-Moderator« *(Süddeutsche Zeitung)* Johannes B. Kerner zusammen mit Urs Meier in der ZDF-Arena Wirklichkeit werden ließ – beschrieb's aber auf der Grundlage der Tendenzen jüngerer Zeit: »Die x-fache Wiederholung einzelner Spielszenen, zum Teil in extremer Verlangsamung, führt dazu, daß über fragwürdige Elfmeterentscheidungen, ausgebliebene Platzverweise oder unbeabsichtigte Handspiele im nachhinein mit viel größerer Leidenschaft gestritten wird als während des Spiels.«

Mit Kerner und kriminellen Konsorten fiel der Fußball der vorgetäuschten Passion anheim, geriet er in die Klauen des All-Time-Plauder-und-Jubel-Milieus und befindet sich auf der asymptotisch-eschatologischen Bahn der Absenkung journalistischer Minimalansprüche. »Seine Fragen darf man an denen eines Fragebogens in der Schülerzeitung messen«, merkt Johannes Boss auf www.dwdl.de an.

Die Angelegenheit ist durch, und in absehbarer Zeit wird sich der Sport, entwürdigt zu »einer Art unentrinnbarer Talkshow« *(DIE ZEIT)*, von Johannes, dem »Hobbykoch des Jahres 2005« (Verband der Köche Deutschlands e. V.), nicht mehr erholen. Folgerichtig verlängerte das ZDF den Vertrag mit seinem »Dauermoderator« *(Süddeutsche Zeitung)* bis 2009, schuf indes in Anbetracht der Air-Berlin-Aktien-PR-Gaunereien des Unvermeidlichen eine »Lex Johannes B. Kerner« *(Tagesspiegel)*, wonach künftige Werbeaktivitäten nicht nur anzeige-, sondern genehmigungspflichtig seien.

Im gleichen Atemzug ließ ZDF-Chefredakteur Nikolaus Brender mitteilen: »Wer wirbt, ist kein Journalist.« Somit haben wir das nun amtlich, können drei weitere Jahre lang königlich kotzen und uns dieser Tage unvermindert darüber freuen, daß Johannes B. Kerner auf Seite eins der *Bild* für eine »Bratwurstaktion« bzw. den hochgenehmigten Ausdauerkauf und -verzehr von Bratwürsten geradesteht.

Wenn von dieser Weltmeisterschaft etwas bleiben wird, dann Wurstkönig Johannes B. Kerner, die Bratwurst des Jahres; der über zwei Paar fett weggegrillten Hühnerwürsten (mit aufgeplatzter Membran/Pelle) hinmontierte Strubbelstrohkopf; der Patron des Erbrechens und jener Fabrikzipfel, bei deren Erwerb es »gratis!« das »WM-Buch« *Deutschland Weltmeister* gibt.

Das rezensiert und verbrät aber bitte jemand anders.

Acker

Der kommt mir nicht mehr nach Frankfurt, mein Bruder Thomas, der Mann der zwei Minuten. Zumindest, wenn er sich einbildet, mit mir und Freunden ein Fußballspiel gukken zu können, dessen Bedeutung über die Partie, sagen wir: Wolfsburg – Leverkusen am achten Bundesligaspieltag hinausreicht.

Zweimal ist er bislang eigens zwecks Betrachtung eines Fußballspiels angereist. Am 26. Mai 1999 führte Bayern München im Champions-League-Finale gegen Manchester United bis zur 91. Minute mit 1:0. Zwei Minuten später stand es 1:2. Gegen Italien trug Thomas, wie er beteuerte, sein »Glückshemd« und nahm ausschließlich sein »Glücksgetränk« zu sich – Radler. Radler! Ich hätte es wissen müssen. Radler, dieser Versagertrunk! Mit so einem wird am Ende noch Italien Weltmeister!

In Gerhard Polts TV-Sketch *Der Verantwortungsnehmer* trägt ein Herr Sittich im Auftrag und Namen der »Schilda Response GmbH & Co. KG« die Verantwortung für praktisch alles. Herr Sittich schultert die Schuld an sämtlichen Insolvenzen, politischen Torheiten jeder Couleur und am Waldsterben. Mein Bruder Thomas ist der Herr Sittich des Fußballs. Sollten Sie sich fragen, wer schuld ist am Desaster der letzten zwei Halbfinalverlängerungsminuten, so sagen Sie nur eins: »Dieser Bruder von diesem Kolumnisten ist schuld am tragischen Ausscheiden der deutschen Fußballnationalmannschaft!«

Oder halten Sie's lieber mit Rudi Assauer? Die Verpflichtung von Jürgen Klinsmann und Oliver Bierhoff sei »eine Arbeitsbeschaffungsmaßnahme für ehemalige Nationalspieler«, ließ der abgetretene Schalke-Regent vor zwei Jahren wissen, das nämliche Paket sei »eine absolute Notlösung, siebte oder achte Schublade«. Und sofern wir uns obendrein vor Augen führen, was Wolfgang Overath, der Präsident des Abstiegsweltmeisters 1. FC Köln, mal zu bedenken gab: »Wenn es mit der Nationalmannschaft runtergeht, geht alles andere runter« – dann steht außer Zweifel, daß sofort gehandelt werden muß.

Das unselige Duo Klinsmann-Bierhoff (plus Löw) fliegt abfindungsfrei raus. Rudi Brückner wird Bundestrainer, Jürgen Grabowski Konditionschef. Es werden zwölf Torwarttrainer eingestellt, als taktischer Berater fungiert Ror Wolf. Eckhard Henscheid übernimmt die physiotherapeutische Abteilung, als Fitneßkoordinator wird Rudi Pevenage verhaftet.

Außerdem braucht es frisches Fachwissen. Deshalb kommt Rizzitelli. Jan Furtok wird als Motivator einiges reißen und die Kohlen aus dem Feuer holen, und Britta Berthold (c/o Thomas Berthold) muß auch irgendwas machen. Den Rest erledigt Acker Schröder. Dann läuft das.

Mein Bruder Thomas geht aber trotzdem in Zukunft vorsichtshalber schön Radler einkaufen.

Großartig

Nirgendwo sonst ist die Verfallszeit von Thesen knapper bemessen als in der mit dem Sport befaßten Publizität. »Weil wir die schlechteste Fußballberichterstattung haben, spielen wir den schlechtesten Fußball«, konnte man beispielsweise in der Juniausgabe der Zeitschrift *konkret* lesen. Post festum wirkt der Fehlschluß geradezu atemberaubend hanebüchen, was aber nicht dazu führen dürfte, daß derartige unsinnige Parallelisierungen zwischen Fußball und anderen Sphären, sei's der Politik, sei's den Medien, künftig entfallen.

Andere Positionen sind haltbarer. »Der öffentliche Stimmungskult dient zur Entgegenständlichung des Wirklichen, schiebt beiseite, was in Gesellschaft und Fußball materiell passiert«, steht im selben Blatt, und Gunter Gebauer präzisiert ebenda, was es mit den politischen Implikationen der Weltmeisterschaft »im eigenen Lande« auf sich hat: »Diejenigen, die die Stimmung vorher schlechtgeredet haben, haben jetzt ein sehr hohes Interesse daran, die Stimmung möglichst gutzureden.«

Das ist richtig, und Aufklärung ist manchmal betrüblich. Was bleibt, wenn die Illusionen verfliegen? Wo Halt finden? Wie sich wappnen gegen den Verlust jener Aura, die eine Fußballweltmeisterschaft ungeachtet aller manifesten Machenschaften unvermindert umgibt?

Durchs Channel-Hopping? Spendet das Fernsehen an einem spielfreien Tag kurz vor dem Ende einer, fußballerisch betrachtet, zauberhaften WM (mit falschem Ausgang!) Trost, indem es ablenkt, weil es so tut, als seien die Deutschen nicht ausgeschieden gegen eine schmierige Truppe verlogener Laienschauspieler?

Die ARD bringt die fünfundvierzigminütige Dokumentation *Legenden – Günter Netzer*, die den »Mythos einer ganzen Generation« beschwört und dem Langhaarigen, der laut Gerhard Delling übrigens »absolut ehrlich« ist, bescheinigt, »bis heute« sei »sein Ruhm unerreicht«.

Ich akzeptiere das als Form der Übersprungshandlung, der nachvollziehbaren Verdrängung, und lande bei n-tv, beim unermeßlich notwendigen Format *WM am Morgen.* »Die Blicke werden nach und nach nach vorne gerichtet«, jazzt ein Reporter aus Berlin die Aussichten auf das schmähliche kleine Finale hoch. Pochende Leere überschwemmt den Kopf, und als der Mensch im Studio »nette Bilder« aus dem Bundeskanzleramt annonciert, die Frau Merkel mit dem goldenen Finalball zeigen, stellt man sich erstmals konsequent der Wahrheit: Die WM ist aus. Aus. Aus. Es muß aufhören.

Doch ein kurzer Stopp bei Eurosport verschafft Linderung. In der englischsprachigen *World Cup Show* wird naturgemäß nüchterner debattiert, u. a. mit Arsène Wenger und Graeme Le Saux. Der Schmerz läßt nach, der Ärger schwillt ab, wir atmen tief durch und schauen noch einmal in die *konkret*, in der Gunter Gebauer sagt: »Sport ist ja nicht nur gebrochen und mies, er hat viele großartige Momente, in denen etwas geschieht, was wir uns im Alltagsleben wünschen, aber nicht haben: daß einer wirklich Glück hat oder von seinen Leistungen beseelt ist und laufend Tore schießt.«

Glückauf, Zizou!

Wahrheit

Erinnert sich noch jemand daran, daß Anfang März allen Ernstes darüber diskutiert wurde, ob man die WM wegen der Vogelgrippe absagen müsse?

Man muß solche Glanzleistungen der vom Boulevardismus verseuchten Presse- und Fernsehinstitute festhalten, für alle Zeiten all den »Unflat« (Karl Kraus) aufbewahren, damit dereinst Gerechtigkeit widerfahre denen, die sich nicht haben dumm machen lassen, und denen, die die Welt skrupellos mit Lügen überziehen.

Und deshalb danken wir dieser Tage schon mal dem wissenschaftlichen Mitarbeiterstab von Professor Gerard Sierksma von der niederländischen Rijksuniversiteit Groningen. Der hat Mitte Mai »einen historischen Irrtum« korrigiert, einen schwerwiegenden Schwindel entzaubert, natürlich ohne daß die hiesigen Alarmmelder das gebührend zur Kenntnis nahmen.

»WM-Finale 1974 – Deutschland war besser!« überschrieb die dpa ihren diesbezüglichen Bericht. Sierksma hatte ein System entwickelt, mit dem »die Qualität einer Fußballmannschaft als auch die der einzelnen Spieler untersucht werden kann«. Die Fakten, gewonnen an Hand von Kriterien wie Zahl der Ballkontakte, Qualität der Pässe und Abwehrverhalten, seien nicht zu widerlegen. Die DFB-Elf sei in sämtlichen Parametern überlegen, »die Holländer seien nur die erste Viertelstunde klar besser gewesen«.

Breitner, Bonhof und Vogts erzielten die besten Werte, der mythisierte, todesmutige Einsatz von Sepp Maier wird aufs Maß der Wirklichkeit zurechtgestutzt. Dito das leuchtet ein, sieht man sich das Spiel noch mal an, ohne vorher den Legendenfilter ins Gehirn geschoben zu haben.

»Es tut weh, aber es ist die Wahrheit«, erklärte Sierksma. In der Prawda der Idioten, der *BamS*, schrieb der »Experte« und Schaumkopf Paul Breitner am 2. Juli dessenungeachtet: Das Auftreten des deutschen Teams »erinnert mich ein wenig an unsere WM-Elf von 1974. Auch damals waren wir nicht die beste Mannschaft, auch nicht im Finale. Aber wir haben den Titel geholt, weil wir ihn haben wollten.«

Das mit dem »volitiven Fußball« *(taz)* des Jürgen Klinsmann, dem »Kick als Willensakt«, hat sich ja erledigt. Der Er- und Entledigung harrt im Hinblick aufs Finale ein weiterer Mythos, der Mythos des »Königs von Rom«, Francesco Totti.

Spiegel special 2/2006 zum Thema »Planet Fußball« unterbreitet erdrückende Belege für die Infantilität und Selbstgerechtigkeit der italienischen Fußballer- und Machtkaste samt Fanvolk, für den »Mammismus« einer Gesellschaft, die sich standhaft weigert, erwachsen zu werden, und bei jeder Niederlage herumflennt: »Sie haben uns den Sieg geraubt, die dunklen, dunklen Mächte!«

Totti, das Aushängeschild der Regression, laufe, erzählt Alexander Smoltczyk, beim AS Rom »mit einem barocken Halskragen auf den Platz«. »Dieser Mann ist überzeugt davon, ein Wiedergänger der Gladiatoren zu sein«, und der Fußballphilosoph Mario Sconcerti lotet aus: »Er wirkt oft etwas simpel. Etwas zu oft.«

Totti möge stürzen. Das gedruckte Wort indes erwirkt hier nichts. Deshalb, Zizou, richte es auf dem Platz! Im Namen der Wahrheit! Für dein Land, die Heimat der Vernunft!

Michel, Koch, Kahn

In den vergangenen Tagen bin ich mehrfach aufgefordert worden, den Kommentatoren en bloc noch mal ordentlich einen mitzugeben. »Hm«, grummelte ich, »hab' ich das nicht zur Genüge getan?« Und: »Nutzt sich das – berechtigte – Eindreschen auf all die Qualmplauderer nicht ab? Wird die Klinge des Phrasenmähers nicht irgendwann stumpf?«

»Nein«, wurde mir erwidert, »im Gegenteil. Den Beckmann hast du viel zu gut gesehen, dein Urteil über diesen Spreizquassler war reinweg falsch. Und zu Kerner hast du praktisch gar nichts gesagt.«

Johannes »Begeisterung im Lande« Kerner hatte ich einmal pro Woche in einer anderen Zeitung verarztet. Gewiß, sein letzter WM-Einsatz am Sonntag wäre in Anbetracht der neuerlich zur Aufführung gelangten Verschleimung und infantilen Erniedrigung des Fußballs allemal glossierungswürdig. Aber ich erlaube mir hier, über Kerner zu schweigen.

Doch Beckmann – in diesem Fall brauch' ich Rat und Hilfe. Ich rufe Rudi Michel an, einen der gentilsten, zuverlässigsten und ironiefähigsten Menschen. »Herr Roth«, sagt er, »ich werde 85 Jahre alt, ich kann doch niemanden in die Pfanne hauen.«

Rudi Michel ist geschafft und freut sich auf die fußballfreie Zeit. Er hat Zidane gegen Brasilien im Stadion beobachtet und zieht mehrere Hüte vor ihm. Auf die mimischen Künste der Italiener angesprochen, schüttelt er, wenn das geht, hörbar den Kopf. »Der Schiedsrichter hat geglaubt, die sind schwer verwundet wie im Zweiten Weltkrieg gefallen.«

Ich kann Herrn Michel noch entlocken, daß gewissen Männern am Mikrophon »der Fußball im Grunde wurscht ist. Aber, Herr Roth, entlasten Sie mich bitte!«

Günther Koch erwische ich beim Brunch mit Dieter Hildebrandt. »Der kann Fußball spielen, mein Lieber! Der hat mich vorhin ausg'schwanzt, Wahnsinn!« schwärmt er und legt los. »Deutschland wundert sich über sich selbst«, er prognostiziert, die Bundesliga werde von der Euphorie profitieren, und »fußballerisch gesehen war das ein gutes Setz- und Losverfahren. Und sehr schön war's ja auch. Rangnick hat's mal gesagt: Die Mann schafft es.«

Und die Reporter, die Kommentatoren? »Denen muß man fast Absicht unterstellen.« Was das heiße, hake ich nach. »Ich kann mir auch vorstellen, daß die besser könnten, wenn sie wollten.«

Derweil achtzehn Fernsehsender den sonntäglichen Empfang der DFB-23 auf der Berliner Fanmeile übertragen und »gefeierte Popstars« (ZDF-*heute*) zelebrieren, dürfen hier noch zwei Anmerkungen zur »Weitschußmeisterschaft, kurz: WM« (ZDF) unterkommen. 1) In einer Vorfeld-DSF-Reportage hatte Robert Huth klargestellt: »Fußball ist Fußball. Wir spiel'n Fußball, und dann hat sich die Sache. Wir sind keine Popstars.« 2) Grossos Schuß hätte Oliver Kahn gehalten. Hundertpro. Und dann wär' das Halbfinale »eines der unwahrscheinlichsten Fußballspiele [geworden], die ich bisher gesehen habe in ihrer ganzen Außerordentlichkeit« (Ernst Huberty, Wasserschlacht 1974). »Tausendprozentig.« (O. Kahn)

*Je erfolgreicher die Mannschaft spielt,
desto länger ist der Autokorso nach dem Spiel.*
Sportpsychologe Bernd Strauß

Hehre Menschenhaufen

Nein, wenn *Bild* an Tag zwei des großen Leidens trotzig-rotzig in die davon offenbar noch immer nicht hinreichend überzeugte Welt hinauspölkt, das »Schwarz-Rot-Geil«-Gejohle gehe jetzt halt erst recht stramm weiter, weil dieses begnadete Land namens Deutschland ungeachtet der Halbfinalhavarie und auf Grund von Stücker fünfzig Gründen das weltweit einfach beste und führende sei, führend und allen anderen voranschreitend vor allem wegen seiner tollen, toleranten »Fans«, dann kann es um den traditionell eher zum Weltschmerzhooliganismus neigenden deutschen Fußballanhänger ja nicht allzu schlecht bestellt sein.

Zumindest i. S. der neuen deutschen Fanvorturnerin Angela Merkel, die ihre Sakkos notabene exakt so trägt wie einst Oliver »Dick« Hardy, ist anything top okay. Fuhr sie vor sechs Jahren inmitten der Schwarzkassenaffäre den ingeniösen Öffentlichkeitskonter, ihre CDU sei schlicht und herzergreifend »eine tolle Partei«, so juchzte sie nun im Einklang mit den allgemeinen Jubelarien im Rahmen einer nahezu orgiastischen Selbstbeweihräucherung der Deutschen: »Wir haben der Welt gezeigt, welch tolles Land wir sind!«

Fußballfans, die sich für Fußball interessieren und nicht für Deutschland und irgendeine saudumme offiziös-standortförderliche »Fankultur«, reagierten jenseits der Funhysterie und »karnevalistischen Selbstberauschung« *(taz)* der allzeit zur Massenzusammenrottung bereiten Dämlakkel geringfügig anders. Ein Freund, der untadelig den aufgeklärten Kreisen zuzurechnen ist, bekundete im rein privaten Furor seine Antipathie gegenüber den »Katzlmachern« und stornierte den Kauf eines italienischen Kleinwagens. So kann man sich ja mal Luft verschaffen, selbst wenn das heute mit Verbannung aus dem Kreis der zivilisierten Vorzeigemenschen quittiert wird.

Im »Auf und Ab« einer Weltmeisterschaft, heißt es in Christian Eichlers Buch *Deutschland, deine Lieblingsgegner – Die legendären Spiele der deutschen Nationalmannschaft* (Frankfurt/Main 2006), finde »man plötzlich ganze Nationen zum Kotzen«. »Kurze Beine, kleine Genitalien – scheiß doch auf Italien!« war in Dortmund bisweilen neben den belobigten Fröhlichkeitsexaltationen von den Rängen zu hören, was die *taz* prompt und reflexartig als »peinlich« brandmarkte. Welch ein Quatsch! Und artikulierte sich da nicht, reimrhythmisch-metrisch durchaus versiert, jener von Eichler beobachtete »Humor«, der zeige, daß der Fan »mit seiner Lust am gepflegten Vorurteil verantwortlich umzugehen« verstehe?

Nein, der aktuelle deutsche Fantypus des angepaßt und wie von Sinnen Begeisterten schließt kurzzeitige, »unkorrekt« gescholtene Ausbrüche aus. Zelebriert wird, dirigiert von unsichtbarer Hand, die Marke Deutschland, das Nation-Branding. All diejenigen, die ob ihrer nimmersatten Laune und Passion für deutsche Farbenpracht gepriesen und getätschelt werden, dürfen sich glücklich schätzen, daß sie als »Volk« (Mayer-Vorfelder), ja als »deutsches Volk« (Mayer-Vorfelder) »wieder nah an die nationalen Symbole gebracht« worden sind, obwohl ihnen das so viel bringt wie der nächste Rekordgewinn der Deutschen Bank.

Andererseits: Akkurat gehalten und verhalten haben sich, wenden wir uns noch kurz der Welt außerhalb des Gastgeberlandes zu, mit Ausnahme einiger argentinischer Stinkstiefel erwartungsgemäß die südamerikanischen Fanbrigaden – vorzugsweise deren weibliche Vertreter, die nach Auffassung der Fanforschung ja zusehends an Einfluß aufs Fußballpublikumsbild gewinnen. Das blieb auch dem *Südkurier* nicht verborgen, der mit einer endlosen und sehr einfallsreichen Photostrecke »Die besten Fans bei der WM« kürte, desgleichen dem Sportportal der ARD (»Brasilianer jubeln« – dazu das entsprechende Damenbild) und unseren Freunden von der *Bild* nicht, die online die Photogalerie »WM Zweitausend-Sex – So (k)nackig waren Fans noch nie« aufboten.

Der Engländer? Geschenkt. Gleichfalls keine Klagen zu vernehmen waren über den Paraguayer, den sanftmütigen Ghanaer oder Ghanoven und die asiatischen »Menschenhaufen« (Humboldt) samt Togo, Schweiz und Iran. Letztere Abordnung ließ sogar ihren obersten Aficionado, den präsidialen Irren, brav daheim, während der Schwed' auf Buttermilchfahrt keinerlei Mucken machte und auf einem der Fanfeste vorschriftsmäßig mit Abgesandten aus Trinidad & Tobago Pogo tanzte.

Der Franzose wiederum sei, brachte doch tatsächlich das Marketinginstitut Octagon ans Licht, »im Vergleich zu den deutschen und englischen Fans eher Anhänger des Sports als solchem«. Aha. Am angenehmsten, möchten wir da ergänzen, gerierten sich aber die »Irländer« (Rudi Völler), die Saarländer und die Neufundländer. Ihnen sei darob unser herzlicher Dank ausgesprochen.

Reden

Zwei Jahre lang, bis zur austro-eidgenössischen Europameisterschaft, muß ich sie Gott sei Dank nicht mehr jeden Tag lesen, die Überschriftenbälger »Deutschland ist klosartig« *(taz)* und »Klinsi, das war klosartig!« *(Bild)* und, zuletzt, nach dem schweinsteigerisch beschwingten, pirouettengleich auf den Rasen gezeichneten 3:1 gegen Portugal: »Klinsi, das war schweinimalig!« *(BamS)*

Mein alter Favorit aus der Headline-Kiste – »Mehmet, was Scholl das?« –, vor Jahren von der Redaktion der *Sport Bild* ersonnen, ist aber selbst durch das unermüdliche, zuzeiten zugegebenermaßen nonsensbeflügelte Wortgedrechsel in der *Bild* nicht entthront worden. Ein trockenes »Costa Gurca«, ein logisch zwingendes »Tobago war nur noch Triniplatt« oder der Adelstitel »Togowabohu-Trainer Otto Pfister« im Fließtext – das wußte schon zu gefallen, und trotzdem bin ich froh, daß jetzt mal Schluß mit komisch ist, sofern es den Fußball betrifft.

Fußball ist, wenn wir alle reden. Das nobilitiert diesen großartigen Sport zur demokratischen Domäne, zum agoralen Stimulans. Ein Grieche oder Italiener oder Bosnier kam am Finaltag an meinen Tisch und schwärmte von der »tollen Zeit«, es seien »die schönsten vier Wochen überhaupt« gewesen. Er war richtiggehend herzerwärmend gerührt.

Ich konnte ihn halbwegs verstehen, obwohl der Blackout der Fußballgeschichte schlechthin (mutmaßlich nach finsterer italienischer Provokation) den Eindruck hinterher erheblich verdüsterte.

Fußball ist, wenn wir alle lesen und glotzen, täglich drei, vier Tageszeitungen und ungezählte Stunden Fernseh'. Daß ausgerechnet die *BamS* den ersten Versprecher in Monica Lierhaus' Berufsleben, den Neologismus »Euphorismus«, aufschnappte und in den Stand des »WM-Wortes 2006« erhob, ärgert mich ein bißchen. Doch vielleicht hatte der in vier Wochen mählich herangezüchtete Überdruß an Fußballkommunikation meine Aufmerksamkeit geschwächt. Denn so trefflich diese Zeit der Worte ist, so unausweichlich wächst beim professionellen Medieninspektor das Unbehagen an der »Fußballkultur« (Berliner Verein für Fußballkultur).

»Der einstige Arbeiterklassensport Fußball«, seufzte Henning Sussebach vor einem guten halben Jahr unter dem Titel »Aus! Aus! Aus!« in der *ZEIT*, »ist spätestens in den neunziger Jahren zum Deutungsgut aller geworden; auch weil sich die Popkultur verstärkt seiner annahm.« Er »wurde intellektualisiert und ironisiert, dann dramatisiert und ästhetisiert«, in einem Schwall der Rede und Metarede und Hyperrede.

Das Reden übers Reden über Fußball, über die angeschwemmten Ansichten, über die ausgespienen Worte und die hastig zusammengezimmerten Sätze, vervielfacht nochmals das Reden über Fußball. Das ist selbstredend eine beschämend banale Einsicht. Deshalb stelle ich an dieser Stelle auf der Stelle den Antrag auf Abschaffung dieser Kolumne. Und gebe ihm selbstverständlich selber sofort selbstherrlich statt.

Das war eine sehr schöne Geste.
Jens Lehmann

Das war selbstverständlich.
Oliver Kahn

Gesten – warum und wozu?

Ein Turnier, in dessen Verlauf sich vom laut FIFA »besten Torhüter aller Zeiten« (DVD *FIFA Fever*), von Oliver Kahn, nur ein Bild ins Gedächtnis schlich, der innige Händedruck zwischen ihm und Jens Lehmann vor der Elfmeterschlacht gegen Argentinien, kann nicht »die beste WM aller Zeiten« (Sepp Blatter, 5. Juli) gewesen sein. Wegweisend war sie evtl. trotzdem, in Sachen Gesten nämlich.

Schon vor den dickkumpelhaft ineinander verschlungenen Torhüterdaumen machten die Daumen als Signale und anderweitig einzustufende Symbole unerwartet Karriere. Nach einem langen Paß, der zu nichts führte, oder einem Schuß, der am Kasten vorbeistrich, sah man insbesondere die Herren Klose und Podolski regelmäßig irgendeinen Daumen recken, verbunden mit einem Blick zum für die halb gelungene, halb mißratene Aktion verantwortlichen Mitspieler. »Echt knorke, Schweini! War zwar 'n Scheißpaß, aber egal!« oder »Supi, du, Borowski! Das nächste Mal dann bitte auf den Schlappen« – etwas in dieser Art schien da zum Ausdruck gebracht zu werden, doch es kam selbstredend kein einziger der zirka fünfhundert öffentlich-rechtlichen Fernsehjournalisten auf den Gedanken, während einer der sagenhaften Pressekonferenzen oder während eines der holden Interview-Tête-à-têtes zu erfragen, wieso und weshalb und vor allem warum denn plötzlich dauernd diese Daumen in die Höhe schnellten.

Die Vermutung der *FAZ*, der gereckte Daumen stamme aus dem Arsenal der römischen Gladiatorenkampfkunst, wies der Historiker Marcus Junkelmann zurück. Zwar bestehe in seiner Zunft weitgehend Einigkeit darüber, daß die Zuschauer das »Daumenzeichen« des »Daumendrückens« verwendeten, um einem der Matadoren ihre Anteilnahme zu signalisieren; aber der gereckte, der »Top!«-Daumen tauche zweifelsfrei erst in »den frühen Monumentalfilmen, die im alten Rom spielen«, auf, also im Kino.

Adaption einer filmischen Geste hie (auch Kloses rechte Hand über dem Herzen nach seinem Ausgleichstreffer gegen die Gauchos, ein semiotischer Akt der patriotischen Bekundung à la Hollywood-Kriegsstreifen, darf hinzugerechnet werden), die Modellierung des gestischen Verhaltens nach Maßgabe des kinematographisch aufgemotzten Fußballfernsehens da. Seit die Spieler wissen, daß etliche der über zwanzig Kameras ausschließlich dazu dienen, den jubelnden Schützen in Nahaufnahme einzufangen und zu verfolgen, entwickeln sie all die bescheuerten Posen, vom Fahnentanz bis zu den windmühlenartig rotierenden Armen.

Die Akteure bewegen sich »gleichsam selbst von einer Halbtotalen in eine Großaufnahme«, hat der Medienwissenschaftler Dietrich Leder beobachtet. Das Posing, geschuldet der aufdringlichen technischen Aufbereitung und Zurichtung des Fußballs, ist zu einem omnilateralen Ärgernis geworden, weshalb Harald Braun (*»Das sind Gefühle, wo man schwer beschreiben kann!« – Die Kickerbibel*, München 2006) anmerkt, es sei »heute etwas zutiefst Verabscheuungswürdiges, wenn Spieler wie zum Beispiel die Brasilianer von Real Madrid Choreographien einstudieren und eine Kakerlake imitieren. Auch das manische Zeigen auf die eigene Rückennummer oder der dankende Blick hoch zum Schöpfer wirkt unangenehm. Schlimm auch die Babywiege, das über den Kopf gezogene Trikot oder der Sturmlauf zum dritten Masseur, der das Tor drei Wochen vorher schon prophezeit hat: ›Danke, Mann!‹ Erlaubt hingegen drei Salti mit eingesprungenem Kasatschok (weil technisch schwierig) oder der Lauf in die Kurve (weil sozial). Die sympathischste Art, das eigene Tor zu bejubeln, ist allerdings nach wie vor, zum Vorbereiter des Tors zu eilen und brav danke zu sagen.«

Wohlwollender interpretiert Wolfram Eilenberger den »Fußballjubel als Wiege von Kultur und Religion«, als Emanation resp. Expression des Göttlichen: »Wahre Superlative der Gebärdensprache zeigen sich dann – oder, um es mit dem Kulturwissenschaftler Aby Warburg zu sagen: Pathosformeln. Allein diese, durch das Medium des eigenen überwältigten Leibes erzeugten gestischen Darstellungen vermögen, fern aller sprachlichen Differenzierung, die Intensität des Erlebten adäquat zum Ausdruck zu bringen.«

Ob die jähe Ergriffenheit allerdings stets mit der lösenden Selbstvergessenheit zusammenfiel (und -fällt), mag bei einem seine Tribünenpräsenz kalkuliert einsetzenden PR-Protz und gedopten Maskottchen wie dem Clanchef Maradona weniger, beim Sektenführer und »König der Pathosjubler« (Eilenberger) J. Klinsmann eher mehr eingeleuchtet haben. Jorge Valdano jedenfalls mahnt: »Vergessen wir nicht, daß Kino und Fußball die einzigen Darbietungen sind, die im Laufe des Jahrhunderts gewachsen sind. Jetzt sind das Fernsehen (die verrückte Tochter des Kinos) und der neue Fußball dabei, das neue Jahrhundert zu erobern.«

Der altneue Fußball giert, daran hat, sehr überraschend!, die WM nichts geändert, nach Popikonen, auch wenn Wolfram Eilenberger zu Recht geltend macht: »Große Spieler lassen sich – im Gegensatz zur totalen Propaganda des Popgeschäfts und der Politik – nicht einfach künstlich erzeugen.« Der Niedergang Ronaldos und Beckhams (an dem einem Insider zufolge, dessen Name ich selbstverständlich nicht nennen darf, der ausgiebige Konsum eines weißen Pulvers ein gerüttelt Maß an Schuld trägt) lieferte dafür den – späten – Beweis, zumal beide trotz des einen oder anderen Tores das extraordinär-ordinäre Jubeln offenbar verlernt haben.

»Das Verhalten der Spieler hat sich verändert«, schreibt Valdano. »Ihnen wird jeden Tag mehr bewußt, daß, wenn sie nicht von den Fernsehkameras eingefangen werden, es fast so ist, als würden sie nicht existieren. Da Berühmtsein ein Geschäft ist, das von der Vernunft unabhängig ist, tauchten Spieler auf, die das Gestikulieren zur Lebensweise gemacht haben.« Im Umkehrschluß verschwinden also Stars, deren Gestik auf rudimentäre Zeichen zusammenschrumpft, zwangsläufig vom Marktplatz Weltmeisterschaft bzw. -fußball. Sie haben – siehe Beckham, siehe Ronaldo – ihr Geldwertschöpfungspotential schlicht ausgereizt.

Oder fürchten sie, als alternde, psychisch und physisch lädierte Diven, gravierende Verletzungen? »Inzwischen belegen Untersuchungen, daß bis zu sechs Prozent der Fußballverletzungen beim Jubeln passieren«, unterrichtete uns die *FAZ*, was uns irgendwie auch einen eiskalt abschließenden Hinweis darauf an die Hand gibt, weshalb Ronaldo und Beckham immer ein wenig kopfballscheu wirk(t)en. »Der Kopf wird dabei einem hohen Risiko ausgesetzt«, heißt es auf *FIFA Fever*. »Der eigene Mann könnte ihn mit dem Ball verwechseln.«

Aber wozu brauchen sie den denn, den Kopf?

Labilität

Bundesliga an einem Samstag, an dem die Eintracht nicht spielt, in einer Eintracht-Kneipe gucken?

Berry und ich stehen um halb vier vor dem *Kyklamino* im Frankfurter Gallusviertel. Kein Licht, kein Leben. Ich rufe Wirt Apollo an, einen Griechen, der alles von der Welt weiß und deshalb immer grinst. »Ich mach' um vier auf, die Eintracht spielt nicht!« brummt er ins Handy. *Kyklamino* heißt *Alpenveilchen*. Das kann er sich gleich bei mir abholen.

Mein gottverdammter halbsizilianischer Kumpel Berry meint, Apollo solle für solche Fälle draußen neben der Tür einen Weißbierautomaten anbringen. Nachdem uns Apollo, der über dem *Kyklamino* wohnt, Einlaß gewährt hat, rupft Berry zwei Weizen aus dem Kühlschrank. Apollo installiert währenddessen den Beamer auf einem umgedreht an die Decke geklebten Tisch. »Beschwer dich nicht, du kriegst hier was zu trinken«, sagt er und zündet sich eine Kippe an.

Es ist fünf vor vier. Die ersten Bilder aus Berlin flackern über die Leinwand. »Jetzt schmeißt du mal 'ne Runde Erdnüsse, du Pfeife!« sage ich. »Erst mal 'ne Zigarette«, sagt Apollo.

Wenn die Eintracht antritt, sind sie alle da: der sagenhaft aufgewühlte Fanatiker Stefan, die gute Heike, Horst und Inge, Mario, Norbert, der Physikprofessor Werner, der herzliche Achim, den Fußball im Grunde einen Scheiß interessiert, der erleuchtete Dieter, Andi, der genauso wunderbar zwerchfellzerfetzend scheppernd lacht wie Achim Greser, und viele andere rund um den Dartsklub »Gallus Hawks«. Ich schätze das *Kyklamino* sehr, und es gibt den Kräuterschnaps Butzelmann, Guinness vom Faß und für die Damen den Sahnelikör Kleiner Klopfer.

Berry spielt Darts. »Der Halbsizilianer interessiert sich für so eine Labilität wie den deutschen Fußball nicht«, sagt Apollo und entflammt eine Aktive. Der Wasserhahn läuft. Was die Konferenzreporter von Arena reden, ist nicht zu verstehen. »Morgen gucken wir die Bayern, nicht die Deppen-Eintracht!« moser' ich rum.

Im Gang zum Klo hängt ein verblichenes Photo aus dem Jahr 1994, von der A-Jugend des FFV Sportsfreunde 04, den »Speuzern«, d. h. Spuckern. Darauf ist Michael Thurk zu sehen, in einem lila Trikot, auf dem »Kyklamino« steht.

Ich glotze wieder auf die schwachsinnige Arena-Blitztabelle und sage: »Faschistische Berliner!« Keine Reaktion.

Fünf Minuten später sage ich: »Fußballgucken ist überschätzt. Fußball ist so was von überflüssig.« Apollo sagt: »Hm.« Berry sagt: »Findste?«

Ich sage: »Fußball bringt doch nichts.« Apollo: »Pfff.« Berry: »Du hast doch dein halbes Leben dem Fußball gewidmet!«

»Spiel'n wa Schwimmen?« fragt Berry um Viertel vor fünf. »Ja«, sage ich. »Bist du bereit zum Verlieren?« fragt Apollo.

Was für eine Frage, alter Grieche! Raus die Karten!

Trainer goes Soziologie

»Ein eigenartiges wie begrüßenswertes Phänomen vollzieht sich derzeit in der ersten Fußballbundesliga«, schreibt die *taz* in ihrer Wochenendausgabe vom 2. Dezember 2006, und wenn auch äußerst rätselhaft ist, wie sich ein Phänomen vollziehen kann, so müssen wir doch der These beipflichten, daß in der laufenden Saison ein Paradigmenwechsel vollzogen wurde – oder stattgefunden hat.

In der vergangenen Spielzeit war in der Bundesliga ein Trainerentlassungsweltrekord aufgestellt worden; in der aktuellen hat es bis dato nur Peter Neururer erwischt. Zieht man zudem in Erwägung, daß Hannover 96, Neururers vormaliger Arbeitgeber, weder habituell noch sonstwie bundesligawürdig und deshalb komplett vernachlässigenswert ist, dann registriert man erstaunt, daß das einst unterhaltsame und zuweilen tragische Feuern von Übungsleitern in der ersten Liga gänzlich aus der Mode gekommen ist.

Ausgerechnet Thomas Doll, der »Trainer des Jahres 2005/06«, aber hat kürzlich, nach der verdienten 1:2-Niederlage des HSV gegen den FC Bayern, die von der *taz* aufgespürte »neue Gelassenheit« wieder zur Makulatur erklärt, indem er, wie es die *WELT* ausdrückte, mit einer »Wutrede« gegen die Medien und deren angebliche Agitation wider ihn, den dollen Doll, den tollen deutschen Fußballsolidaritäts- und -sanftheitskonsens aufkündigte und klipp und klarmachte: »Daß jetzt«, nach einem einzigen Sieg in einundzwanzig Pflichtspielen, »viele Leute aus den Schützengräben kommen, ist ja normal in einer Neid- und Machtgesellschaft.« Und: »Wir leben hier in Deutschland in einer Neid- und Machtgesellschaft. Da ist es einigen Leuten eben vollkommen egal, in was für einer Situation sich ein Team befindet, da wird der Finger lieber in die Wunde gesteckt.«

Doll, der sich scheinbar als weidwundes Freiwild wahrnimmt, also klagte an; monierte, daß den Fußball seltsamerweise Kriterien wie das Gewinnen und Verlieren, der Erfolg und der Mißerfolg prägen – und nicht etwa Eigenschaften wie Empathie und Verständnis für sein, Dolls, schon länger kaum mehr erträgliches semiesoterisches Gesäusel. Hatte da einer, den die *taz* unbeugsam als »Konzepttrainer« feiert, was immer das sein mag, hatte da ein allzu jungforsch auftretender Gesundbabbler den Halt verloren? Zerbricht der bekennende Buddhist Doll an der humorlos harten Fußballwirklichkeit, weil sein Abrakadabra nicht länger zieht?

Zumindest hat Doll in einer Zeit, in der unvermindert über die Parallelen zwischen Fußball und Gesellschaft räsoniert wird, zunächst mal nolens volens zu erkennen gegeben, daß der Sport keine Veranstaltung ist, die der Einübung demokratisch-sozialer Gepflogenheiten dient, sondern ein häßliches Konkurrenzgezerre und allgemeines Aufeinandereingehacke – ein Erkenntnisfortschritt, der auf Karl-Heinz Rummenigges widerwärtiges Parvenüdiktum antwortet: »Der Fußball gehört reformiert, wie unsere gesamte Gesellschaft reformiert gehört. Wir sind hier ein Land der Gleichmacherei geworden. Das muß aufhören.«

Gleichwohl, was hat Doll mit seinem schwergewichtigen Wort von der »Neid- und Machtgesellschaft« im näheren darlegen wollen? Daß er eine Gesellschaft, deren wesentliches Merkmal die Machtausübung sei, nach Strich und Faden verachte? Zumal jene Gesellschaftsmitglieder, die nun neidisch auf ihn seien? Und weshalb und worauf neidisch? Auf die existenzbedrohende Pleitenserie des einzigen nie abgestiegenen Bundesligisten der ersten Stunde? Und demzufolge neidisch auf Dolls prekäre Lage?

Nein, das hat der Denker von der Alster wahrscheinlich nicht sagen wollen. Aber daß uns Thomas Doll mit der

»Machtgesellschaft« einen Begriff geschenkt hat, der in der Soziologie praktisch unbekannt ist, möchten wir ihm euphorisch attestieren, insbesondere deshalb, weil er die nicht abreißende Quatschkonjunktur der Bindestrichgesellschaftsbegriffe von Guido Westerwelles »Verantwortungsgesellschaft« resp. »Erwirtschaftungsgesellschaft« bis zu Roland Kochs »Chancengesellschaft« und Angela Merkels »Wir-Gesellschaft« um einen dringlich notwendig gewesenen und wahrlich dicken Brummer bereichert. Wenngleich er, Doll, das frisch entdeckte Phänomen der Machtgesellschaft noch mal dahingehend beäugen sollte, daß es ja genaugenommen nichts anderes sein dürfte als die vor längerer Zeit durch die Deutsche Bischofskonferenz geschmähte »Ellbogen- und Ausgrenzungsgesellschaft«.

Deren Gesetze sind indes derart ehern, daß der kopflose Konzepttrainer in Bälde trotz aller gewagten Reden wochenlang über sich vollziehende Phänomene der Ellbogenausgrenzungsgesellschaft wird nachdenken und nach einer neuen Beschäftigung in der Jobgesellschaft Profifußball wird Ausschau halten können.

Bitte, bitte tu mir weh, / Vom Kopf bis in den kleinsten Zeh. / Tu mir richtig weh, / Aber bitte, bitte, bitte bring mich, / Bitte, bitte, bitte bring mich / niiiicht zuuuu / Hertha BSC!

Dietrich zur Nedden/Michael Quasthoff: »Tu mir weh!«

Doll, Daum und die Dummheit

Den überzeugendsten Satz des Fußballjahres 2006 sprach Franz Beckenbauer, nachdem er während der Weltmeisterschaft zum drittenmal in seinem gegenwärtigen Leben ein Weib geehelicht hatte – »nebenbei«, wie die ergebene Presse unisono begeistert berichtete. »Man heiratet ja auch nicht jeden Tag, nicht einmal ich«, verkündete der Unberührbare und rechtfertigte durch derlei Gebrabbel einmal mehr, daß die etliche Monate später gegründete *B. Z. Sport* in der Tradition der deutsch-kaiserlichen Hagiographie 1914 ff. titeln konnte: »Der Kaiser spricht«.

Da hatte sich der Giesinger Rotzlöffel auf der Jahreshauptversammlung des FC Bayern längst als Präsident wiederwählen lassen, nach einer offenbar abermals fulminanten Rede, mit der die »fünfte Kaiserzeit« *(Financial Times Deutschland)* anbrach, weshalb www.glaubeaktuell.net jubilierte: »Freibier nach Beckenbauer-Wahl«.

Das war's dann aber auch schon. Lassen wir nämlich Beckenbauers Prunk- und Heroenworte samt ihren segensreichen Wirkungen (Freibier etc.) außer acht, so geht die erste Hälfte der Spielzeit 2006/07 als die dümmste Hinrunde aller Zeiten in die Geschichte des deutschen Profifußballs ein.

Der ganze Stuß begann bereits damit, daß Schalkes Skilehrer Mirko Slomka vor dem Saisonstart an seine Spieler T-Shirts mit dem Aufdruck »Totale Dominanz« verteilen lassen wollte. Von der Idee ungeheuer beeindruckt, schieden die käsigen Knappen anschließend im UEFA-Cup gegen irgendeinen lettischen oder rumänischen Pfeifenverein aus. Oder war's die dämliche Hertha, die in Osteuropa für den deutschen Spitzenfußball geworben und demütig demontiert die Heimreise angetreten hatte? Um später als einer der allerunbedarftesten und unrühmlichsten und unausstehlichsten Klubs der Fußballweltgeschichte sogar kurzzeitig die Bundesligatabellenführung innezuhaben – wie der FC Schalke 04, der den himmelschreienden Widerspruch zwischen Meisterschaftsanwartschaft und internationalem Flaschentum durch einen wochenlangen Medienboykott krönte?

Weiß der Ede Geyer, jedenfalls vermeldete Hertha BSC zum Jahresabschluß einen verdienten Rekord von 55,4 Millionen Euro Schulden. Chefcoach Falko Götz furunkelte daraufhin in die endgültig demente Öffentlichkeit hinein, die vielen Granaten aus der eigenen Jugend machten »für die Zukunft unglaublich Hoffnung, daß wir einmal einen Titel holen«, und sei's den des Charlottenburger Taschenbillardspielerchampionats.

Topmanager Dieter Hoeneß, auch so eine Nuß vor dem Herrn, mußte derweil für seine zur üblen Gewohnheit gewordene Randale gegen Schiedsrichter büßen – am 28. Oktober hatte er in Cottbus mal wieder den geschätzten Referee Lutz Wagner als Halunken oder Russen oder was weiß ich tituliert – und 5.000 Euro an die Egidius-Braun-Stiftung überweisen. In der Nähe von Brauns Heimat Aachen, in einem Soziotop der Tollhäusler und Vollidioten namens Köln, wurde unterdessen der Handaufleger Christoph Daum (Istanbul-West) vom Krankenbett aus und per Liveübertragung durch den vor nichts zurückschreckenden *Kölner Express* an den 1. FC vermittelt – nach einem neuerlich beschämend obszönen Affentheater aus Dementis und Schwüren und sonstigem verbalem Rotz, das infolge der Vertragsunterzeichnung eine flächendekkende ekstatische Begrüßung des »Wundermannes«, »Heilsbringers« und »Messias« nach sich zog, »kreischende Mädchen« *(Berliner Kurier)* inklusive.

Man ist versucht, Rolf Dieter Brinkmann zu zitieren, dem zur Domstadt mal einfiel: »Diese Scheißmenschen, die nur noch scheißen können, in Köln« – und findet das doch ein wenig zu degoutant. Franz Beckenbauer wiederum ließ sich hinsichtlich der Rückkehr des GröSpaZ (Größten Spruchbeutels aller Zeiten) vernehmen: »Daum ist ein Motivationsmensch, einer, der andere in seinen Bann ziehen kann. Ich bin gespannt auf seine Erfolge.« Die blieben allerdings umgehend aus, und Daum sah sich mit brettoriginellen Headlines wie »Aus der Daum« und »Alpdaum« konfrontiert, woraus der alte Nasenbär die triftige Konsequenz zog, die Weihnachtsfeier abzublasen.

Der deutsche Fußball spinnt. Thomas Doll, der derzeit drolligste Wirrling unter den Trainern, kürzt den Winterurlaub seiner Schützlinge um eine Woche, statt den eigenen um ein, zwei Jahre zu verlängern, und wenige Tage später werden zum erstenmal in der Geschichte der Bundesliga Journalisten von einer HSV-Mitgliederversammlung ausgeschlossen. HSV – heiliger Strohsack, verdammt!

Dafür stellen die Bremer mit drei Auswärtssiegen, bei denen die »Weseranrainer« (Manni Breuckmann) jeweils sechs Treffer erzielen, eine neue Bestmarke auf, sehen in der Champions League gegen Barça natürlich dennoch keinen Deich und schauen belämmert zu, wie sich ihr Superstar Diego in den Northeimer Führerscheinskandal (Ausfertigung des deutschen Lappens gegen Donationen) verwickeln läßt.

Was ist das für eine Liga – wenn der 1. FC Nürnberg trotz »rekordverdächtigen 29 Auswärtstorschüssen« *(Mittelbayerische Zeitung)* nicht mal in Aachen zu gewinnen vermag? Muß sie wiederaufgelegt werden, die ehrwürdige Schlagzeile der *Abendzeitung*: »Der Club ist ein Depp«? Was ist der deutsche für ein Pflaumenfußball, wenn selbst die Torwächter eine nie gekannte Schwäche befällt und »die Torwart-Rotation« zur »neuen Mode« *(Frankfurter Neue Presse)* wird? Wenn die Bayern so oft die Segel streichen wie Jahrhunderte nicht mehr – und ihr Oberkasper, der Franz, zwischendurch, auf internationalem Parkett wandelnd, kundtut: »Der FIFA-Präsident Joseph Blatter ist der beste, den wir haben«?

Wie viele FIFA-Präsidenten haben wir denn? Und haben sie die noch alle?

[…] das Spiel ist […] der Erholung wegen da, und schließlich geht ja die Tatsache, daß man jemanden beschäftigt, mit Arbeit und Anstrengung vor sich […]
Aristoteles: Politik

Der Wirklichkeitsmensch und Spieler

Bevor es anfangs der wahrscheinlich bereits heute ausgesprochen historischen Bundesligasaison 2006/07 zum seit dem Westfälischen Frieden nicht mehr dagewesenen Kampf zwischen dem Club und denen aus München gekommen und derselbe mit einem für die Isaranrainer schmeichelhaften »0:0-Unentschieden« (Heribert Faßbender) ausgegangen war, hatte der bedeutende Vorstandsvorsitzende Karl-Heinz Rummenigge geunkt: »Schöner Fußball ist erst in einigen Wochen möglich. Zunächst brauchen wir Ergebnisse und Selbstvertrauen.«

Seit diesen im August 2006 gesprochenen Worten ist, so oder nicht so, alles ganz anders (geworden), als man sich das zumal rund um den Valznerweiher je erhofft hatte. Der Club hatte uns jahrzehntelang gedemütigt, hatte uns verzweifeln lassen an seinem scheinbar unausweichlichen Gewürge aus Überlebensanstrengung und Niedergangssehnsucht, zumindest seit jenen holden Heinz-Höher-Tagen der ungestümen Ecksteins, Grahammers und sonstigen Himmelseroberer.

Und nun?

Pegasusartig beflügelt segelt der Club im nimmermehr erwarteten Gefühl der Leichtigkeit durch die Liga. Karl-Heinz Rummenigge, der schon aus Gründen der betriebswirtschaftlichen Kalkulation sein Söldnerheer mit Grandezza auftreten sehen muß – denn Fußball im internationalen Wettbewerbsrahmen gehorcht heute Showkriterien des vermarktungsförderlichen, mit »attraktivem Spiel« assoziierten Popappeals –, Rummenigge schielt womöglich ein wenig verkniffen in Richtung Noris, wo sich schier Wundersames ereignet – unter Hans Meyer, dem Genie der Wirklichkeit.

Kein deutscher Fußballtrainer ist so geerdet und vernunftgeleitet wie Hans Meyer. Meyer weiß, was Fußball ist und ausmacht. Deshalb redet er nicht fahrlässig über das allenthalben besinnungslos geforderte »schöne Spiel«, sondern äußert etwa Anfang Dezember 2005 nach dem 1:0 in Gladbach: »Wenn wir mit der Scheißtaktik jedes Auswärtsspiel gewinnen, wäre das doch richtig prima.«

César Luis Menotti, der gern zitierte Prophet des emanzipierten, elegant-kreativen Spiels, hat auch gesagt: »Napoleon Bonaparte war der beste Trainer der Geschichte. Für seine Feinde war er immer für eine Überraschung gut. Er ließ sich immer wieder etwas Neues einfallen und konnte seine Truppen anfeuern wie kein zweiter. Er hatte Fortune und ein Konzept.«

Hans Meyer hat ein Konzept, eine Strategie, die aus Klugheit und Einsicht in die Notwendigkeit nicht zwanghaft mit dem Postulat des schönen Spiels verschwistert ist. Als Vertreter des »Wirklichkeitssinnes« (Wilhelm von Humboldt) weiß er um die Banalität des Fußballs, um seine schlichte Gesetzmäßigkeit. »Schöner Fußball steht im Profifußball ganz hinten an, was zählt, ist das Resultat«, hat er kürzlich noch einmal betont, um gleichwohl zu ergänzen: »Allerdings denke ich, daß wir gute Resultate eher mit schönem Fußball erreichen können, indem wir mehr Fußball spielen als Fußball kämpfen.«

Da macht sich Meyer also doch im Grunde Menottis Credo zu eigen, daß der selbständige, intelligente, der gewissermaßen gebildete – und nicht gedrillte – zugleich der technisch beschlagene Spieler ist, dessen Übersicht Möglichkeiten eröffnet, die der Idee des *Spiels*, der Phantasie Raum und Nahrung geben. Und wer den Kader der ersten Club-Mannschaft in diesen Wochen beim Training und in den Stadien beobachtet, der mag sich nicht zu Unrecht erinnert fühlen an einen kanonisierten Satz aus dem 15. Brief Friedrich Schillers »über die ästhetische Erziehung des Menschen«: »Der Mensch spielt nur, wo er in voller Bedeutung des Wortes Mensch ist, und *er ist nur da ganz Mensch, wo er spielt.*«

Vernünftig, behauptet Schiller, sei die Forderung nach der »Einheit der Realität mit der Form, der Zufälligkeit mit der Notwendigkeit, des Leidens mit der Freiheit«, und erst dort, wo diese Synthese aus Ergebnis (Sieg) und Darbietung, aus Unwägbarkeit und konsequenter Chancenverwertung, aus Pech und beglückendem Gelingen (vier Kisten von Mintal) Wirklichkeit wird, ist »der Begriff der Menschheit vollendet«, heißt: ist der Club Tabellenführer.

Die Vermählung von Leben und Wirklichkeit mit dem Möglichen, mit der Schönheit, nichts Geringeres hat Hans Meyer im Sinn, da sind wir uns schon sehr sicher. Wer zudem seinem eigensinnig' täglichen Spiel mit der Sprache nicht gleichgültig begegnet, erkennt in Hans Meyer einen Filou von Gnaden, einen Geist sui generis, dem es um die Idee des Spiels zu tun ist, denn »indem es mit Ideen in Gemeinschaft kommt, verliert alles Wirkliche seinen Ernst«, und bei allem Ernst, der am Fußball haftet wie eine Klette, bleibe er doch bitte ein Spiel, wenngleich nicht bloß, das weiß der Wirklichkeitsmensch Hans Meyer am allerbesten, ein »bloßes Spiel« (Schiller).

Sonst (Niederlagenserie, Abstieg usf.) ist Sense mit schön und lustig.

Nicht ohne, nicht mit

Die deutsche Presse, sie ist zuverlässig nicht »ohne«, und deshalb rechnen wir es ihr hier tief an, daß sie unser heutiges Thema, das Sportjahr 2007 und seine möglichen prägenden Momente, in den vergangenen Tagen mit Feuereifer angepackt und für uns schon mal ein wenig nachgedacht und spekuliert hat, nicht ohne den »gewissen« Pfiff und das »gewisse« Extra an grammatikalischer und intellektueller Potenz.

Mit einem vorbildlich geraden Satz fragte z. B. die *Sport Bild*: »Wird 2007 noch besser und spannender als 2006 – oder schlechter und langweiliger?« Das ist sicher eine Frage, die mal genau so schlicht und bescheuert hat gestellt und hingeschrieben werden müssen, denn aus ihr ergibt sich quasi zwingend eine ebenso bescheuerte und schlichte Antwort, die auf dem Satzzeichen folgt und die nächste, erschreckend gähnend leere Zeile wie gewünscht füllt: »Man kann es nicht wissen.«

Man kann es nicht wissen – und wir können uns nicht entscheiden, ob die Frechheit, eine solche Common-sense-Nichtigkeit keß in Druck zu geben, eine Meldung an den Deutschen Presserat wert ist oder doch, als glücklich-listige Fügung ausgerechnet im generell eher geistarmen Sportzusammenhang, die ewige Gültigkeit des sokratischen Erkenntnisdilemmas erfreulicherweise breiten Schichten der Bevölkerung zu Bewußtsein bringt.

Sei's drum. Gleichfalls nicht »ohne« ist, was in der Silvesterausgabe des *Neuen Deutschland* zu lesen war: »Auch das kommende Sportjahr giert bereits wieder nach Supersensationen und nach Was-sonst-noch-Passiertem.«

So. Wollen wir diesen gebenedeiten Krüppel von Satz noch einmal gemeinsam lesen? Ja? Bitte:

»Auch das kommende Sportjahr giert bereits wieder nach Supersensationen und nach Was-sonst-noch-Passiertem.«

Und nun zur Analyse.

Das Sportjahr 2007, das vorgestern noch gar nicht begonnen hatte, lechzte schon da höchst eigenhändig, wie das Sportjahre im aktivischen Sinne zu tun pflegen, abermals nach Supersensationen. Und ungeachtet dessen, daß Sensationen oder Knüller außergewöhnliche Ereignisse sind, die sich schwerlich übertreffen lassen, fügt der Journalist, auf daß ihm der tumbe Leser auch wirklich folge in seinem genialen Gedankengang, noch ein pleonastisches Steigerungs-»Super« hinzu, obwohl der weiße Schimmel, den er da mit superspitzer Füllfederhalterfeder durch die Spalten jagt, nicht friedensfahnenweißer sein könnte.

Allein, bei den nicht mal der *Sport Bild* zuzutrauenden »Supersensationen« beläßt es unser *ND*-Bomber nicht. Er hängt obendrein das Bindestrichmonster »Was-sonst-noch-Passiertem« an, was ein substantiviertes Verb im Imperfekt in einem Ausblick auch verloren haben mag. Das Sportjahr 2007 giert nach Passiertem? Das anbrechende Jahr hat Verlangen nach bereits wieder Vergangenem? Oder nach Sportjournalisten, die die Tinte besser bei sich behielten?

Doch, die deutsche Presse ist nicht »ohne«, und weil einem Wort von Karl Kraus zufolge die Presse vor Erschaffung der Welt erfunden worden war, wird sich die Sportwelt im Jahr 2007 nach ihr, der Presse, richten und nicht »ohne« sein. Zumal das meiste »nicht mit« über die Bühne rumpeln wird.

Handballbundestrainer Heiner Brand strich u. a. Stefan Kretzschmar und Christian Schwarzer aus dem Aufgebot für die WM in knapp drei Wochen, möchte also den Titel ohne Hauptkader oder frühere Stammkräfte gewinnen, was einer echt-wahrhaftigen Supersensation gleichkäme. Wir sind diesbezüglich bester Dinge, den Passiert-notiert-Weissagungen der schwarzen Magier sei Dank.

Eine Disziplin, in der das schwarze Gold in Form von Benzin, Motoröl und Gummiwalzen eine Hauptrolle spielt, die Formel 1, sie muß ohne einen gewissen Schweizer Steuerzahler namens Schumacher, Michael, dafür leider weiterhin mit der Toyota-Gurke Ralle S. über die Runden kommen. Das dürfte für den Rechteverwerter RTL – Ralle, Toyota, Loser – glücklicherweise erhebliche Zuschauereinbußen zur Folge haben, nach dem Motto: »Formel 1? Nicht ohne Schumi Nummer 1!«

Die ehemalige Nummer eins des Tour-de-France-Rundradfahrens, der Schweizer Lausbub' Jan Ullrich, visiert unterdessen die erste supersensationelle Tour de France ohne Amphetaminschmiermittel und H. Boßdorf mit dem felsenfesten Vorsatz an: Nicht ohne Wunderheiler Rudi Pevenage – oder eine fette Apanage, sagen wir: in Höhe des Jahresetats des Bundesentwicklungshilfeministeriums!

Soweit wird sich das Sportjahr 2007, das mit über zwanzig hochinteressanten Weltmeisterschaften aufwartet – von der Dameneishockey- bis zur Leichtathletik- und zur Beachvolleyball-WM in Gstaad in der Schweiz –, zu aller Zufriedenheit entwickeln. Außerdem nährt der unverwüstliche Fußball die Hoffnungen auf neuerliche sensationelle Superspitzenleistungen. Zwar erklärte Stuttgarts Coach Armin Veh die Schwäche der Bundesligisten in den internationalen Wettbewerben kürzlich auf überzeugende Weise damit, daß sich die Vereine in der Liga zu stark darauf konzentrierten, Tabellenränge zu erreichen, die zur Teilnahme am Europapokal berechtigen, und deshalb hinterher, im Europapokal, keine Reserven mehr besäßen – aber, diesen Tinnef, den wahrscheinlich nicht mal das *Neue Deutschland* drucken würde, schnell wieder vergessend, dafür müßte die deutsche Damenfußballequipe als Weltranglistenerste und Titelverteidigerin selbst ohne Mrs. Golden Goal Nia Künzer in China den WM-Pokal einheimsen. Sollte es mit rechten Dingen zugehen.

Zuletzt sehen wir zuversichtlich der EM-Qualifikation unter Superjogi Löw entgegen. Nicht ganz und gar »ohne« werden die zwei Partien gegen die Tschechische Republik sein; doch der Nationalabiturient wird mit Hilfe der »goldenen Generation« (Löw) derer um Lahm & Co. seine »Reifeprüfung« (dpa) mit oder ohne Ach und Schwach bestehen. Denn wie stand in der Silvesterausgabe der sokratisch weisen Welttageszeitung *DIE WELT* geschrieben? Einer von »zehn Gründen, optimistisch ins neue Jahr zu starten«, sei – neben Globalisierung, Internet, Wissenschaft, Demokratie etc. –: »Jogi Löw. Der Mitbegründer des deutschen Offensivfußballs setzt die Spielphilosophie Klinsmanns fort. Seit der WM hat er in sechs Spielen fünfmal gewonnen, einmal unentschieden gespielt und Platz eins in der EM-Qualifikationsgruppe erreicht. Alles wird gut.«

Heißt: Nur Mut! Ruhig Blut! Und nicht mit Robert Huth!

Kuddelmuddel und Kokolores

Vor zwei Monaten erkannte die *taz* in dem »eigenartigen wie begrüßenswerten Phänomen«, daß in der ersten Fußballbundesliga praktisch keine Trainer mehr gefeuert würden, eine Art zivilisatorischen Fortschritt. Nachdem in der vergangenen Woche innerhalb von vierundzwanzig Stunden drei Übungsleiter ihren Sessel geräumt und dergestalt für einen neuen Bundesligatrainerwechselrekord gesorgt hatten, war plötzlich und gewissermaßen notgedrungen von »winterlichem Wechselwahn« die Rede. »Kontinuität ist selten im Fußball«, hieß es – im Sportjournalismus aber auch.

Es gibt im Fußball entgegen den landläufigen Theorien weder Paradigmen noch Dramaturgien, die, als führe eine unsichtbare Hand Regie, das Geschehen beherrschen. Zufall und Willkür regieren auf dem Platz und in den Vorstandsbüros, verbunden mit dem schlichten ökonomischen Interesse am Erfolg. Strategien und Konzepte, die sog. Führungskräfte und Journalisten stets bemühen, wenn »längerfristige Planungen« in Rede stehen, sind meist reiner Kokolores. Die Fachleute und Exegeten können deuten und skribieren, soviel sie mögen, jeder Versuch, dem kontingenten Treiben im Fußball Zielgerichtetheit oder gar Sinn zu attestieren, verkommt angesichts des einfallslosen Gewurschtels zwischen Hamburg und München zur Makulatur.

Doch die Zeitungsspalten wollen vollgestopft sein, und zwar mit möglichst steilen Thesen. »Die Liga bebt«, tremolierte der namentlich befugte *FAZ*-Mann Roland Zorn und schob ungeachtet der offenkundigen Haltlosigkeit eines solchen Befunds hinterher: »So spektakulär wie bei diesen

Trennungsgeschichten ging es im selten spannungsarmen Verhältnis zwischen den Klubs und ihren Fußball-Lehrern lange nicht zu.«

Spektakulär? Jupp Heynckes, vor etlicher Zeit beispielsweise auf Schalke banal wie eh und je gescheitert, nimmt in Gladbach aus freien Stücken seinen Hut, weil er hoffentlich endlich eingesehen hat, als Übungsleiter eine Niete hoch elf zu sein. Prosaischer geht's nicht. Spektakulär höchstens seine letzte Amtshandlung: Don Osram gab seinen Dienstwagen »gewaschen und vollgetankt« (Heynckes) zurück. Donnerwetter!

Der Rausschmiß von Thomas Doll kündigte sich seit Wochen, ja Monaten an. Der Kader des HSV liegt in Trümmern, Dolls Gesundbeterei verfing angesichts »absoluter Tristesse« *(Focus)* nicht mal mehr bei den allertumbsten Beobachtern. Daß dem buddhistischen Kuschelcoach der Knochenschleifer Huub Stevens folgte und gleich ein einwandfreies 1:2 in Berlin zu verantworten hatte, paßt ins allgemeine Bild des Kuddelmuddels – von Weitsicht keine Spur. Dafür skizzierte Stevens die neue Marschrichtlinie mit den sensationellen Verdikten »Der einzelne zählt jetzt gar nichts mehr« und »Wir müssen weiter«.

Felix Magath wiederum, jener »Schleifer« *(stern)*, der sein extrem spektakuläres Instantcomeback und Engagement an der Alster auf Grund von »moralischen Bedenken« *(stern)* stornierte, war zuvor keinesfalls einem aufsehenerregenden Gesinnungswandel der Kameraden Rummenigge und Hoeneß zum Opfer gefallen. Der »eigenwillige Aschaffenburger« *(stern)* mußte Ottmar Hitzfeld, dem »Welttrainer des Jahres 1997«, weichen, weil er den FC Bayern zu einem Ensemble gelangweilter Dienstleister entwickelt hatte. Das hatte jeder vorausgesehen, der sich an Magaths Wirken an Weser und Main erinnerte. Seine vier Titel mit dem FCB waren einzig und allein der Unfähigkeit der Konkurrenz zu verdanken gewesen.

»Autonome Zeichen und glasharte Beschlüsse wurden auf der Ebene der Bosse [...] getroffen«, dröhnte dessenungeachtet Robert Zorn herum. Abgesehen davon, daß Zeichen schwerlich getroffen werden (es sei denn die armen Buchstabenzeichen, auf die der Zorn schießt), so ist die Wahrheit über den ganzen Zirkus aber dies: Am 31. Januar, als Heynckes und Magath demissionierten, hielten Stefan Gärtner *(Titanic)*, Martin Maria Schwarz (Hessischer Rundfunk) und meine Wenigkeit in der Frankfurter Gastwirtschaft *Klabunt* mal wieder die Fußballbetrachtungsbabbelrunde »Blutwurstgrätsche« ab (Motto: »Ahnungsloser als Günter Netzer – Besoffener als Udo Lattek – Blinder als Reinhold Beckmann«). Stargast war der große Dragoslav Stepanović, und zu seinen Ehren – und weil er einer der versiertesten Spezialisten in Sachen vorzeitiger Entlassung genannt werden darf – hatten wir den Doppeltrainerabgang von langer Hand vorbereitet.

Der Abend verlief so schwungvoll, daß wir am Ende noch die folgenden Tags publik gemachte Suspendierung von Herrn Doll beschlossen. Das Publikum fand's richtig spektakulär. Einen Tick spektakulärer wäre einzig und allein gewesen, hätte Heiner »Handball« Brand nach dem Titelgewinn verkündet, er übernähme jetzt alle achtzehn Bundesligisten.

Die Frankfurter Mauer

Sitz' ich also im *Kyklamino*, in meiner Lieblings-Eintracht-Kneipe im freundlich altmodischen Frankfurter Gallusviertel. Gäbe es das Wort nicht, ich hätte es erfunden: »heimelig«. Im *Kyklamino* ist es heimelig. Draußen rotiert die hysterische Welt, hier herrscht Ruhe.

Wirbelig kräuseln die Rauchspiralen durch die matte Luft. Die Eintracht versemmelt in der ersten Minute eine Chance. Ich grinse wie »Gottmar« Hitzfeld.

»Kann es sein, daß ich hier in Unterzahl bin?« frage ich, am Tresen hängend, meinen Hauswirt Apollo. »Du hältst dein Maul!« sagt er sachlich.

Hermann, ein etwa sechsundfünfzigjähriger Großsachverständiger in Sachen Fußball, der eine Art metaphysische Milde ausstrahlt, ist als Bayern-Fan mein einziger Verbündeter. Er hockt drüben in der Ledersofaecke, der neusten Errungenschaft des *Kyklamino*, um im marktwirtschaftlichen Modernisierungswettkrampf Punkte zu sammeln.

Das *Kyklamino* ist voll, wie neulich beim quarzöden Pokalkick der SGE in Offenbach. Eine Atmosphäre wie im germanistischen Oberseminar. »Wieviel haben die Bayern dem Schiedsrichter gegeben?« brummelt Apollo. »Halt die Klappe!« sage ich. »Du bist heute leise!« meint er.

In der zehnten Minute – die Eintracht mörtelt hilflos gegen den Verein der Weltvernunft herum – unterbreite ich Apollo, Funkel möge Apollos Lieblingsspieler Benjamin Köhler einwechseln. »Der is' ja drin«, sagt Apollo. »Der spielt, der Idiot. Haste nich' geseh'n?«

»Ach, der andere Idiot! Kann auch nicht schießen!« höre ich's wenig später von der Kaffeemaschine herüberknollern.

Apollo hat glänzende Laune. »Fang halt wieder an zu rauchen!« empfehle ich ihm.

Werner, der Physikprofessor, betet vor seiner Pilstulpe. Alex schweigt. Heike sagt nichts. Apollos Handy klingelt – wahrscheinlich eine albanische Volksweise. Rechts und links fahren die Nervositätsweizenpokale in die Höhe. Stimmungskanone Apollo klatscht fünfmal rhythmisch in die Hände. Damit was passiert, huste ich herzhaft.

Der Arena-Reporter merkt an: »Die Frankfurter Mauer wird bejubelt.« Ein Freistoß der Bayern ist gerade abgeblockt worden. Die erste Nietenhalbzeit endet, und ich sehe ein Spruchband in der Bayern-Kurve: »Fehler im System«. Ein Spiel wie hinter Milchglas. »Das könnt' auch in Bielefeld sein«, sagt Katja.

Apollo greift todesmutig zu einem alkoholfreien Bier. »So bekloppt kann man nicht sein! Er heißt trotzdem Thurk!« keucht er in der 58. Minute. Mein diesjähriger Reporterlieblingssatz fällt: »Lahm gegen Ochs.«

Das Spiel ist eine einzige Baustelle, und in der 78. Minute schießt Preuß das Tor des Jahres. Tisch 21, einer von vier Tischen, kriegt Ouzo. Jetzt raucht mir Katja »gezielt« meinen Tabak weg, und der Tresennebenmann erklärt: »Die Bayern sind Brezelsalzer!«

Ich hab' mich dann hinter der Frankfurter Mauer verkrochen.

Königsblaue Jahrhunderttrottel

Es ist nicht zu glauben. Nein, es ist nicht fassen. »Ob« man sich *Sportschau, Sportstudio, Doppelpaß* usw. »jetzt ansehen« könne, fragte ein 04-User nach der verdienten Niederlage der Knappen in Dortmund auf www.forum-aufschalke.de, und der Reihe nach bekam er tatsächlich solche Antworten: »Klares Nein! Ich habe keine Lust, als Loser dazustehen!« – »Natürlich nicht, und mir graut auch schon vor der Arbeit [am] Montag! Ich höre meine Arbeitskollegen jetzt schon sagen: Das war doch klar, daß das so kommt!« – »Nein danke. Brauch' erst mal meine Ruhe.« – »Dann doch lieber [einen] herrlichen Internet-Porno.«

So ging das seitenlang weiter, und langsam muß man sogar dem Faselhans Alfred Draxler beipflichten, der in seiner Funktion als Sportchef der *Bild* am 16. Mai gegen das Geflenne und Gezeter der Schalker Treudoofen die Stimme erhob und jedes Ansinnen, Mitleid mit den Spielern zu entwickeln, barsch zurückwies – und den Flaschen, die sich ausgerechnet von den BVB-Knallerbsen unter Thomas Dolls Regie das Heft aus der Hand hatten nehmen lassen, »Prügel« verschrieb.

Das dürfte nichts nützen, in alle Ewigkeit nicht, nicht auf Spieler-, nicht auf Anhängerseite. Denn im tiefergelegten Westen, in Gelsenkirchen, sind wirklich *allesamt* nicht mehr bei Trost, da spinnen wirklich komplett alle. Die Dummheit ist ein Meister aus Schalke, und so brummt es im wenn nicht dümmsten, so aber wahnsinnigsten Fußballforum der Welt in einem fort. »Bin gerade aus Lüdenscheid zurück, ging zu meinem Kiosk. Da sehen mich vier HSV-Fans ... und lachen sich minutenlang kaputt. Das ist viel härter als jede Zeitung!« greint sich der eine um die letzte Hirnwindung, und der nächste erläutert seinen Fernsehfußballkonsum: »Ich schalte nicht ein, gucke lieber 9 Live.«

9 Live. Na sicher. 9 Live ist ja immerhin mehr als 04, und gewinnen wird unser Meister der Fernbedienung dann vielleicht sogar fünf Buchstaben, wenn er tausend Euro Telephongebühr abdrückt – oder so ähnlich.

Von der Paranoia, die in den vernagelten Schalker Fankreisen kursiert, wollen wir gar nicht erst reden; von dem Gequalle, irgendwelche feindseligen Gestalten beim DFB oder beim FC Bayern hätten den Jahrhunderttrotteln und königsblauen Eseln die Meisterschale entrissen. Nein, da heulen wir doch lieber ein wenig mit Kevin Kuranyi durch die Gegend, der ausgerechnet nach seinem blamablen Gebolze im Westfalenstadion aller Welt steckte, Jürgen Klinsmann, die alte Semmel, die uns heute auch noch als Arena-Experte heimsuchen wird, habe ihn vor der WM im vergangenen Jahr »eiskalt« abserviert, so was habe er noch nie erlebt; und ergötzen uns des weiteren an den Einlassungen des Schalke-Präsidenten Gerd Rehberg, der den Randalenzirkus, den ein paar überragend stumpfe Klotzköpfe beider Parteien nach dem jämmerlichen Derby angezettelt hatten, in der *Süddeutschen Zeitung* wie folgt kommentierte: »So etwas wie am Samstag, das hätte ich nie für möglich gehalten. So viel Haß und Häme. Wir regen uns über den Fanatismus im Nahen Osten auf, aber das gibt es leider auch hier in Deutschland bei einem gewöhnlichen Fußballspiel«, ja logisch, und die jahrtausendealte »Ruhrgebiets-Solidarität« sei jetzt gleichfalls dahin und am Arsch.

Weiß Gott, der deutsche Fußball ist ein ganz besonders vollendeter Hammelstall. Erklomm bereits die Hinrunde der endlich zu Ende gehenden Spielzeit durch allerlei Abstrusitäten den historischen Gipfel allseitiger Dämlichkeit, so entpuppte sich die Gesamtveranstaltung auf der Zielgeraden nun erst recht als konkurrenzlos dumme, als in der Geschichte der Weltsportart Nummer eins unerreicht schwachsinnige Saison. Die Bremer, die Schisser des Jahrhunderts, bringen es fertig, mit einer glanzvoll besetzten Mannschaft aber auch jedes entscheidende Spiel zu vergeigen (weshalb, nebenbei, Edmund Becker, Trainer des Aufsteigers KSC, Bremens Schaaf just zum Besten seiner Zunft und zum Vorbild erkor), und weil heuer partout keiner, dem man's gönnen würde, den Titel abgreifen will (also weder Nürnberg noch Frankfurt, weder Bayern noch Burghausen) und niemand, nicht mal der Blatter Sepp, die Deutsche Meisterschaft abschaffen möchte, müssen wir jetzt mit dem VfB Stuttgart leben, dessen Präsident Dieter Hundt heißt (mehr sage ich nicht) und dessen Trainer sich am 15. Mai ganzseitig in *Bild* porträtieren ließ – und zwar als Hundehalter, von dem wir erfuhren, wie er seine Spieler motiviert: »›Los, Kollege, hol den Stock!‹ Veh wirft einen abgebrochenen Ast weit in die Wiese. ›Kollege‹ George düst mit Vollgas hinterher.«

So wird man in Deutschland Meister.

Daß es wenigstens Wolfsburg, diese Brutstätte der Dummbeutelei, nicht wird – gut. Daß Hertha BSC nichts reißt, ein Klub, der sich unverdrossen einen Manager namens Hoeneß leistet, der mit einer weltrekordverdächtigen Endlosreihe von Fehlentscheidungen aufwartet und vor wenigen Tagen dennoch verkünden durfte: »Ich werde die drei Jahre bis 2010 nutzen, um Hertha fit für die Zukunft zu machen« – ein gewisser Trost. Aber daß der Ex-Schalker Youri Mulder vorgestern auf www.sport1.de prophezeite: »Das wird noch gut für Schalke ausgehen« – das wollen wir dann doch überhört haben. Sonst müßten wir noch mal aus dem Schalke-Forum zitieren, z. B.: »Ich glaube, insgeheim ist die Schmierenpresse rundum happy, wenn sie Jahr für Jahr unsere Fans mit Tränen in den Augen zeigen kann. Gestern in der *BamS*: ›Schalke nie mehr Meister!‹ – und darunter Bilder von Fans, denen die Tränen übers Gesicht fließen. Was soll der Scheiß eigentlich? Auflage und Umsatz auf Kosten der Gefühle von Menschen?«

Ehrlich? Ist das wahr? Ist es wieder soweit? Bzw.: »Wie erbärmlich ist das eigentlich? Ich kann nur jedem zu einem eigenen ›Presseboykott‹ raten.«

Und ich: zu einem Boykott des deutschen Fußballs. Es ist das alles allzu tränentreibend bescheuert.

Bruchstücke eines Vorgangs

»Die Fußballwelt scheint mit der Literatur, zumal mit der sogenannten Höhenkammliteratur, nichts anfangen zu können«, liest man noch 2002 in einem Aufsatz von Mario Leis über »Fußball in der schöngeistigen Literatur«, der am Ende auf Ror Wolfs Originaltoncollagen zu sprechen kommt. Und schon 1974 hält der Soziologe Gerd Hortleder in seinem zu einer gewissen Prominenz gelangten Buch *Die Faszination des Fußballspiels* fest – und zwar in einem nicht allzusehr überzeugenden Exkurs über Peter Handke und Ror Wolf: »Schriftsteller haben den Sport noch stärker vernachlässigt als Wissenschaftler. Nicht aus Unkenntnis weltfremder Literaten, sondern im Gegenteil wegen jener engen Verwandtschaft zwischen zwei Bereichen, die ein verträgliches Auskommen erschwert.« Fußball und Literatur: mithin »feindliche Brüder« (Mario Leis)?

»Die facettenreiche Realität des Sports – und hier vor allem die des Fußballs – durch Imagination zu übertreffen, ist häufig zum Scheitern verurteilt«, erläutert Hortleder. Durch germanistische Analysen jüngeren Datums findet sich die dreißig Jahre alte These bestätigt. Daß »die Dramatik des Spiels selbst durch die Nacherzählung oder Beschreibung schwerlich eingeholt werden kann« (Markus Joch), gilt als ausgemacht. Deshalb verlegten sich literarische Texte zum Fußball auf »das Sprechen über Fußball«, auf die Verlautbarungen der »Experten, Trainer, Manager, Kommentatoren, Reporter usw.«

Fußball scheint in der Literatur somit nur als Thema zweiter Ordnung, als metasprachliches Objekt gewissermaßen, präsent zu sein. »Warum sperrt sich unsere Vorstellung dagegen, daß ein solches Thema speziell von Lyrikern aufgegriffen wird?« fragt, das Sujet geringfügig eingrenzend, Karl Riha. Auch Riha hebt Ror Wolf hervor – und unterläuft, das offenbar allseitige Unbehagen an der Literarisierung des Fußballs auflösend, die erwähnte »Vorstellung«. »Er [Wolf] literarisiert eine [von der Literatur] ausgesparte Schicht der Wirklichkeit«, heißt es. Und im näheren, mit Blick auf Wolfs *Rammer-&-Brecher-Sonette* und die an ihnen zu beobachtenden Verfahren: »Das ist ein surrealistisch-subrealistischer Vorgang, der den Fußballwirklichkeitsausschnitt seltsam destruiert und in eine fremdartig-neue Berichtform vergleichsweise à la Beckett bringt.«

Und doch: Die Schwierigkeiten, in literarischen Texten dem Fußball adäquat zu begegnen, bleiben als ziemlich prinzipielle erhalten, vor allem dann, wenn man, wie Dirk Schümer, das Spiel selbst als Text versteht. »Die Dramaturgie eines Spiels skandiert ihre eigene Sprache«, behauptet er. »Wir können ein Fußballspiel, dieses selbstorganisierte Zeichensystem auf grünem Grund, laut mitlesen wie ein Gedicht. Wir können dabei mitleiden wie bei einem spannenden Roman, Furcht und Schrecken erleben, als sähen wir eines von Shakespeares Dramen. Für einen Autor, der mit der linken Hand die vermeintliche ›Stimmung‹ auf Platz und Tribüne einfängt, um daran seine Theorien über die Gesellschaft zu explizieren, ist der Fußball schlicht zu umfassend. Sperrige Texte aus unsinnlichen Buchstaben sind zu schwach, dieses Gesamtkunstwerk zu fassen. Über Fußball kann man nicht schreiben. Fußball ist selbst Literatur.«

Es sei – ungeachtet der aristotelischen Motive der Einfühlung und Katharsis – freilich dahingestellt, ob Fußball ein »selbstorganisiertes Zeichensystem« ist (oder nicht eher eine regelgeleitet gerahmte, aleatorische *und* planvoll gestaltete Interaktion leiblicher Wesen); ob ein Fußballspiel wie ein Gedicht zu lesen ist (oder nicht eher sprachlich-tumultuarisch begleitet resp. deutend nacherzählt wird); ob jenes jedesmal wieder ein »Gesamtkunstwerk« ist (oder eher weniger ein intentional ins Werk gerichtetes Zusammenspiel verschiedener Ausdrucksformen als vielmehr eine probeweise produzierte Mixtur aus Strategie und Kuddelmuddel). Derlei modisch-prätentiöser Begriffsauflauf jedenfalls mag auf pseudogelehrten Zuspruch spekulieren, an der Sache selbst bezeugt er wenig Interesse.

Die »lineare, eindimensionale Schrift kann die Dramaturgie eines Fußballspiels nicht hundertprozentig wiedergeben«, hält Mario Leis den Ball flacher. Kay Sokolowsky, einer der verständigsten und versiertesten Interpreten des Œuvres von Ror Wolf, hat den nämlichen Zusammenhang bereits deutlich früher skizziert und zugleich einleuchtend akzentuiert: »Es gibt keine genuine Fußballprosa, weil es unmöglich ist, über das Spiel *an sich* angemessen zu schreiben. Jeder Versuch, die drei- bis vierdimensionale Aktion auf dem Feld adäquat in Sätze zu überführen, muß scheitern. Noch das müdeste Geschiebe und Kurzhalten des Balles, noch die maueste und flaueste Partie würde, detailliert und Paß für Paß niedergeschrieben, eine Syntax von unerträglicher Monstrosität erzwingen, einen Stil, den kein Mensch und vielleicht auch kein Autor länger als zwei Seiten ertrüge. [...] Es gibt keine genuine Fußballprosa – aber es gibt ein ganz eigenes und einzigartiges Gerede und Gemähre über den Fußball, das ihm zuletzt, qua Quantität, vollauf gerecht wird, eine endlose Erzählung, an der unendlich viele Erzähler arbeiten, einen Text, der nie fertig wird [...]. So unmöglich es ist, über den Fußball, über das Spiel zu schreiben, so unmöglich ist es auch, nicht über ihn, nicht über es zu reden.« Und obschon Literalität und Mündlichkeit, Schrift und Rede auseinanderklaffen, sind sie aufeinander bezogen: »Der Fußballroman, an dem die Spieler in Interviews, die Fans auf den Tribünen, die Kommentatoren am Mikrophon weben und wirken, ist das Erregendste, was die populäre Kultur wenigstens in Europa überhaupt zu bieten hat [...]. Mit Wittgenstein zu blödeln: Worüber ich nicht schreiben kann, darüber kann ich bis zum Morgengrauen schwatzen.«

Das Problem ist exakt benannt: Es kann keine Literatur geben, die sich dem Fußball in seiner strukturellen Komplexität und Wirrnis als ebenbürtig erweist, und es muß und kann sie dennoch geben, in anderen Formen als jener des stumpf kanonisierten (bürgerlichen) Romans etwa. »Man sollte deshalb von der Literatur nicht erwarten, und das ist ihr Vorteil, daß sie abbildhaft die Wirklichkeit eines Fußballspiels wiedergäbe«, faßt Mario Leis zusammen und deutet an, daß die Wirklichkeit des Fußballs in seiner gebrochenen, gedeuteten, versprachlichten Wirklichkeit zur Geltung kommt, daß er, der Fußball, ein genuin interpretatorischer Dauerzustand ist, und als solcher kann er »auf die vielfältigste Weise fiktional in Dienst genommen werden«. – »Wolf erfindet nichts, er bringt das Geseier nur in Form«, fährt Sokolowsky fort. »Aber es ist genau dieses In-Form-Bringen, das die Sprache und die Sprecher des ›Total-Theaters‹ endlich und erstmals sagen läßt, was sie eigentlich meinen, und das zum Beispiel die ungeheuer komische Fallhöhe zwischen ihren Erregungen und den ziemlich nichtigen Anlässen ihrer Gefühlsausbrüche evident macht. Es gibt keine genuine Fußballprosa? Stimmt – sofern sie nicht von Ror Wolf geschrieben wurde.«

Das Doppelmoment von Komik und Erkenntnis, von Humor und Kritik haben Rezensenten der Wolfschen Hörspiele und Fußballbücher, dieser durchaus episch lasierten Ton-Prosa, durch deren veredelnde Formdecke hindurch nämlich sehr wohl das je einzelne Spiel, welches genau auch immer, rekonstruierbar erscheint, ja vors innere Auge rückt, wiederholt hervorgehoben. »In diesen Stücken verbindet sich Vergnügen mit Erkenntnis. Selten hat Medienkritik so belustigt«, urteilte beispielsweise die *FAZ* über *Rückblick auf große Tage* und *Cordoba, Juni 13 Uhr 45*, und die Triftigkeit dieser Einschätzung wird man schwerlich in Abrede stellen können.

»Als Ror Wolf sich Mitte der sechziger Jahre entschloß, sein geniales Urteil auszuweiten auf den Fußball, interessierte ihn nichts weniger als der Fußball *an sich*«, griff Kay Sokolowsky gleichwohl weiter aus. Andernorts hob er Wolfs »innige Liebe zum Stoff« hervor, eine Hingabe, die sich als Hommage an die Kiebitze und Reporter verstehen läßt, in summa an das Leben, das sich im Fußball zeigt; so, wie die Materialkunst des Romanciers, des Prosaschriftstellers eben seit jeher sich gänzlich aus der Wirklichkeit und ihren Sprechweisen speist, aus dem »Wortschwall der Gesellschaft« (Ror Wolf). Komik und Groteske, Spaß und Ernst sind, sich wechselseitig befeuernd und erhöhend, eins, verschmolzen, verwoben, verzahnt. »So, wie der Fußball, nach Wolfs Überzeugung, ein genuines Kulturnovissimum ist oder zumindest war, so erzwang die aus ihm geborene Sprache aus Quatsch und Wust und mitunter schwindelmachender Hirnverbranntheit ein durchaus neues Kommunikationssystem, fast eine neue Sprachmetaphysik«, hielt Eckhard Henscheid fest.

Daß Ror Wolf mit seinen Montagen von »ganz aus gesprochenen Originaltönen herausgeschnittenen Bewußtseinsrealitäten« (Klaus Ramm) weit mehr als eine »Poetologie des Fußballmediendeutsch« (Ralf Vollmann) konturierte, verdeutlicht ein Blick auf sein frühes Prosawerk. Hermann Peter Piwitt hat *Fortsetzung des Berichts* als »Landschaft des Gedächtnisses« bezeichnet, als quasi-organisches Gewebe, als »Beziehungsgeflecht«, das durch die nicht-lineare, das gewöhnliche Zeitkontinuum des Erzählens desavouierende »Verknüpfung, Wiederholung und Übertreibung« entsteht. Beides – das eschatologisch Rettende der Erinnerung an vergangene (sprachliche) Geschehnisse und deren Verwandlung in ein Neues, geschlossen Sinnträchtiges qua Reorganisation in unbekannten textuellen Konstellationen – bringt die Prosa und die Lyrik i. S. eines übergreifenden »Prinzips der Textualität« (Rudolf Helmstetter) mit den Fußballhörspielen und -lesestücken in Kontakt. Das Prinzip des Collagierens, des Zerschneidens und Verleimens sprachlicher Einheiten kleinerer und größerer Art, de- und rekontextualisiert die Redeteile und forciert die semantische Erneuerung des konventionalisierten Sprachgebrauchs. 1971 hat Ror Wolf über *Punkt ist Punkt* in einem Interview geäußert: »In diesem Buch gibt es kaum ein Wort, das ich nicht aufgefunden habe. Es ging mir darum, nur mit vorgefundenem Material, mit Versatzstücken, mit objets trouvés zu arbeiten. Aber ich muß sagen, daß ich von Anfang an nie anders gearbeitet habe als im direkten Kontakt mit der um mich herum gesprochenen Sprache, mit den um mich herum auffindbaren Sprachstücken. Also auch in *Fortsetzung des Berichts,* obwohl dort die Handlungspartikel großräumiger sind. [...] Es ist für mich selbstverständlich, vorgefundene Stücke so zu gebrauchen, als wären sie von mir erfunden. Diese Stükke sind ganz winzig, es sind kleine Anregungen, die ich von außen bekomme, und im Moment des Aufschreibens verändern sie sich und werden erweitert oder kombiniert mit dem, was mir dazu einfällt.«

»Im verfremdenden Ausschnitt und in der raschen, Disparates versammelnden Abfolge, in der sie sich präsentieren, springen die Zitatpartikel in eine neue Anschaulichkeit um«, schrieb Karl Riha zu Ror Wolfs Moritaten – welche Einsicht Ludwig Harig mit einem Verweis auf die Philosophie der gesprochenen, der gewöhnlichen Sprache, auf die *philosophy of ordenary language* in Verbindung brachte: »Von Wittgensteins Erkenntnis, daß nichts als der Gebrauch eines Wortes seine Bedeutung in der Sprache ist, profitiert Ror Wolf in zweierlei Hinsicht; einmal kann er auf eine möglichst weitreichende Kommunikation mit seinen Lesern rechnen, und zum anderen kann er diese Leser auf Seitenwege, auf Irrwege, auf Abwege führen, weil nämlich durch den raschen Wechsel des Gebrauchs die Wörter ihre Bedeutung ändern und durch solcherart entstehende semantische Verschiebungen unvermutete Wirklichkeiten zum Vorschein kommen. Als ich Ror Wolfs Fußball-Spiele zu lesen begann, wollte ich auf der Hut sein, aber nach und nach geriet ich zwischen die doppelten Böden und aus einer Wirklichkeit in die andere.«

Man werde, ergänzte Harig, »unmerklich in ein Spiel verwickelt, und man beginnt, mit den Satzbewegungen den Bewegungen zu folgen, von denen die Wörter handeln«. Wohin solche Bewegungen, solche Rede-Reisen führen, bleibt offen, womöglich enden sie im Erschlaffen, in der Ermüdung und der Ausschöpfung der Sprache, nicht zwingend, aber durchaus, und das beerbte einen Gestus, den Harig Franz Kafka zuschreibt: »Von den Subjekten geht diese Bewegung aus, aber es ist eine verschlungene, vertrackte, verquere Bewegung ins Aussichtslose, und die resignierende Satzgeste entspricht genau der Vergeblichkeit dessen, worüber nachgedacht worden ist.«

Wie gesagt: Wolfs große Prosacollage hantiert mit beidem, mit der Verzweiflung und der fröhlichen Erregung, mit der sprachlichen Auszehrung und der glitzernden, komische Funken schlagenden Karambolage, geboren aus der »Technik der widerrufenden Lakonie« (Wilhelm Pauli). Daß sich Wolf dergestalt jenseits des Feldes einer herumsimpelnden ideologiekritischen Entzauberung bewegt, wäre sogar mit Dirk Schümers Einwänden gegen den Fußball-Soziologismus der siebziger Jahre in Einklang zu bringen. »Es fällt mir nicht ein zu sagen: Ich habe etwas entlarven wollen. Alle Welt entlarvt heute etwas«, bekannte Wolf 1971, und 1990 resümierte Ludwig Harig anläßlich des von Wolf verkündeten Abschieds vom Fußball: »25 Jahre lang hat Ror Wolf sich phänomenologisch, literarisch, dichterisch mit dem Fußball beschäftigt [...]. Er hat nie die pure Außenansicht dieses Phänomens beschrieben, nie die zeitbedingte Trittbrettfahrer-Mentalität gestützt, nie die opportunistische Position des falschen Soziologen bestätigt, Fußball sei so etwas wie das Ventil herrschaftsbezogener Unterdrückungsmechanismen, im Gegenteil. Er hat erkannt und in gültigen Texten dokumentiert, daß Fußball ein existentielles Geschehen ist und nicht Nachahmung eines solchen.«

Erkennen läßt sich durch Wolfs Arbeiten zum Fußball und durch sie hindurch obendrein, wie Sprache, zumal eine weitenteils so stark normierte und kodierte wie jene des Fußballs, zur Geschlossenheit, zur Systematizität drängt. Urs Widmers frühe Rezension von Ror Wolfs Fußballtexten hebt den Aspekt eines solcherart gefährlichen Holismus hervor, der das Universum der Rede von Erfahrung abzuschotten und sich durch sein Arsenal an Formeln, Beschwörungen, magischen Sprechakten und Phrasen vor ebendiese wie ein Paravent zu schieben droht: »Die von der Sportsprache erfaßte Spielwelt wird schon für die ganze Welt gehalten. Eine Analyse der Sport-Sprache (die Wolf nicht explizit betreibt) müßte wohl deren ideologischen Charakter zeigen: Die Sport-Sprache schafft eine feste Ordnung, die in der Realität durch nichts abgestützt ist. Für die, die sich in freiwillig-unfreiwilliger Beschränkung nur innerhalb der von dieser Sondersprache geschaffenen Grenzen bewegen, wird diese zu einer (scheinbaren) Lebenshilfe. Sie verdeckt mehr und mehr den Blick auf die chaotische ›wirkliche‹ Welt. Sie schafft mit Hilfe eines festgefügten Sprach-Systems eine Scheinwirklichkeit, in der jeder Stein auf den andern paßt. Jede ideologische Sprache bildet solch ein in sich geschlossenes System. Innerhalb des Systems gehen denn auch alle Rechnungen auf, Fehler in der Bilanz sind erst dann zu erkennen, wenn ein Element des Systems (ein Wort, ein Begriff) herausgebrochen wird: Dann lacht die böse Wirklichkeit hinein.«

So betrachtet, fungiert das Prinzip der Collage auch als Sprachanalyse und -kritik; ist das Sezieren und Tranchieren des unaufhörlich fortgesponnenen Redegeflechts, des Mythos der Sportsprache als eines »zweiten semiotischen Systems« (Roland Barthes), ein Instrument, mit dem sich das

Gemäuer der Sprache einreißen, der Käfig des Sprechens sprengen läßt – das zusammengebackene Ensemble aus inventarisierten Redeformen, jenes Wörterbuch und jene Grammatik des Jargons, in deren Zusammenspiel die Wirklichkeitserfahrung präformiert und die Sprache zur jeden einzelnen Sprecher unterwerfenden Institution wird. Nicht von ungefähr erinnerte eine Rezension im ORF implizit an den Institutions-, den Über-Ich-Charakter, der jeder (Sonder-)Sprache ab ovo eignet: »Während er [Wolf] mit sorgfältig herauspräparierten sprachlichen Versatzstücken jongliert, erscheinen deren Abbilder wie in Scheinwerferlicht auf den Projektionsflächen unseres inneren Blickfelds: anders als gewohnt, bedeutungsgeladen durch Absonderung, transparent bei längerem Hinblicken, als komprimierte Realität zur Über-Realität geworden.«

Die Collage also enthüllt, »entschleiert«, lichtet, indem sie zerlegt, auseinanderrupft, isoliert, Bedeutungen entblößt (und in der Folge erweitert, dehnt), Wörter entschlackt von ihren ritualisierten symbolischen Kontexten. Und indem sie das Eingeschliffene, Internalisierte, blind Reproduzierte zersägt, schafft sie Freiräume. Sprache – so sehr, um Wilhelm von Humboldt zu bemühen, Ergon (Werk, Stillgestelltes) wie Energeia (Tätigkeit, jedesmaliges Sprechen) – wird wieder produktiv, sie beginnt zwischen beiden Polen zu tanzen und zu zittern. Und während das collagierende Verfahren die formierte Rede rechaotisiert, formt es dieselbe neu, durch die Formgebung, die (neuerliche) Verdichtung. Die dergestalt entborgene sprachimmanente Korrelation zwischen Statik und Dynamik, starrer Reproduktion und unvorhersehbarer Produktivität hat Wolfgang Werth in durchaus ideologiekritischer Perspektive prononciert: »Das gemeinhin unbewußt rezitierte Material bewußt zitierend, zeigt er [Wolf], was es damit wirklich auf sich hat. Von der Funktion, außersprachliche Realität zu vermitteln, freigestellt, vermittelt die Sprache sich selber, gibt sie zu erkennen, was in ihr an Eigensinn und Eigenrealität gespeichert ist und außer- oder unterhalb der üblichen Kommunikationsebene mitschwingt. Wolfs *Fußballspiele* sind deshalb so überzeugend und aufschlußreich, weil der Autor nichts in diese Sprache hineinlegt, sondern immer nur hervorlockt und ausspielt, was sie überspielt.« Und zum siebzigsten Geburtstag von Ror Wolf eruierte Oliver Nagel in der *Titanic*: »›Was wir über unsere Gesellschaft, ja über die Welt, in der wir leben, wissen, wissen wir durch die Massenmedien. [...] Andererseits wissen wir so viel über die Massenmedien, daß wir diesen Quellen nicht trauen können‹, notiert der weithin ungeliebte Niklas Luhmann fast dreißig Jahre später, als wolle er belegen, daß der literarische Ansatz Wolfs noch immer aktuell ist, der seinen Texten seit dem Debütroman *Fortsetzung des Berichts* (1964) zugrunde liegt. Dessen Kernaussage ist: Zweifle an allem Gedächtnis! Was du über die Welt weißt, ist vermittelt, und beileibe nicht nur von Fußballmoderatoren. Das Puzzle aus einzelnen Wahrnehmungssplittern ergibt ein ganz neues Bild, wenn man seine Teile nur ein wenig anders arrangiert.«

Mögen Ror Wolfs Arbeiten zum Fußball eine der konventionellen Usance abgewandte Wirklichkeitsebene frei- und sprachliche Potentiale offenlegen, die wir gemeinhin – im Alltagsgebrauch – ignorieren oder überhören, so vermögen sie dies nicht zuletzt durch eine kaleidoskopartige, polyphone, zersplitterte Erzählperspektive, die dem zentralen Zugriff der holistischen Anschauung widerspricht. »In *Punkt ist Punkt* gibt es keine einheitliche Perspektive«, hat Ror Wolf nüchtern erklärt, und sinnfällig wird das gewissermaßen filmische Prinzip auch durch die (weitgehende) Aufgabe der zeitlichen Linearität. Johann M. Kamps, Dramaturg bei der Produktion von Wolfs erstem Hörspiel, *Der Chinese am Fenster*, beschreibt das exemplarisch: »Der Stoff ist keine zusammenhängende Handlung, vielmehr ein Konglomerat aus kleinen Partikeln, Bruchstücken eines Vorgangs, einer Situation, Floskeln und Slogans […]. Damit tritt an die Stelle der stringenten, hierarchisch gegliederten Dramaturgie ein Verständnis der Gleichwertigkeit der Hörelemente. […] Der höhere Abstraktionsgrad dieser Dramaturgie wird dann wieder ausgeglichen durch die direkte sinnliche Wirkung des Stoffes.« – Es wäre wohl nicht vermessen, das Ineinander von Abstraktion und Konkretion, Phraseologie und Präzision, Gleichzeitigkeit des Ähnlichen und sinnlicher Prägnanz des einzelnen sprachlichen Ausdrucks für die unverbrauchte Attraktion (auch) der Fußballhörspiele verantwortlich zu machen.

Ror Wolfs Fußballcollagen wurzeln zutiefst in einer Auffassung vom Hörspiel, die im ersten jemals produzierten Stück dieser Gattung, in Richard Hughes' *Gefahr* aus dem Jahr 1924, als Möglichkeit der »ständigen Neuerfindung des Hörspiels« (Hans Burkhard Schlichting) noch präsent waren und bald durch die strenge Theatralisierung der Form (bündige Handlungsstränge, klassische Dialogführung etc.) verschüttet wurden. Nicht nur deshalb ist Wolfs Titulierung als »Pionier des deutschen O-Ton-Hörspiels« unanfechtbar, als Erfinder einer Kompositionsweise, die »auf einer komplexen Verarbeitung der Mündlichkeit [beruhte], bei der es nicht um Dokumentation ging, sondern um den Spielcharakter und die latente Absurdität alltäglicher Kommunikation im Spiegel des zeitgenössischen Massensports und seiner medialen Vermittlung« (Schlichting).

»Was Ror Wolf mit dem Material macht, wie er es auswählt und kombiniert, das hat kaum Konkurrenz im Hörspiel- und Schallplattenbereich«, verbeugte sich etwa das *Basler Magazin*, »wunderschöne Stakkati […], Kompositionen in sportlicher Nichtsprache, die einem bereits nach kurzer Zeit die Ohren sausen lassen«, entdeckte die *taz*, der *Spiegel* machte einen »Szeneklassiker«, eine »Schicksalssymphonie aus den Stadien«, ja »Nonsensgenuß mit Live-Aroma« dingfest, während das *Magazin Blau-Weiss 1890 e. V.* aus Berlin apodiktisch beschied: »Furios, bis auf die letzte Minute.« Nahtlos ließen sich ähnlich tönende Pressestimmen sonder Zahl anschließen, doch wir wollen uns hier bei jenen bescheiden.

Nahezu einhellig euphorisch jedenfalls stimmten und stimmen Ror Wolfs Fußballkunststücke. Wolfs Äquilibristik inmitten des massenmedialen Gelärms und quietschschiefen Gelabers besticht auch durch ihre, wer weiß, an die Jazzbegeisterung des Autors gemahnende Musikalität. »Es gelingt ihm, aus den Stimmen der Reporter eine akustische Linie zu basteln, also durchaus im engeren, musikalischen Sinne zu ›komponieren‹. Ein Kabinettstück in jeder Hinsicht«, lobte die *Frankfurter Rundschau* den Komponisten Ror Wolf, und Hans Burkhard Schlichting brachte die eigentümliche Wirkung dieser »Glücksfälle fürs Radio« wie folgt auf den Punkt: »Wenn ein Collage-Virtuose wie Ror Wolf sich auf die Reise durchs Material begibt, ist weniger Verlaß auf hintergründige literarische Rekurse und tiefsinnige psychologische Bedeutungen als auf sinnliche Eindrücke und freischwingende Rhythmen des Erzählens.«

Nicht soll unterschlagen werden, daß »Ror Wolf, der große, vielleicht der tiefgründigste Rhapsode des Fußballs« (Ludwig Harig), der »poetische Ethnograph im Anblick des beliebtesten Sports der westlichen Welt« (Gisela Dischner), auch gründlich mißverstanden wurde; mißverstanden als Klamaukautor, als Kabarettist wohl gar. Der alles in allem ja wahrlich zu jedwedem Urteil prädestinierte Jahrtausendtrainer Rudi Gutendorf wenigstens sortierte für ein Herrenmagazin namens *ER* den Casus Wolf im Fach der »Kabarettisten« ein: »Schade um die viele Mühe des Herrn Wolf. Er suchte und sammelte, klaubte und klebte, mischte und manipulierte, aber, Mannomann, das haut nicht hin, er holt aus und setzt ein Ding knochenhart an die Latte, könnte ich im modernen, schnoddrig-schlauen Mischmasch der Literatur-Protestler antworten.«

An Widerspruch gegenüber diesem dissolut dampfenden Unfug hat es indes nicht gemangelt. »Ror Wolf ist der erste Literat, der den Fußball in den Griff bekommen hat«, replizierte Gerd Winkler. »Wolf macht sich nicht über den Fußball lustig – wer solches Fazit aus dem Buch *[Punkt ist Punkt]* zieht, bleibt im knöcheltiefen Morast des Bodens stecken.« Und Rudi Michel unterstrich den Ewigkeitswert der dreißig und mehr Jahre alten Arbeiten, als er 2002 dem »Literaten am Ball« seine Ehrbezeugung darbrachte: »Alte Geschichten [...] behalten ihre Gültigkeit. Für immer. Ich mache mir den damaligen Besprechungstext von Wolfgang Werth zu eigen: ›*Punkt ist Punkt* müßte ein Volksbuch werden. Es gehört zu jenen Kunstprodukten, die unmittelbar zünden, weil sie – wie etwa Chaplin-Filme und Valentinaden, wie Pop-Kunst oder Beat-Musik – Effekte ausspielen, die auch unreflektiert genossen werden können.‹«

»Die ganze Geschichte und das ganze Gewerkel dieses Rasensports« habe Ror Wolf eingefangen und »zu witzig-makabren Zitat-Collagen, satirischen Wortspielen, aber auch zu klassischen Sonetten und Stanzen« arrangiert, stellte Karl Riha fest. Fest steht unverbrüchlich desgleichen: »Der Fußball wird hier auch als Simulation genutzt, als sprachliche Experimentierbühne, hinter der uns die Bodenlosigkeit unseres Realitätsbegriffs anklafft. Denn wenn sich – wie beim berühmten Weltmeisterschaftsspiel in Cordoba, bei dem Deutschland eine bis heute nicht verwundene Niederlage gegen den Erzfeind Österreich hinnehmen mußte – zwei Reporter nicht einmal in der Darstellung eines Spiels gleichen, wie soll man sich dann über erheblich komplexere Sachverhalte verständigen?« (Kai U. Jürgens)

Ob es, bei aller Planheit und demokratischen Transparenz und Virulenz des Fußballs, gleichwohl wirklich und wahrlich Komplexeres und schwerer Wiegendes gebe in dieser Welt als dieses einzigartige Sportspiel – das möge dahingestellt bleiben. Was in der »Disparatheit des Widersinns«

(Uwe Kammann), die im Fußball ungebremst saust und braust und dröhnt und wuchert, sich darüber hinaus verberge, sei nun gleichfalls entschuldigend gleichwie achselzukkend beiseite geschoben. Und auf Grund einer hier hörbar obwaltenden »Dezenz der Ridikülisierung« (Markus Joch) zackig beschließend beschlossen, »daß Ror Wolf – keineswegs nur in seinen Fußball-, sondern in allen seinen Büchern, auch den vordergründig düsteren – ein zugleich latenter und gewaltiger Sprachkomiker ist« (Eckhard Henscheid); denn »Komik entzündet sich da, wo das unendlich Viele und Disparate (an lexikalischem Material) sich am Nichts (seiner etwelchen Bedeutung) reibt, um endlich, nach zierlichem Wortgekräusel, wieder zu regloser Stille zu verglühen und dabei doch das Eingedenken – –« (Henscheid)

Ror Wolf/Jürgen Roth

Das langsame Erschlaffen der Kräfte

Ein Fußball-Hörstück in 6 Kapiteln

Sprecher der Kapitelüberschriften:
Günther Koch
Sprecher der 7 deutschen Endspiel-Stanzen sowie der Jahreszahlen und Spielbegegnungen:
Stimme 1 – Christian Brückner
Stimme 2 – Günther Koch
Stimme 3 – Manfred Breuckmann
Stimme 4 – Rudi Michel

Produktion: Bayerischer Rundfunk, 14. Juni und 17. – 19. Oktober 2005
Realisation: Jürgen Roth/Ror Wolf
Regie: Jürgen Roth
Digitalisierung: Regine Elbers, Hans Scheck
Schnitt und Tontechnik: Regine Elbers, Hans Scheck
Musikpartikel: v2 schneider: *was kommt!*, Aggressive Noise 2004
Kneipengeräusche: *Schlappeseppel*, Aschaffenburg, 16. März 2004

Ursendung: 10. März 2006, Bayern2Radio: *hör!spiel!art.mix*

Teil eins: Tribünenleben

Stadionkulisse. Harter Schnitt.

Person 1 Sechs Bier.
Person 2 Net so laut jetzt aufm Sportplatz. Verflucht noch mal!
Person 3 Tempo!
Person 1 Sechs Stück, ne?
Mehrere Personen Auf geht's! Auuu.
Person 4 Ja, sechs Stück gibt's. Ah, langsam.
Person 2 Hermann, geh!
Person 3 Flach halte de Ball!
Person 2 Jawoll. Und spiele. – – Komm.
Person 3 Rechts raus! Ganz links!
Person 2 Ja, spiele, Herbert! Spielen!
Person 3 Rausgucken!
Person 2 Zietsch über links.
Mehrere Personen Jaaa! Jaa. Schön gemacht, du. Wunderbar gemacht. Jawoll.
Person 3 Ja, und gucke, Jürgen!

Stadionkulisse. Harter Schnitt.

Person 5 Achtung!
Person 6 Schieß doch mal! Los!
Person 5 Auf! Und jetzt! Ach jetzt!
Person 6 Gehörst du ja schon wieder erschossen, hör mal.
Person 7 Hier, du Blumenkohl.
Person 5 Ach ja!
Person 6 Ah ja, willste Schaschlik esse oder wie?!

Person 5 Auf bei de Linksaußen!!
Person 5 Der kommt nicht ran, der kommt nicht ran, der Krauskopf!
Person 8 (Wort- und Lautmischmasch auf hessisch.)
Person 8 Geh doch ran an den Grabsi! Immer ran, he!
Person 6 Rein mit dem Ding!
Mehrere Personen Abstoß! Abstoß! Ecke!
Person 5 Jaaaaaa!
Person 3 Noch fünf Minute, ge?
Person 2 Da legt der dicke Fritz die Bratwöscht uff, hö mal, damit se …
(Wird übertönt.)
Person 5 Schön! Auf, Wenzel!
Person 6 Aber jetzt mal los!
Person 5 Jetzt hau doch mal druff!

Stadionkulisse. Harter Schnitt.

Person 9 Mitlaufen, Junge. Denken. Denken.
Person 10 Immer die Ruhe behalten hier.
Person 11 Laufen!
Person 9 Jaa, und jetzt?
Person 10 Ja, Meister, jetzt zappelter gleisch.
Person 9 Die solln die scheiß Fummelei aufhörn, Mensch, wat soll dat denn.
Person 9 Wo sind die andern denn, Mensch, jetzt is wieder keen Mensch da.
Person 9 Ecke. – Gut. Ecke is schon mal gut.
Person 10 Da pfeift der Abseits. Dat jiebet doch jar nit, Mensch!
Person 9 Ja.
Person 10 Gar nicht schlecht.
Person 9 Thielen!
Person 11 Wo isser denn? Der is gar nit dabei, ne? Oder? Wo isser denn?

Person 11 Ja, da isser ja, da isser ja.
Person 9 Sie kommen, sie kommen.

Stadionkulisse. Harter Schnitt.

Person 3 Das kann doch net die Möglichkeit sein, Mensch, Kerle!
Person 1 Das is doch nich wahr, so was.
Person 12 Das is doch irgendwelche Scheiße!
Person 2 Lauf doch! Lauf! Laufe, laufe, jawoll! – – Jawoll!
Person 3 Schön.
Mehrere Personen Uuuuuuu.
Person 3 Aaaaaah. Das –
Person 1 Kerle, Kerle, Kerle, Kerle, Kerle.
Person 13 Des is aber durch, durch, schlaf doch, hast Zeit, laaf doch.
Person 14 Das is Scheiße, wie man es macht.
Person 3 Jessas, jessas, jessas, jessas, naa, gibt's denn so was a!
Person 14 Die sinn doch faul, die Drecksäu, Mensch, he!
Person 2 Hahahahahahahahaaaa.
Person 3 Ach, hör doch –
Person 2 Is doch klasse heute, Günther.
Person 3 Ende! Ende! Ende! En –
Chorgesang – der Bundesliga größte Sau, / Haare im Salat, / das ist und bleibt der MSV, / Haare im Salat. // Ja, so was, das ist herrlich, / ja, so was, das ist schön, / ja, so was haben wir / schon lange nicht gesehn. // Ja, so was, das ist herrlich, / ja, so was, das ist schön, / ja, so was –

Gegen Ende mit Hall versehen und ausblenden.

Teil zwei: Bewegungen am Boden

Na, wenn's doch immer solche Spiele gäbe, dann gäbe es kein Schimpfen, dann müßte man sich nicht ärgern. Nun, am Bornheimer Hang ist Ruhe eingekehrt, die Nervosität hat sich gelegt, man wird –. Ooooo. Boden. Ohoo. Rohrbach geht zu Boden. Ooohooo. Er wird dabei allerdings gestört und geht vorerst einmal zu Boden. Oh, dann ein Foul, ein Foul, jawoll.

Unglaublich.

Erstaunlich.

Rohrbach springt.

Weil soeben ein Bremer zu Boden gegangen ist. Wenn er so lange am Boden liegen bleibt, dann müßte doch irgendwie etwas Schmerzhaftes mit ihm passiert sein, denn was sie ihn beharken, was sie ihn stupsen, schlagen, nachtreten und festhalten, das kennt man, das in etwa hier die Bedingungen.

Vier Schlagzeugschläge, verhallend. Hall in nächste Sequenz hineindehnen.

Man schlägt viel in die Luft. Man muß natürlich vorsichtig sein. Ja, man darf nicht leichtsinnig werden. Und das war nicht ungefährlich.

Ist das zu fassen!

Gibt es denn das!

So nicht, Freunde.

Genau so ist es, und das Maß ist voll.

Das ist ein Desaster, das ist ein Debakel.

Nun, nach dem Halbzeitstand von 3:0 nahm man hier

am Bornheimer Hang an, daß es noch eine Weile so weitergehen würde, aber man hatte sich getäuscht.

Eingeblendetes Kneipentumultgeräusch mit Gelächter, leise beginnend im vorherigen Satz. Drei, vier Sekunden stehenlassen, dann unter den Reporterstimmen bis »Ja, gibt's denn so was« weiterlaufen lassen (gegen Ende evtl. stark herunterziehen).

Ganz langsam macht man das. Sicherlich richtig, was er da machte. Ja, man versucht es, man versucht es eben immer wieder, man gibt sich viel Mühe. Nein, er schafft es nicht, er schafft es nicht.

Auu, da hat er jetzt Mühe.

Ja, gibt's denn so was. Und es ist einfach nichts zu machen. Da klappt überhaupt nichts. Noch klappt es nicht, noch ein wenig gehemmt, noch ein wenig – beklemmt, möchte man fast sagen. Na ja, es sind doch jetzt Ansätze wenigstens, aber es klappt nicht. Man gibt sich zwar Mühe, und die Uhr läuft und läuft und läuft weiter. Aber das konnte nichts werden, und ich glaube, es wird sich nichts mehr ändern. Das sollte nachdenklich stimmen.

Ja. Ja.

Harter Gitarrenakkord, direkt drangeschnitten.

Ja, Sie haben das Uuuuu der Zuschauer sicherlich gehört. Neeeiiin. Ooo, eine ziemlich peinliche Situation. Ooo, sind das Szenen. Das ist die Situation.

So ist es.

Gute Bedingungen also, vielleicht etwas tiefer Boden. Hier in Bremen ist das Weserstadion, ist der Rasen hier natürlich glatt und rutschig, und im Gegensatz zu Bremen – regnet es hier nicht in Offenbach, das Spielfeld ist glatt, gut bespielbar, die Stimmung ist gut auf den Rängen. Es regnet auch jetzt wieder hier in Bremen, der Boden ist glatt und rutschig. Das Wetter im Gegensatz zu Bremen ist hier trokken, Fußballwetter, darf man sagen, es gibt keine Probleme, weder mit Ball noch mit dem Rasen.

In einer Staubwolke nimmt er den Ball auf.

Es regnet jetzt in Strömen hier in Bremen, die Bodenverhältnisse werden immer schlechter, der Rasen ist glatt und rutschig. Einmal regnet's, einmal schneit's, einmal scheint die Sonne, ganz gleich, was auch immer jedenfalls ja. Norddeutschland liegt ja seit etwa zehn Tagen schon meistens unter einer dichten Nebeldecke, aber auf dem Spielfeld ist alles in Ordnung, das ist hier wie auf allen anderen Plätzen auch, wenngleich das Geläuf im Düsseldorfer Rheinstadion sehr, sehr tief ist.

Dunkle, tiefe Regenwolken liegen über dem Wuppertaler Zoostadion. Man rutscht mir ein wenig zu viel da auf dem nassen Rasen, auf dem glatten, auf dem tiefen Boden hier, und ich darf Ihnen noch sagen, daß dieser Boden recht schwer bespielbar ist. Ich muß einfach am Ball bleiben, ich kann gar nicht sagen, was vielleicht noch sagenswert gewesen wäre, vielleicht kommt dazu, daß während der ersten Halbzeit ein starker Schneeschauer heruntergekommen ist, der den Boden selbstverständlich sehr, sehr schwer bespielbar macht.

Oh, es ist sehr glatt da unten, ja, die Männer dort unten auf dem Rasen tun mir leid. Ansonsten hatte man wirklich einige Male den Eindruck, als ob die Spieler beider Mannschaften hier mit türkischen Schnabelschuhen zu Werke gingen, das ist natürlich ein wenig wenig.

Harter Gitarrenakkord, direkt drangeschnitten. Kurze tote Pause, wie als Einleitung zu einem großen Nachdenken.

Man sollte an dieser Stelle auch einmal ein Wort über den Rasen verlieren. Es bietet sich hier wenn auch nicht ein saft-, ein sattgrüner, so doch wenigstens ein mattgrüner Rasen. Dieser Rasen, der ebenfalls einen Test zu bestehen hat, sieht doch sehr holprig aus. Eben hatten wir sogar mit einem Schneesturm zu kämpfen, d. h.: wir hier oben weniger als die Akteure dort unten auf dem tiefen Rasen. Nur in Breite des Tores hat man einen Streifen herausgeschaufelt bis zur 16-Meter-Linie, das ist natürlich ein wenig wenig, und die 22 Akteure hatten auch mit dem Geläuf ihre liebe Müh' und Not.

Ungünstige Verhältnisse, am Vormittag Schneeregen, dann Schneefall, unangenehm kühle Temperaturen, ein schneebedeckter, glitschiger Rasen.

Kalt ist es geworden. Der Sturm läuft sich die Füße wund. Es gibt einen ganz einleuchtenden Grund, und der liegt unten, so oft er kann.

Bedrohliche Klänge: Gitarrenfeedback, womöglich kurz – wie eine Art Tonbeule – stark hochgezogen.

Teil drei: Sieben Endspiele um die Deutsche Fußballmeisterschaft

Jahreszahlen nicht-chronologisch ineinandergeschnitten, geschichtet und versetzt, wie eine Art Wortknäuel. Kalte Pause von einer Sekunde. Die Spielbegegnungen genauso ineinandergeschnitten. Kalte Pause.

Stimme 1. Bei »Kein Wind kein Regen keine Worte mehr« setzt Tutenmusik ein. Sie versickert erst wieder in Stanze 7, während der Zeile »Es war der Ball, der weich vorüberrollte«. – Der Tutenteppich wirkt mal dicker und mal dünner, ist mal lauter und mal leiser.

Zwischen den Rezitativen »schneien«, fallen Worte und Sätze zum Thema »Kampf« herunter. Es sollen unterschiedliche Höreindrücke erzielt werden. Worte sollen wie kalte Schläge wirken, nackt im Raum stehen, sie sollen aber auch aufeinanderprallen, sich ineinander verknoten, in mehreren Spuren übereinandergeschichtet und dann wieder auseinandergerissen werden.

Bisweilen steigen Sätze und Phrasen durch den Tutenteppich nach oben, als tauchten sie aus einer dunklen Tiefe auf. Evtl. setzen sie zudem hie und da bereits während einer Stanze ein.

Stimme 1 Im warmen Jahre Neunzehnhundertdrei,
mit Bert und Schmidt und Doktor Raydt im Tor,
besiegte Leipzig Prag mit Siebenzwei.
In Prag behielt man trotzdem den Humor.
Im Jahre Vierzehn, etwa Ende Mai,
am Tag, als Leipzig gegen Fürth verlor:

Kein Wind kein Regen keine Worte mehr.
Sechstausend Menschen, Hut an Hut, mein Herr.

Sie haben gekämpft bis zum Umfallen.

Viele, viele kleine Zweikämpfe.

Und sie tun das so stürmisch, wie der Wind in ihrem Rücken ist.

Also, es sind schon harte Burschen, die hier aufeinanderprallen.

Und dann schubst, ja, das war Foul, dann schubst Herzog, der Fortuna-Linksaußen, Kapellmann um.

Heese, Heese, der Kämpfer in den Hamburger Reihen, bolzt sich durch.

Das ist jetzt nicht mehr schön.

Held jetzt im Angriff, wird von drei Mann in die Zange genommen.

Vor allendingen Flohe und Kamp lagen sich andauernd in den Haaren.

Weber scheint doch härter angeschlagen worden zu sein.

Cullmann will in den Strafraum, rennt einen Mann förmlich um.

Weltz geht zu Boden. Weber liegt sogar noch etwas länger.

Und gleichzeitig liegt hier Kalb, der Verbinder bei den Frankfurtern, verletzt am Boden.

Körbel, der wird in dieser harten Attacke leicht verletzt, geht zu Boden, windet sich, bleibt liegen.

Aaah, meine Damen und Herren, das gibt ja ein Fiasko!!

– Allerdings auch nur einstweilen.

Stimme 2 Popp, Riegel, Kugler, Kalb, Träg, Hochgesang,
mein Herr, betrachten Sie jetzt dieses Bild:
Hans Sutor hält in seinem Überschwang,

Sie sehen es, die Hand ans Mützenschild,
mein Herr, nach der Verlängerung am Hang
in Bornheim, Fünfundzwanzig, Wetter mild.
Am Schluß war Ludwig Wieder der Erlöser.
Der Sportverein war groß. Der Club war größer.

Und dann kommt, äh, Luggi Müller und schiebt Roth zur Seite. Weist wollte ausholen. Er hat es auch getan. – Holoch, der heute einen schwachen Tag hat, der aber auch sehr stark humpelte. Roth förmlich umgesäbelt, der humpelt ein wenig.

– –

Holt aus.

–

Abgeprallt.

– –

Sofort zurückgedonnert.

–

Umklammert und damit festgehalten.

Daß er in die Ferse geklopft wird.

Klopft ihm auf die Schulter, um anzudeuten, es war nicht so gemeint.

Stimme 3 Wir werden sehen, wie es weitergeht,
mein lieber Herr, im deutschen Fußballsport:
Kalwitzki; Stuttgart wird davongeweht.
Tibulski, Gellesch, Urban undsofort,
der Schalker Kreisel schwirrt wie aufgedreht,
auch Bornemann, da haben Sie mein Wort.

An diesem Tag war selbst Ernst Pörtgen fleißig.
Das war in Köln, im Jahre Fünfunddreißig.

Mit zusammengebissenen Zähnen.

Im Kampf Mann gegen Mann.

Mit seinem ganzen Körper.
Prallen zusammen.
Zupacken.

–

Zur Brust nehmen *(mit Hall und Phaser versehen).*

–

Oberhand gewinnen *(mit Hall und Phaser versehen).*

–

Umklammerung.
Hinterhalt.
Schlag.
Verbissener Kampf jetzt.
Jetzt aber muß ich unterbrechen.

Stimme 4 Horst Eckel, die Gebrüder Walter und
ich glaube Hölz, jawohl: in diesem Stück,
auch Werner Liebrich steht im Hintergrund
auf diesem Foto. Stuttgart hat kein Glück:
Schlienz hält die Hand vor Schreck an seinen Mund,
Barufka schleicht, den Kopf gesenkt, zurück.

Fritz Walter war, mein Herr, ein zarter Riese.
Hier steht er, Dreiundfünfzig, auf der Wiese.

Ernst Traser war es, der den Kapitän der Gladbacher über den Oberschenkel fallen ließ. Mit langem Bein. Mit gestrecktem Bein. Ein Frankfurter Abwehrbein. Dazwischen ein Frankfurter Bein. Schußbein. Gestrecktes Bein. Da liegt er nun, hält sich auch noch das Bein im Mittelkreis. Da fallen sie um. Zu Boden gerammt. Dann wird er umgelegt. – Ein Tritt in die Kniekehle bringt ihn auf den Rasen. Auch hier bei uns liegt Wimmer auf dem Rasen. Er säbelt. – Hoeneß liegt im nassen Gras. Da bricht ein Karlsruher zusammen.

–

Er hat ihm fast das Bein herausgerissen.

–
Wenn nur einer mit dem Kopf zugestoßen hätte.

Stimme 2 Rund siebzigtausend haben zugeschaut,
als Hamburg Köln im Jahre Sechzig schlug.
In Köln hat man das lange nicht verdaut.
Bei Hamburg lief es wie am Gummizug.
Am Schluß war Seeler naß bis auf die Haut.
Im Tor stand Schnoor und in der Abwehr Krug.

Es gab natürlich stille Augenblicke.
Doch keiner konnte fliegen wie der Dicke.

Volkert bedrängt, in den Rücken gestoßen, alles nicht allzu hart, das Spiel geht weiter. Vorteil gelassen. Alles in Ordnung. Wiederum eine jener, na, Zwischenfall wäre übertrieben. Aber für manche vielleicht Erheiterung, für manch andere nicht, Zuriak fällt um und greift sich ans Knie, genau dort ist nämlich keiner gewesen. Also, nehm' wir's doch nicht so tragisch, das darf man nicht so ernst nehmen, das ist ein ganz normaler Vorgang, aber es wird weitergekämpft.

Gewühl vor dem Tor.

Bedrängnis.

Gefahrenzone.

Zerrissen.

Unglücklicherweise.

Gefährlicher.

Zerrissen.

Herausgerissen. Hineinstoßen. Hineinwerfen. Hineinschraubt. Dazwischengeworfen. Dazwischengeschoben. Dazwischengespritzt. Wirft sich dazwischen. Franz Beckenbauer ist dazwischen und macht die Tür zu, und da geht Schneider dazwischen, der ja mit einem Pflaster über dem linken Auge spielt, und

Stimme 3 Die Männer von der Roten Erde: Schmidt
und Wosab und Borussenstopper Paul,
Timo Konietzka, Kurrat, Bracht – im Schnitt:
kein grober Schnitzer und kein böses Foul.
Die Geißbockelf, die in die Tiefe glitt,
sie war am schwarzen Ende nur ein Knaul.

Die Müngersdorfer wurden sanft verfüttert.
Ganz Köln war damals bis ins Herz erschüttert.

Na, da war aber dicke Luft.

Man will noch einmal mit Gewalt.

Es ist allerlei los.

Viel, viel Gefahr.

Hart zur Sache.

Angeschlagen.

Dann dieser Zusammenbruch, wie soll man den erklären.

Nicht gut Kirschen essen.

Mit der Brechstange durch die eisenharte Abwehr.

Ja, is' ganz klaaar. So etwas gibt's nich'. Na, da gibt es die erste Rauferei.

Wenn man so.

Wenn man so.

Wenn man so nachhakt.

Wenn man so nachhakt, wenn man unten auf die Knöchel geht, oder wenn man festhält und dann ein Bein draufsetzt, das sind so die Dinge, die man kennt und denen man vorsichtig aus dem Weg gehen muß.

– Daß es nicht ganz ohne Schrammen abgehen konnte, ist bei dem hohen Einsatz klar.

Stimme 1 Es war der Ball, der weich vorüberrollte,
mein lieber Herr, im großen und im ganzen.
Das war schon alles, was ich sagen wollte.
Der Ball, man sah ihn auf dem Rasen tanzen,

und mancher machte mit ihm, was er wollte,
in diesen Stanzen und in andern Stanzen.

Er steigt und schwebt und gleitet wie gewohnt:
dort fliegt er, oben, schöner als der Mond.

Teil vier: Das allmähliche Verlassen des tiefen Bodens

Windgeräusche. Laufen kurz unter den Stimmen weiter.

Ein Frankfurter Spieler, Jürgen Grabowski scheint es zu sein, im Moment am Boden. Jetzt steht er wieder auf, es ist also alles wieder in Ordnung. Ja, hier sehen wir die Realität: Grabowski, der bereits wieder steht, wieder laufen kann, wieder in Aktion ist, so scheint es, oder es hat den Anschein, eins von beiden.

In diesem Moment sehe ich es. Ja, es scheint so. Und ich bin nicht sicher, und ich muß erst einmal schauen, jeder hat einen anderen Standpunkt, ganz gleich, woher er auch immer kommen mag, – – noch ist nichts zu sehen.

Wer weiß es schon, wer kann es von hier oben beurteilen.

Ich muß einmal schauen. So sieht es von hier aus. Jedenfalls optisch sieht das alles so aus. Ich hab' es auch so gesehn. Gerade eben mußte Gerhard Heinze, der nur 1 Meter 74 große Torhüter, durch die Luft fliegen. Hein steigt hoch. Heynckes springt hoch, der wie einst Uwe Seeler hochsteigen kann. Der hebt den Ball hoch. Kliemann steigt hoch. Kostedde springt hoch. Kargus ist hoch. Heynckes zieht den Ball etwas zu hoooch. Hölzenbein springt hoch, aber Kargus reckt sich höher. Aber am höchsten steigt da natürlich Kliemann.

Oooh, das war eine schöne Szene. Ja, sie sind durchweg alle hochgekommen, und die zwei, drei Stück, die etwas flacher waren, die kamen genau auf die Figur.

Schauen wir noch einmal hinein in das Spiel.

Hochgestiegen jetzt Hoeneß und Hölzenbein, das sieht schon recht gut aus. Müller steigt hoch. Es sieht ganz danach aus. Da steht Hölzenbein, steigt hoch, das ist ganz eindeutig, das ist klar zu erkennen. Er wäre hochgestiegen.

Von hier, unserem Standpunkt aus, konnte man, glaubte man, erkennen zu können.

Das ist jetzt auch geklärt.

Damit sehen wir etwas weiter.

Harter Gitarrenakkord, direkt drangeschnitten.

Diesmal gibt es keinen Zweifel, da müßte jetzt Herzog hochsteigen, bei diesen frühlingshaften Temperaturen, bei sehr schönem Fußballwetter, es scheint die Sonne. Vielleicht etwas tiefer Boden. Da steigt erst einmal Volkert hoch. Das Wetter wird immer besser. Der Ball steigt in die Luft, bei warmem Wetter, bei Sonnenschein, und da springt Sperrlich hoch, nicht hoch genug, und da ist im Zweikampf Blechschmidt mit dem Bein etwas zu hoch gestiegen.

Wieder Weltz hoch. Da steigt André hoch, aber am höchsten springt dort Semlitsch.

Das geht großartig hier! Das ist das I-Tüpfelchen.

Harter Gitarrenakkord, direkt drangeschnitten.

Wir wollen hören, wie es weitergegangen ist. – – Es war vom Wetter her bisher ein sehr schöner Tag. Dann sprang er empor, mächtig sich reckend.

Wir schauen uns diese Szene noch einmal in der Zeitlupe an. – Hoch kommt der Ball, und Dr. Kunter muß hochsteigen. Dr. Kunter in der Luft. Kunter wieder in der Luft. Und da fliegt dann wieder Kohlhäufl heran. Und jetzt steigt Wolfgang Pohl einfach höher als Horst Hrubesch, das ist ja ungeheuerlich. Und da liegt Stabel in der Luft. Ooohoooo. Zwei Frankfurter springen hoch, und die Hamburger springen hoch. Und es steigen hoch zunächst einmal Johannes Löhr und dann aber auch Ehmke, und dann sind Fischer und Rüßmann hochgesprungen, am – höchsten stieg in diesem Falle – Heynckes.

Harter Gitarrenakkord, direkt drangeschnitten. Ab »Der Ball steigt in die Wolken« die Stimmen verfremden, »verrauschen«, mit Hall versehen, in der Art einer Traumsequenz. Ab »Ich haben Ihnen gesagt …« wieder ohne Effekt. »Kann es nicht glauben« mit Echo versehen.

Und so hoch der Klaus Fischer jetzt auch springen mag, der Ball fliegt über ihn hinweg.

Das ist ja schon ein starkes Stück.

Der Ball steigt in die Wolken.

Und so geht der Ball schwebend über die Latte.

Weit, weit, weit.

Völlig unbedrängt in die Wolken – – –

Ich habe Ihnen gesagt, man kommt aus dem Staunen nicht heraus, ansonsten war's ein schöner, ein wolkenloser Nachmittag, so wurde es gesagt, und wer's nicht mit eigenen Augen gesehen hat, meine Damen und Herren, das darf ich Ihnen sagen, der kann es nicht glauben.

Windgeräusche, die bereits unter »Ansonsten war's …« einsetzen. Ausblenden.

Teil fünf: Ermüdungserscheinungen

Stadionkulisse. Weich einblenden. Rasch unter den Stimmen verschwinden lassen. Die Gesamtatmosphäre soll resignativ, von einer Art drückender Auszehrung geprägt sein, beinahe requiemartig, dabei aber doch hoffnungsheischend sinnlos-dynamisch.

Zu schlapp. Zuuuu schlapp *(künstlich dehnen).* Schlapp. Schlapp. Und wie müde auch.

Etwas bedächtig, etwas langsam geht das alles zu, und nicht nur, daß man jetzt müde geworden ist, der Dampf, der ist einfach raus, weil die Kraft zum Laufen nicht mehr reicht. Und der läuft nicht mehr, wie man das sonst von ihm kennt, wenn er mit aufrückt, sondern er geht, er geht in ruhigem Schaukelschritt nach vorn.

Saft- und kraftlos seine Aktionen, er schießt einfach sinnlos. Er wirkt genauso müde wie eigentlich alle Akteure dort unten.

Müdigkeitserscheinungen, Müdigkeits-, Müdigkeitserscheinungen.

Nun sind sie müde geworden, die Füße, die Müdigkeit steckt ihnen in den Beinen, und dann, dann fällt er vor Müdigkeit von den Beinen, er kann kaum noch laufen.

Der letzte Druck, die letzte Wucht, die letzte Gefährlichkeit, das ist nicht mehr von Druck getragen, das muß aber das letzte Quentchen Kraft gewesen sein, was er noch aus den Beinen herausgequält hat, denn ich sagte Ihnen, wie müde er da unten rumsteht. Ist das schon eine Müdigkeit bei ihm?

Schlapp.

Zuuuu schlapp *(künstlich dehnen)*.

Es ist kein Dampf dahinter. Sie scheinen müde geworden zu sein. Sie sind fertig, sie sind bedient. Die Stutzen hängen herunter, die Trikots, das von Gersdorf ist schweißdurchtränkt, hängt zum Teil aus den Hosen heraus, das Hemd hängt ihm heraus, die Stutzen sind unten, alles ist müde, verschwitzt und kaputt. Dem sind jetzt auch die Strümpfe heruntergerutscht, ein Zeichen, daß also auch da die körperlichen Kräfte nachlassen.

Er hat die Stutzen wieder auf die Knöchel herabrutschen lassen, die Stutzen sind ihm runtergerutscht, müde ist er geworden, recht, recht müde, Grau mit heruntergerutschten Stutzen, das sind vielleicht schon ein bißchen Müdungserscheinungen, Ermüdungserscheinungen, Müdigkeitserscheinungen *(künstlich dehnen)*, auch das ist sicherlich Ermüdungserscheinungen.

Sie sind so müde und ausgelaugt. Schlapp. Er ist müde, er ist abgekämpft, er bleibt stehen und nimmt den Kopf zwischen die Knie, beugt sich nach unten, weil keine Luft mehr da ist. Schlapp. Überspielt. Schlapp. Auch gedanklich müde. Er ist müde.

Grabowski, groß hat er gespielt an seinem Geburtstag, aber nun ist er todmüde, zum Umfallen müde, er taumelt dort unten herum, nein, er kommt nicht heran, das geht nicht mehr, die sind müde, sie sind kaputt dort unten, sie sind fertig, sie sind erledigt, die Stimmbänder sind wund geworden durch diese vielen Übertragungseinblendungen heute, so daß man als Reporter also wahrscheinlich darum bitten darf, wenn ein Huster kommt, nicht gleich böse zu werden, und schicken Sie mir auch keine Hustendrops.

Ich darf mich von Ihnen verabschieden, auf Wiederhören.

Zwei Glockenschläge.

Teil sechs: Die Kunst des Aufhörens

Eingeblendetes Kneipengerede. Umfallende Gläser. Stille. Tröten und Tuten setzen ein. Der Tröten-/Tutenteppich darf gegen Ende immer mehr Löcher bekommen, so daß Worte und Satzfetzen in der Leere zappeln, zittern, zerschellen.

Damit ist meine Sprechzeit zu Ende. Ob diese Ankündigung ernst zu nehmen ist, auch das muß man erst abwarten.

Alles ist planmäßig gelaufen.

Die letzten Minuten sind angebrochen.

Ja, das ist auch meine Meinung.

Es scheint also so, daß tatsächlich jede Serie einmal ein Ende hat.

Das ist ganz richtig, das ist auch meine Meinung.

Ich weiß nicht, ob wir noch weitermachen sollen, ob unsere Sprechzeit schon abgelaufen ist, und ich mache noch ein paar Sekunden weiter, ich nehme an, das ist in Ordnung.

Ja, da bin ich nicht ganz Ihrer Ansicht. Das ist ja wohl selbstverständlich. Und man darf hinzufügen: In diesem Augenblick ist es soweit, und gleich müßte es zu Ende sein, womit ich gleichzeitig sagen will: Wo sind die Zeiten geblieben.

Kurz nur Tröten/Tuten.

Das kann man vertreten, wenn ich das sage, denn daß daran sich noch etwas ändern wird, das ist ja völlig ungewiß.

Glauben Sie mir, daß ich nicht übertreibe.

Kurz nur Tröten/Tuten.

Das dauert halt etwas zu lange, aber dazu werde ich sicher noch kommen.

Kurz nur Tröten/Tuten.

Ja, das war also eine erfreuliche Kunde.

Geräusch zerberstenden Glases, direkt an den Satz geschnitten. Kurz nur Tröten/Tuten.

Diese Tatsache, die spricht Bände.

Kurz nur Tröten/Tuten. Darüber Geräusch wegrollender Bierflasche.

Und man fragt sich tatsächlich, wie lange geht so was eigentlich gut. Das kann man nicht anders sagen.

Kalte Pause. Tröten/Tuten wieder einblenden.

Jetzt kommt das, was ich eben schon angedeutet habe. Ja, da braucht man die Stimme gar nicht zu heben, wenn man das so sagen kann. Ich fange also zum dritten Mal an und sage Ihnen das, und das sage ich Ihnen gerne, das vereinfacht Ihnen das Mitdenken daheim.

Kurz nur Tröten/Tuten. Ausblenden.

Man spricht nicht nur am Biertisch darüber.

Kalte Pause.

Also, zum dritten Mal.

Kalte Pause.

Ich darf Ihnen noch einmal sagen.

Die folgenden Satzblöcke bzw. Sätze mit knappen Pausen trennen, die immer kürzer werden, bis sich die Worte wieder verschleifen. Darunter an- und abschwellende Tröten mit Gongschlägen, die in die Lücken stoßen.

Ich darf's Ihnen gleich sagen, allzuviel ist ja nicht mehr zu sagen.
Warum, weiß ich auch nicht so recht.

Und das darf ich abschließend als letzten Satz noch sagen.
Es ist einfach Schluß.

Aber noch ist es nicht soweit.

Ja, es ist ein wenig später geworden.

Wollen wir jetzt wenigstens den Schluß bringen.

Das soll es erst einmal sein.

Jetzt aber zum Schluß.

Das soll's fürs erste hier genügen.
Mehr kann ich da im Augenblick einfach nicht zu sagen.
Es sind nur noch Augenblicke.

Es hat ein bißchen länger gedauert.

Ein hochinteressanter Schluß.

Tröten abrupt ausblenden. Blätterrascheln setzt ein. Die folgenden Sätze und Worte wieder mit Pausen trennen.

Augenblicke.

Das wollen wir einmal ganz kurz abwarten.

Hier ist immer noch nicht Schluß.

Eine kleine Zeitverzögerung.

Das wollten Sie schon wissen.

Alles also klar und erledigt.

Also, bis jetzt.

Abflauen des Raschelns. Kalte Pause. Keine Geräusche mehr.

Eine Meldung ist eben eingetroffen, in der es heißt: Am Wochenende tut sich gar nichts.

Ja, das war's, denn mehr gab's nicht mehr, es war ja auch der Schluß, aber niemand konnte mehr was ändern, und das war's also.

Nachweise

WIE GEHT DOPPELPASS?: Jürgen Roth/Klaus Bittermann (Hg.): *Wieder keine Anspielstation – Fußballexperten – Die Kommentare des Grauens*, Berlin: Edition Tiamat 1996; hier gründlich entrümpelt und überarbeitet.

HINAUFSTEIGEN UND FALLEN ODER: FUSSBALL ALS WIRKLICHKEITSKUNST: Vortrag auf dem Symposium »Doppelpaß – Frankfurter Fußballfilm-Festival« im Deutschen Filmmuseum, Frankfurt/Main, am 3. Juni 2006; gedruckt in: Deutsches Filmmuseum, Frankfurt am Main/Deutsches Olympisches Institut, Frankfurt am Main (Hg.): *Doppelpaß – Fußball und Film*, München: belleville Verlag 2006

ZWISCHEN HANSCH UND POTOFSKI: Jürgen Roth/Klaus Bittermann (Hg.): *Das große Rhabarbern – Neununddreißig Fallstudien über die Talkshow*, Berlin: Edition Tiamat 1996; in der erweiterten Neuauflage – *Das große Rhabarbern – 42 Fallstudien über die Talkshow*, München: dtv 2000 – überarbeitet; hier noch mal gestrafft.

ERSCHLAGEN IN ESCHWEGE: Jürgen Roth: *Ein Schnupfen läuft Amok – Spitzenleistungen aus Sport und Geistesleben*, Berlin: Eulenspiegel/Das Neue Berlin 2002

WONTORRA I: Klaus Bittermann (Hg.): *Warum sachlich, wenn's auch persönlich geht – Das Who's who peinlicher Personen – Jahrbuch 1997*, Berlin: Edition Tiamat 1997

ROBERTS RHÖNRADREPORTAGEN: Booklet der CD *Wir hören Günther Koch! – Ausgewählte Radioreportagen Vol. II*, hrsg. v. Jürgen Roth, I Saw Hans Walitza Kick That Ball Records/ Rough Trade 1998

MIT HAMMER UND STÖCKCHEN: *taz*, 4. April 1998

DIE DREI FRAGEZEICHEN: Albert Hefele/Jürgen Roth (Hg.): *Alle meine Endspiele – Herrliche Fußballgeschichten – von Bern bis Hamborn*, Berlin: Edition Tiamat 1998

Der Langpass-Odysseus: *DIE WELT*, 26. Juni 1998

Wontorra II: Klaus Bittermann (Hg.): *Warum sachlich, wenn's auch persönlich geht – Das Who's who peinlicher Personen – Jahrbuch 1999*, Berlin: Edition Tiamat 1999

Und das Dorf klagte einmal mehr: *taz*, 12. August 2000

Bilderkrampf: *konkret* 9/2001

Otto, der Filmriss: Deutschlandfunk: *Sport am Sonntag*, 3. Februar 2002; und *Freitag*, 1. März 2002

Attacke auf Geistesmensch: *taz*, 6. März 2002

Moral, Moneten, Menschen und Millionen: *buchreport.magazin* 5/2002

Voll in den Völler: *taz*, 27. April 2002

Ballaballabierbilanz: Deutschlandfunk: *Informationen am Mittag*, 5. Mai 2002; und *junge Welt*, 6. Mai 2002

Rückblicke auf grosse Radiotage: *Frankfurter Rundschau*, 14. Mai 2002

Erdrückende Kompetenzübermacht: *junge Welt*, 29. Mai 2002

O du, Türkei: *junge Welt*, 4. Juni 2002

Die Schönheit der Eigentlichkeit: *Frankfurter Rundschau*, 5. Juni 2002

In Schlagzeilengewittern: *Frankfurter Rundschau*, 6. Juni 2002

Fernsehradio: *Frankfurter Rundschau*, 8. Juni 2002

Sieben Schwedenspielgeschichten: *junge Welt*, 13. Juni 2002

So eigentlich nicht, Türkei!: *junge Welt*, 14. Juni 2002

Absolut, ja: Deutschlandfunk: *Sport am Sonntag*, 16. Juni 2002; und *junge Welt*, 14. Juni 2002

Schweds End: *junge Welt*, 17. Juni 2002

Na ja, Türkei: *junge Welt*, 19. Juni 2002

Gegen Goethe: *Frankfurter Rundschau*, 19. Juni 2002

Freitag: *Frankfurter Rundschau*, 21. Juni 2002

Valentinwahnsinn: *Titanic* 7/2002

Verlängerungen: *Frankfurter Rundschau*, 26. Juni 2002
Nun mal gut, Türkei (Appendix): *junge Welt*, 27. Juni 2002
Chapeau und not Chapeau, Türkei! (Appendix 2): *junge Welt*, 1. Juli 2002
Weltschuldfrage geklärt: *junge Welt*, 2. Juli 2002
Effe, antreten!: *junge Welt*, 21. August 2002
Ach, der Zeiten einst gedenkend: *Frankfurter Rundschau*, 27. Juni 2003
Zigaretten, Frikadellen, Bott: *taz*, 29. Dezember 2003
Lebensabschnittsphrasen: *Frankfurter Rundschau*, 30. Dezember 2003; und *Freitag*, 23. Januar 2004
11 Flaschen: *Frankfurter Rundschau*, 29. Januar 2004
Es ist des Leidens nun genug: Deutschlandfunk: *Sport am Feiertag*, 31. Mai 2004
Ganz grosse Schweine (und Säcke): *Frankfurter Rundschau*, 11. Juni 2004
Akte Lettland: *Frankfurter Rundschau*, 21. Juni 2004
Der Taktvolle: *plan.F/Frankfurter Rundschau*, 1. Juli 2004
Schlatophisch: *Frankfurter Rundschau*, 2. Juli 2004
Napoleon hielt nicht Händchen: WDR 5: *Ohrenweide/SpielArt*, 4. Juli 2004
Die Verweigerung des Taschentuches: Deutschlandfunk: *Sport am Sonntag*, 4. Juli 2004
Vorschlag: *Titanic* 8/2004
Der Rummenigge-Brunnen: *taz*, 30. November 2005
Die Autonomie des Balls: Deutschlandfunk: *Informationen am Mittag*, 23. Oktober 2005; und *Freitag*, 23. Dezember 2005
Ein Sportrück- und -ausblick betr. 2005/06: Deutschlandfunk: *Sport am Neujahrstag*, 1. Januar 2006; und *junge Welt*, 5. Januar 2006
Zum Lobe des Deutschen Fussball-Bundes: Deutschlandfunk: *Sport am Sonntag*, 22. Januar 2006; und *junge Welt*, 25. Januar 2006
Einer geht noch (1) – Staatsaffäre Klinsmann: Eurosport:

Dropkick 06, 20. März 2006

Fussball und Philosophie: Erstveröffentlichung

Einer geht noch (2) – Ballacks Buch: Eurosport: *Dropkick 06*, 3. April 2006

Der unvollendete Haken: Herbert Perl (Hg.): *Die verhinderten Weltmeister – Große Unvollendete von Roberto Baggio bis George Weah*, München: Verlag Antje Kunstmann 2006

Einer geht noch (3) – Olli allein zu Haus': Eurosport: *Dropkick 06*, 10. April 2006

Erledigt: *Titanic* 5/2006

Erfreut: *Titanic* 5/2006

Der fliegende Zahnarzt: *taz*, 29. April 2006

Aufgeblasene Luft: Deutschlandfunk: *Sport am Feiertag*, 1. Mai 2006; und *junge Welt*, 8. Juni 2006

Einer geht noch (4) – Weltmeister gestern und morgen: Eurosport: *Dropkick 06*, 1. Mai 2006

Die versteckte Zigarre: *taz*, 8. Mai 2006

Einer geht noch (5) – WM-Nominierung: Eurosport: *Dropkick 06*, 15. Mai 2006

Einer geht noch (6) – VIP-WM: Eurosport: *Dropkick 06*; abgedreht, aber nicht gesendet.

Vom Fettsack und der dicken Kuh: *Abseits! – Eulenspiegel-Sonderheft zur WM* 1/2006

Geballter Blödsinn: *K.WEST* 6/2006

Hoher Hirneinsatz bei atemberaubender Ahnungsabwesenheit: *Abseits! – Eulenspiegel-Sonderheft zur WM* 1/2006; und *taz*, 23. und 24. Mai 2006

Messe der Masse: *Frankfurter Rundschau*, 27. Mai 2006

Geld schaufeln: *junge Welt*, 15. März 2006

»Ein grosser Scheisshaufen«: *Der tödliche Paß* 42

Vorbereitung: *Frankfurter Rundschau*, 12. Juni 2006

Der Kerner der Woche (1) – Ein Bus wird kommen: *junge Welt*, 12. Juni 2006

»Keinerlei Tiefenerkenntnis für den Zuschauer«: Deutschlandradio Kultur: *Kulturinterview*, 12. Juni 2006

Dementi: *Frankfurter Rundschau,* 13. Juni 2006
Totaltotale: *Frankfurter Rundschau,* 14. Juni 2006
Phänomen: *Schwarzwälder Bote,* 14. Juni 2006
Abendland: *Frankfurter Rundschau,* 16. Juni 2006
Besoffen: *Frankfurter Rundschau,* 17. Juni 2006
Postkarten: *Frankfurter Rundschau,* 19. Juni 2006
Hirnwechsel: *Frankfurter Rundschau,* 20. Juni 2006
Reporter: *Frankfurter Rundschau,* 21. Juni 2006
Der Kerner der Woche (2) – Auswurf im Ohr: *junge Welt,* 21. Juni 2006
Kopffüllung: *Frankfurter Rundschau,* 22. Juni 2006
Die Welt: *Frankfurter Rundschau,* 23. Juni 2006
Abbitte, bitte: *Frankfurter Rundschau,* 24. Juni 2006
Real egal: *Frankfurter Rundschau,* 26. Juni 2006
Dialektik: *Frankfurter Rundschau,* 27. Juni 2006
Der Kerner der Woche (3) – Worte fassen: *junge Welt,* 27. Juni 2006
Tränen: *Frankfurter Rundschau,* 28. Juni 2006
Könige: *Frankfurter Rundschau,* 29. Juni 2006
Erschöpft: *Titanic* 7/2006
Sehr gern: *Frankfurter Rundschau,* 30. Juni 2006
Spiritus sanctus: *Frankfurter Rundschau,* 1. Juli 2006
Alles falsch: *Frankfurter Rundschau,* 3. Juli 2006
Partybremse: *Frankfurter Rundschau,* 4. Juli 2006
Der Kerner der Woche (4) – Wurst und Membran: *junge Welt,* 5. Juli 2006
Acker: *Frankfurter Rundschau,* 6. Juli 2006
Grossartig: *Frankfurter Rundschau,* 7. Juli 2006
Wahrheit: *Frankfurter Rundschau,* 8. Juli 2006
Michel, Koch, Kahn: *Frankfurter Rundschau,* 10. Juli 2006
Hehre Menschenhaufen: *Frankfurter Rundschau,* 10. Juli 2006; und *junge Welt,* 10. Juli 2006
Reden: *Frankfurter Rundschau,* 11. Juli 2006
Gesten – warum und wozu?: *Der tödliche Paß* 43
Labilität: *taz,* 6. November 2006

TRAINER GOES SOZIOLOGIE: Erstveröffentlichung

DOLL, DAUM UND DIE DUMMHEIT: *taz*, 16. Dezember 2006

DER WIRKLICHKEITSMENSCH UND SPIELER: *dürer* 3/2006; dort unter dem Pseudonym Günther Koch.

NICHT OHNE, NICHT MIT: Deutschlandfunk: *Sport am Neujahrstag*, 1. Januar 2007; und *junge Welt*, 4. Januar 2007

KUDDELMUDDEL UND KOKOLORES: *Freitag*, 9. Februar 2007

DIE FRANKFURTER MAUER: *taz*, 19. März 2007

KÖNIGSBLAUE JAHRHUNDERTTROTTEL: *taz*, 19. Mai 2007

BRUCHSTÜCKE EINES VORGANGS: Booklet der CD-Box *Ror Wolf – Gesammelte Fußballhörspiele*, hrsg. v. Jürgen Roth, intermedium records/Strunz!/BR/SWR/hr2/WDR 2006

DAS LANGSAME ERSCHLAFFEN DER KRÄFTE – EIN FUSSBALL-HÖRSTÜCK IN 6 KAPITELN: Erstveröffentlichung

3. 8.5.79 5b – 6a 9 : 1 (3 : 1)
Am heutigem Tage waren eine sehr schönes aber auch heißes Wetter. Der Platz staubte fürchterlich. Wir traten mit Hansi statt Matthias an, weil dieser im Verein ein Spiel bestreiten mußte. Hansi machte seine Sache sehr gut. Doch es begann mit einem Schock für uns – 0 : 1. Eine Ecke in der 2. Minute lenkte Richard ins eigene Tor. Einige Minuten später traf Jürgen zum 1 : 1 mit einem unhaltbarem Schuß. Dieser Treffer gab uns Aufwind und am Ende stand es 9 : 1. !!!
Tore: 0 : 1 (Nach Ecke von der 6a lenkte Richard den Ball ins eigene Netz. 1 : 1 = Jürgen (Nach

5

abwehr der 6a nahm den Schuß direkt mit dem Spann und traf unhaltbar ins rechte Eck.. 2 : 1 = Ingo (Nach einem schönen Alleingang (er trickste 5 Abwehrspieler aus) schoß er aus spitzem Winkel ein. – Ein schönes Tor. Nun kamen wir zu unserem Spielfluß. 3 : 1 = Eigentor des Torwarts. (Ingo auf dem rechten Flügel flankte auf „Wusel" (Stefan); doch der Torwart bekam den Ball auf die Handflächen und klatschte den Ball ins Tor. 4 : 1 = Jürgen (Nach guter Vorarbeit von Ingo spielte er zu mir ab und ich nahm den Ball aus der Luft an. Unhaltbar ins linke lange Eck.

→

6

-> 5:1 = Wusel (Wusels Wunsch ging in Erfüllung, ein Tor zu schießen. Nach einem langen Paß von Jürgen erwischte Wusel den Ball, trickste auf der Torlinie 2 Mann aus und schoß aus ganz spitzem Winkel plaziert ein. 6:1 = Eigentor (Nach Gewühl im Strafraum bekam die 6a den Ball nicht mehr weg und dann war er im Tor. 7:1 = Ingo (Mit seinem 2. Tor, einem Kopfball war meine und Ingos Leistung gekrönt. Mit einen meiner weiten Einwürfe traf ich genau den Kopf von Ingo und dieser köpfte mit einem plazierten Kopfstoß das 7:1)

->

7

→ 8:1 = Ingo (Eine Kopie von dem 7:1. Genauso schön.)

9:1 = Jürgen (Nach einem Dribbling auf der Linie auf der rechten Seite setzte ich mich durch und schoß mit voller Kraft in Richtung Tor. Der Ball war im kurzem Tor gelandet.)

Die Mannschaft hat so gut gespielt, daß ein eventuelles Erreichen um das Endspiel da ist. Wir haben, dies hat bisher noch keine 5. Klasse geschafft) das Halbfinale erreicht. Ein großer Erfolg für uns.

→

8

→ Spieldauer : 2 × 30 min

Mannschaftsaufstellung

Tor: Richard – Abwehr: Hansi (Libero) Claudius (linker Verteidiger, ab 31. min. Swent – Mittelfeld: René (zurückgezogen) Sturm: Ingo (Mitte) – Jürgen[SP] (rechts) – Wusel (-links)

Von Richard bis Wusel

Richard: Sein einziger Fehler heute führte zum 0:1. Sonst sicher als gegen die 6c (besonders im Fangen von Rückgaben) PS: Er hatte kaum etwas zu tun.

Hansi: Er machte seine Sache als Libero sehr gut und wird bei der nächsten Begegnung wieder mit von der Partie sein.

→

9

Claudius: Er bekam nur wenige Bälle zugespielt und hatte deshalb kaum Einwirkung auf das Spiel;

René: Er spielte gut, spielte aber öfters zu hastig.

~~[illegible]~~ Swen: Er wurde für Claudius in der 2. Halbzeit ins Spiel genommen und spielte recht gut.

Ingo: Mit 3 Toren mit der beste Spieler auf dem Platz. Überzeugte vor allem durch dribbeln und Kopfball.

Sp. Jürgen: Mit ebenfalls 3 Treffern waren Ingo und ich die erfolgreichsten Schützen. Ich überzeugte vor allem durch Schußstärke und Flanken. →

10

→ Wusel: Mit einem Tor war er sehr froh und spielte gut auf der linken Seite mit.

Torschützenliste:

Jürgen: 5 Treffer

Ingo: 5 " +1 = 6

Wusel: 2 "

René: 1 "

Swen: 0 "

Hansi: 0 "

Claudius: 0 "

Matthias: 0 "

+2 Eigentore der 6a Gesamt: 15 Treffer.

Tabelle Gruppe B

		P	T	TD
1.	7c	6:0	47:2	+45
2.	5b	4:2	15:16	-1
4.	6a	0:4	1:23	-22
4.	6c	0:4	1:23	-22

Damit stehen die Halbfinalisten fest: 7c, 5b

11

→ Die Endspiele

Finale: 7c – 7b:
Der Favorit ist die 7b

kleines Finale: 6b – 5b:
Wir wollen einen guten Abschluß bieten.

2. Spiel

Spiel um den 3. Platz

12.6.79 5b – 6b: 5:3 N.V. (2:2) (3:3) (5:3)

Nach dem ausscheiden gegen die 7b, mußten wir nun in das Spiel gegen die 6b antreten. Die 6b war favorisiert und als besser als wir eingeschätzt, denn sie verloren gegen 7b (wir 1:16) nur 2:6, und gegen die 7c (wir 2:14) nur 3:4, wobei sie auch noch überlegen waren. Aber

18

heute sollte es anders kommen.
Wir hatten uns viel vorgenommen.
Jürgen (Spielführer) bestimmte zusammen mit René die Taktik so:
Von Anfang an stürmen, damit der Gegner eingedrengt wird und wir wo möglich noch zu Treffern kommen. Einige Spieler waren bestimmt die Angriffe möglichst abzufangen.
Diese Taktik bewies sich später für die richtige.
Heute fehlte wiederum Wiesel, der nach dem Krankenhausaufenthalt noch nicht spielen durfte. Außerdem fehlten Claudius, Richard und Swen.
Sie hatten Termine. Dafür aber hatte Niki seinen Ein-

19

stand. Er wurde in die Mannschaft aufgenommen und wurde auch eingesetzt. Wir mußten also etwas geschwächt antreten, hatten aber trotzdem noch den Willen, zu gewinnen.
Nun zum Spiel:
In den ersten Minuten waren die 6 b überlegen. Wir mußten gleich zwei unglückliche Treffer zum 0:2 hinnehmen. Der erste Treffer war nicht zu halten, aber das 0:2 war ein Fehler der Deckung. Jürgen (Ich) trieb die Mannschaft immer wieder nach vorne und die Mannschaft kam zu ihrem Spiel. Sie drängte die selbstsichere 6 b völlig in die Abwehr zu-

20

→ nächste Angriff wurde für uns zum Jubeln. Ingo schoß vor der Pause das 3:3. Wir heulten fast vor Freude. Nach der Pause waren wir nun so selbstsicher, daß Ingo mit einem Alleingang auf 4:3. Nun wollten schon alle den Sieg über die Zeit bringen, doch ich trieb alle nach vorne. Es lohnte sich. - Ingo erhöhte auf 5:3. Dies war unser größtes Spiel bisher und unser größter Erfolg. Ich muß der gesamten Mannschaft aller herzlich gratulieren. Wir haben so gut zu unserem Spiel gefunden und alle haben forzüglich gekämpft und gespielt. Der Lohn war der 3. Platz im Unterstufenturnier

24

Sensation bahnte sich an. Ingo
zog ab und der Ball war im
Netz. Nun war der Teufel bei
uns los. Wir jubelten und freu-
ten uns wie nie zu vor. Keiner
dachte noch daran. Die Verlängerung!!! 2x5 min war die
Spieldauer der Verlängerung. Nach
einer kurzen Erfrischung ging es
weiter. Seitenwechsel und Anstoß
für uns. Wir gingen nach dem
gleichen Motto in die Verlängerung
wie in die beiden Halbzeiten. Wieder waren wir überlegen. Doch es
begann mit einem Schock für uns.
Nach einer Ecke ging Hansi der
Ball durch die Beine und prallte
von mir in unser Tor. Nun dachten
wir, es sei alles vorbei. Doch mit
Mut spielten wir weiter. Der →

23

—> **Die Halbfinalspiele**

1. 7c – 6b : 4:3 (2:1)

   7b – 5b : 16:1 (9:0)

2. Finale : 7b – 7c : 14:0 (8:0)

   kleines Finale : 5b – 6b : 5:3 n.V. (2:2)
   (3:3)
   (Spiel um den (5:3)
   3. Platz)

Plazierungen des Unterstufenturniers 1979

1. 7b
2. 7c
3. 5b !!!! Eine Überraschung
4. 6b

Wir belegten einen sentaionellen 3. Platz. Dies schaffte bisher noch keine 5. Klasse. Nächstes Jahr haben wir die Chache, Schulmeister zu werden. [Kürzel]